ROEMEENS

WOORDENSCHAT

THEMATISCHE WOORDENLIJST

NEDERLANDS
ROEMEENS

De meest bruikbare woorden
Om uw woordenschat uit te breiden en
uw taalvaardigheid aan te scherpen

9000 woorden

Thematische woordenschat Nederlands-Roemeens - 9000 woorden

Door Andrey Taranov

Woordenlijsten van T&P Books zijn bedoeld om u woorden van een vreemde taal te helpen leren, onthouden, en bestudering. Dit woordenboek is ingedeeld in thema's en behandelt alle belangrijk terreinen van het dagelijkse leven, bedrijven, wetenschap, cultuur, etc.

Het proces van het leren van woorden met behulp van de op thema's gebaseerde aanpak van T&P Books biedt u de volgende voordelen:

- Correct gegroepeerde informatie is bepalend voor succes bij opeenvolgende stadia van het leren van woorden
- De beschikbaarheid van woorden die van dezelfde stam zijn maakt het mogelijk om woordgroepen te onthouden (in plaats van losse woorden)
- Kleine groepen van woorden faciliteren het proces van het aanmaken van associatieve verbindingen, die nodig zijn bij het consolideren van de woordenschat
- Het niveau van talenkennis kan worden ingeschat door het aantal geleerde woorden

T&P Books Publishing
www.tpbooks.com

ISBN: 978-1-78492-284-9

Dit boek is ook beschikbaar in e-boek formaat.
Gelieve www.tpbooks.com te bezoeken of de belangrijkste online boekwinkels.

ROEMEENSE WOORDENSCHAT
nieuwe woorden leren

T&P Books woordenlijsten zijn bedoeld om u te helpen vreemde woorden te leren, te onthouden, en te bestuderen. De woordenschat bevat meer dan 9000 veel gebruikte woorden die thematisch geordend zijn.

- De woordenlijst bevat de meest gebruikte woorden
- Aanbevolen als aanvulling bij welke taalcursus dan ook
- Voldoet aan de behoeften van de beginnende en gevorderde student in vreemde talen
- Geschikt voor dagelijks gebruik, bestudering en zelftestactiviteiten
- Maakt het mogelijk om uw woordenschat te evalueren

Bijzondere kenmerken van de woordenschat

- De woorden zijn gerangschikt naar hun betekenis, niet volgens alfabet
- De woorden worden weergegeven in drie kolommen om bestudering en zelftesten te vergemakkelijken
- Woorden in groepen worden verdeeld in kleine blokken om het leerproces te vergemakkelijken
- De woordenschat biedt een handige en eenvoudige beschrijving van elk buitenlands woord

De woordenschat bevat 256 onderwerpen zoals:

Basisconcepten, getallen, kleuren, maanden, seizoenen, meeteenheden, kleding en accessoires, eten & voeding, restaurant, familieleden, verwanten, karakter, gevoelens, emoties, ziekten, stad, dorp, bezienswaardigheden, winkelen, geld, huis, thuis, kantoor, werken op kantoor, import & export, marketing, werk zoeken, sport, onderwijs, computer, internet, gereedschap, natuur, landen, nationaliteiten en meer ...

INHOUDSOPGAVE

UITSPRAAKGIDS

T&P fonetisch alfabet	Roemeens voorbeeld	Nederlands voorbeeld
[a]	arbust [ar'bust]	acht
[e]	a merge [a 'merdʒe]	delen, spreken
[ə]	brăţară [brə'tsarə]	De sjwa, 'doffe e'
[i]	impozit [im'pozit]	bidden, tint
[ɨ]	cuvânt [ku'vint]	iemand, die
[o]	avocat [avo'kat]	overeenkomst
[u]	fluture ['fluture]	hoed, doe
[b]	bancă ['bankə]	hebben
[d]	durabil [du'rabil]	Dank u, honderd
[dʒ]	gemeni ['dʒemenʲ]	jeans, jungle
[f]	frizer [fri'zer]	feestdag, informeren
[g]	gladiolă [gladi'olə]	goal, tango
[ʒ]	jucător [ʒukə'tor]	journalist, rouge
[h]	pahar [pa'har]	het, herhalen
[k]	actor [ak'tor]	kennen, kleur
[l]	clopot ['klopot]	delen, luchter
[m]	mobilă ['mobilə]	morgen, etmaal
[n]	nuntă ['nuntə]	nemen, zonder
[p]	profet [pro'fet]	parallel, koper
[r]	roată [ro'atə]	roepen, breken
[s]	salată [sa'latə]	spreken, kosten
[ʃ]	cleştişor [kleʃti'ʃor]	shampoo, machine
[t]	statuie [sta'tue]	tomaat, taart
[ts]	forţă ['fortsə]	niets, plaats
[tʃ]	optzeci [opt'zetʃi]	Tsjechië, cello
[v]	valiză [va'lizə]	beloven, schrijven
[z]	zmeură ['zmeurə]	zeven, zesde
[j]	foios [fo'jos]	New York, januari
[ʲ]	zori [zorʲ]	palatalisatie teken

AFKORTINGEN
gebruikt in de woordenschat

Nederlandse afkortingen

abn	-	als bijvoeglijk naamwoord
bijv.	-	bijvoorbeeld
bn	-	bijvoeglijk naamwoord
bw	-	bijwoord
enk.	-	enkelvoud
enz.	-	enzovoort
form.	-	formele taal
inform.	-	informele taal
mann.	-	mannelijk
mil.	-	militair
mv.	-	meervoud
on.ww.	-	onovergankelijk werkwoord
ontelb.	-	ontelbaar
ov.	-	over
ov.ww.	-	overgankelijk werkwoord
telb.	-	telbaar
vn	-	voornaamwoord
vrouw.	-	vrouwelijk
vw	-	voegwoord
vz	-	voorzetsel
wisk.	-	wiskunde
ww	-	werkwoord

Nederlandse artikelen

de	-	gemeenschappelijk geslacht
de/het	-	gemeenschappelijk geslacht, onzijdig
het	-	onzijdig

Roemeense afkortingen

f	-	vrouwelijk zelfstandig naamwoord
f pl	-	vrouwelijk meervoud
m	-	mannelijk zelfstandig naamwoord
m pl	-	mannelijk meervoud
n	-	onzijdig

n pl   -   onzijdig meervoud
pl   -   meervoud

BASISBEGRIPPEN

Basisbegrippen Deel 1

1. Voornaamwoorden

ik	eu	[eu]
jij, je	tu	[tu]
hij	el	[el]
zij, ze	ea	['a]
wij, we	noi	[noj]
jullie	voi	['voj]
zij, ze (mann.)	ei	['ej]
zij, ze (vrouw.)	ele	['ele]

2. Begroetingen. Begroetingen. Afscheid

Hallo! Dag!	Bună ziua!	['bune 'ziwa]
Hallo!	Bună ziua!	['bune 'ziwa]
Goedemorgen!	Bună dimineaţa!	['bune dimi'n'aṭsa]
Goedemiddag!	Bună ziua!	['bune 'ziwa]
Goedenavond!	Bună seara!	['bune 's'ara]
gedag zeggen (groeten)	a se saluta	[a se salu'ta]
Hoi!	Salut!	[sa'lut]
groeten (het)	salut (n)	[sa'lut]
verwelkomen (ww)	a saluta	[a salu'ta]
Hoe gaat het?	Ce mai faci?	[tʃie maj 'fatʃi]
Is er nog nieuws?	Ce mai e nou?	[tʃe maj e 'nou]
Dag! Tot ziens!	La revedere!	[la reve'dere]
Tot snel! Tot ziens!	Pe curând!	[pe ku'rɨnd]
Vaarwel! (inform.)	Rămâi cu bine!	[rə'mɨj ku 'bine]
Vaarwel! (form.)	Rămâneţi cu bine!	[rəmi'nets ku 'bine]
afscheid nemen (ww)	a-şi lua rămas bun	[aʃ lu'a rə'mas bun]
Tot kijk!	Pa!	[pa]
Dank u!	Mulţumesc!	[multsu'mesk]
Dank u wel!	Mulţumesc mult!	[multsu'mesk mult]
Graag gedaan	Cu plăcere	[ku plə'tʃere]
Geen dank!	Pentru puţin	['pentru pu'tsin]
Geen moeite.	Pentru puţin	['pentru pu'tsin]
Excuseer me, ... (inform.)	Scuză-mă!	['skuzəmə]
Excuseer me, ... (form.)	Scuzaţi-mă!	[sku'zatsimə]

excuseren (verontschuldigen)	a scuza	[a sku'za]
zich verontschuldigen	a cere scuze	[a 'tʃere 'skuze]
Mijn excuses.	Cer scuze	[tʃer 'skuze]
Het spijt me!	Lertaţi-mă!	[er'tatsime]
vergeven (ww)	a ierta	[a er'ta]
alsjeblieft	vă rog	[ve rog]

Vergeet het niet!	Nu uitaţi!	[nu uj'tatsʲ]
Natuurlijk!	Desigur!	[de'sigur]
Natuurlijk niet!	Desigur ca nu!	[de'sigur ke nu]
Akkoord!	Sunt de acord!	[sunt de a'kord]
Zo is het genoeg!	Ajunge!	[a'ʒundʒe]

3. Hoe aan te spreken

meneer	Domnule	['domnule]
mevrouw	Doamnă	[do'amne]
juffrouw	Domnişoară	[domniʃo'are]
jongeman	Tinere	['tinere]
jongen	Băiatule	[be'jatule]
meisje	Fetiţo	[fe'titso]

4. Kardinale getallen. Deel 1

nul	zero	['zero]
een	unu	['unu]
twee	doi	[doj]
drie	trei	[trej]
vier	patru	['patru]

vijf	cinci	[tʃintʃ]
zes	şase	['ʃase]
zeven	şapte	['ʃapte]
acht	opt	[opt]
negen	nouă	['nowe]

tien	zece	['zetʃe]
elf	unsprezece	['unsprezetʃe]
twaalf	doisprezece	['dojsprezetʃe]
dertien	treisprezece	['trejsprezetʃe]
veertien	paisprezece	['pajsprezetʃe]

vijftien	cincisprezece	['tʃintʃsprezetʃe]
zestien	şaisprezece	['ʃajsprezetʃe]
zeventien	şaptesprezece	['ʃaptesprezetʃe]
achttien	optsprezece	['optsprezetʃe]
negentien	nouăsprezece	['nowesprezetʃe]

twintig	douăzeci	[dowe'zetʃi]
eenentwintig	douăzeci şi unu	[dowe'zetʃi ʃi 'unu]
tweeëntwintig	douăzeci şi doi	[dowe'zetʃi ʃi doj]
drieëntwintig	douăzeci şi trei	[dowe'zetʃi ʃi trej]

dertig	treizeci	[trej'zetʃi]
eenendertig	treizeci şi unu	[trej'zetʃi ʃi 'unu]
tweeëndertig	treizeci şi doi	[trej'zetʃi ʃi doj]
drieëndertig	treizeci şi trei	[trej'zetʃi ʃi trej]

veertig	patruzeci	[patru'zetʃi]
eenenveertig	patruzeci şi unu	[patru'zetʃi ʃi 'unu]
tweeënveertig	patruzeci şi doi	[patru'zetʃi ʃi doj]
drieënveertig	patruzeci şi trei	[patru'zetʃi ʃi trej]

vijftig	cincizeci	[tʃintʃ'zetʃ]
eenenvijftig	cincizeci şi unu	[tʃintʃ'zetʃ ʃi 'unu]
tweeënvijftig	cincizeci şi doi	[tʃintʃ'zetʃ ʃi doj]
drieënvijftig	cincizeci şi trei	[tʃintʃ'zetʃ ʃi trej]

zestig	şaizeci	[ʃaj'zetʃi]
eenenzestig	şaizeci şi unu	[ʃaj'zetʃi ʃi 'unu]
tweeënzestig	şaizeci şi doi	[ʃaj'zetʃi ʃi doj]
drieënzestig	şaizeci şi trei	[ʃaj'zetʃi ʃi trej]

zeventig	şaptezeci	[ʃapte'zetʃi]
eenenzeventig	şaptezeci şi unu	[ʃapte'zetʃi ʃi 'unu]
tweeënzeventig	şaptezeci şi doi	[ʃapte'zetʃi ʃi doj]
drieënzeventig	şaptezeci şi trei	[ʃapte'zetʃi ʃi trej]

tachtig	optzeci	[opt'zetʃi]
eenentachtig	optzeci şi unu	[opt'zetʃi ʃi 'unu]
tweeëntachtig	optzeci şi doi	[opt'zetʃi ʃi doj]
drieëntachtig	optzeci şi trei	[opt'zetʃi ʃi trej]

negentig	nouăzeci	[nowə'zetʃi]
eenennegentig	nouăzeci şi unu	[nowə'zetʃi ʃi 'unu]
tweeënnegentig	nouăzeci şi doi	[nowə'zetʃi ʃi doj]
drieënnegentig	nouăzeci şi trei	[nowə'zetʃi ʃi trej]

5. Kardinale getallen. Deel 2

honderd	o sută	[o 'sutə]
tweehonderd	două sute	['dowə 'sute]
driehonderd	trei sute	[trej 'sute]
vierhonderd	patru sute	['patru 'sute]
vijfhonderd	cinci sute	[tʃintʃ 'sute]
zeshonderd	şase sute	['ʃase 'sute]
zevenhonderd	şapte sute	['ʃapte 'sute]
achthonderd	opt sute	[opt 'sute]
negenhonderd	nouă sute	['nowə 'sute]

duizend	o mie	[o 'mie]
tweeduizend	două mii	['dowə mij]
drieduizend	trei mii	[trej mij]
tienduizend	zece mii	['zetʃe mij]
honderdduizend	o sută de mii	[o 'sutə de mij]
miljoen (het)	milion (n)	[mi'ljon]
miljard (het)	miliard (n)	[mi'ljard]

6. Ordinale getallen

eerste (bn)	primul	['primul]
tweede (bn)	al doilea	[al 'dojl'a]
derde (bn)	al treilea	[al 'trejl'a]
vierde (bn)	al patrulea	[al 'patrul'a]
vijfde (bn)	al cincilea	[al 'ʧinʧil'a]
zesde (bn)	al şaselea	[al 'ʃasel'a]
zevende (bn)	al şaptelea	[al 'ʃaptel'a]
achtste (bn)	al optulea	[al 'optul'a]
negende (bn)	al nouălea	[al 'nowəl'a]
tiende (bn)	al zecelea	[al 'zeʧel'a]

7. Getallen. Breuken

breukgetal (het)	fracţie (f)	['frakʦie]
half	o doime	[o 'doime]
een derde	o treime	[o 'treime]
kwart	o pătrime	[o pə'trime]
een achtste	o optime	[o op'time]
een tiende	o zecime	[o ze'ʧime]
twee derde	două treimi	['dowə 'treimʲ]
driekwart	trei pătrimi	[trej pə'trimʲ]

8. Getallen. Eenvoudige berekeningen

aftrekking (de)	scădere (f)	[skə'dere]
aftrekken (ww)	a scădea	[a skə'd'a]
deling (de)	împărţire (f)	[ɨmpər'ʦire]
delen (ww)	a împărţi	[a ɨmpər'ʦi]
optelling (de)	adunare (f)	[adu'nare]
erbij optellen	a aduna	[a adu'na]
(bij elkaar voegen)		
optellen (ww)	a adăuga	[a adəu'ga]
vermenigvuldiging (de)	înmulţire (f)	[ɨnmul'ʦire]
vermenigvuldigen (ww)	a înmulţi	[a ɨnmul'ʦi]

9. Getallen. Diversen

cijfer (het)	cifră (f)	['ʧifrə]
nummer (het)	număr (n)	['numər]
telwoord (het)	numeral (n)	[nume'ral]
minteken (het)	minus (n)	['minus]
plusteken (het)	plus (n)	[plus]
formule (de)	formulă (f)	[for'mulə]
berekening (de)	calcul (n)	['kalkul]

tellen (ww)	a calcula	[a kalku'la]
bijrekenen (ww)	a socoti	[a soko'ti]
vergelijken (ww)	a compara	[a kompa'ra]

Hoeveel? (ontelb.)	Cât?	[kit]
som (de), totaal (het)	sumă (f)	['sumə]
uitkomst (de)	rezultat (n)	[rezul'tat]
rest (de)	rest (n)	[rest]

enkele (bijv. ~ minuten)	câţiva, câteva	[kits'va], [kite'va]
weinig (bw)	puţin	[pu'tsin]
restant (het)	rest (n)	[rest]
anderhalf	unu şi jumătate	['unu ʃi ʒumə'tate]
dozijn (het)	duzină (f)	[du'zinə]

middendoor (bw)	în două	[in 'dowə]
even (bw)	în părţi egale	[in pərtsi e'gale]
helft (de)	jumătate (f)	[ʒumə'tate]
keer (de)	dată (f)	['date]

10. De belangrijkste werkwoorden. Deel 1

aanbevelen (ww)	a recomanda	[a rekoman'da]
aandringen (ww)	a insista	[a insis'ta]
aankomen (per auto, enz.)	a sosi	[a so'si]
aanraken (ww)	a atinge	[a a'tindʒe]
adviseren (ww)	a sfătui	[a sfətu'i]

afdalen (on.ww.)	a coborî	[a kobo'ri]
afslaan (naar rechts ~)	a întoarce	[a into'artʃe]
antwoorden (ww)	a răspunde	[a rəs'punde]
bang zijn (ww)	a se teme	[a se 'teme]
bedreigen	a ameninţa	[a amenin'tsa]
(bijv. met een pistool)		

bedriegen (ww)	a minţi	[a min'tsi]
beëindigen (ww)	a termina	[a termi'na]
beginnen (ww)	a începe	[a in'tʃepe]
begrijpen (ww)	a înţelege	[a intse'ledʒe]
beheren (managen)	a conduce	[a kon'dutʃe]

beledigen	a jigni	[a ʒig'ni]
(met scheldwoorden)		
beloven (ww)	a promite	[a pro'mite]
bereiden (koken)	a găti	[a gə'ti]
bespreken (spreken over)	a discuta	[a disku'ta]

bestellen (eten ~)	a comanda	[a koman'da]
bestraffen (een stout kind ~)	a pedepsi	[a pedep'si]
betalen (ww)	a plăti	[a plə'ti]
betekenen (beduiden)	a însemna	[a insem'na]
betreuren (ww)	a regreta	[a regre'ta]
bevallen (prettig vinden)	a plăcea	[a plə'tʃa]
bevelen (mil.)	a ordona	[a ordo'na]

bevrijden (stad, enz.)	a elibera	[a elibe'ra]
bewaren (ww)	a păstra	[a pəs'tra]
bezitten (ww)	a poseda	[a pose'da]
bidden (praten met God)	a se ruga	[a se ru'ga]
binnengaan (een kamer ~)	a intra	[a in'tra]
breken (ww)	a rupe	[a 'rupe]
controleren (ww)	a controla	[a kontro'la]
creëren (ww)	a crea	[a 'krʲa]
deelnemen (ww)	a participa	[a partitʃi'pa]
denken (ww)	a se gândi	[a se gin'di]
doden (ww)	a omorî	[a omo'ri]
doen (ww)	a face	[a 'fatʃe]
dorst hebben (ww)	a fi sete	[a fi 'sete]

11. De belangrijkste werkwoorden. Deel 2

een hint geven	a face aluzie	[a 'fatʃe a'luzie]
eisen (met klem vragen)	a cere	[a 'tʃere]
existeren (bestaan)	a exista	[a ekzis'ta]
gaan (te voet)	a merge	[a 'merdʒe]
gaan zitten (ww)	a se aşeza	[a se aʃə'za]
gaan zwemmen	a se scălda	[a se skəl'da]
geven (ww)	a da	[a da]
glimlachen (ww)	a zâmbi	[a zim'bi]
goed raden (ww)	a ghici	[a gi'tʃi]
grappen maken (ww)	a glumi	[a glu'mi]
graven (ww)	a săpa	[a sə'pa]
hebben (ww)	a avea	[a a'vʲa]
helpen (ww)	a ajuta	[a aʒu'ta]
herhalen (opnieuw zeggen)	a repeta	[a repe'ta]
honger hebben (ww)	a fi foame	[a fi fo'ame]
hopen (ww)	a spera	[a spe'ra]
horen	a auzi	[a au'zi]
(waarnemen met het oor)		
huilen (wenen)	a plânge	[a 'plindʒe]
huren (huis, kamer)	a închiria	[a inkiri'ja]
informeren (informatie geven)	a informa	[a infor'ma]
instemmen (akkoord gaan)	a fi de acord	[a fi de a'kord]
jagen (ww)	a vâna	[a vi'na]
kennen (kennis hebben van iemand)	a cunoaşte	[a kuno'aʃte]
kiezen (ww)	a alege	[a a'ledʒe]
klagen (ww)	a se plânge	[a se 'plindʒe]
kosten (ww)	a costa	[a kos'ta]
kunnen (ww)	a putea	[a pu'tʲa]
lachen (ww)	a râde	[a 'ride]

laten vallen (ww)	a scăpa	[a ske'pa]
lezen (ww)	a citi	[a tʃi'ti]

liefhebben (ww)	a iubi	[a ju'bi]
lunchen (ww)	a lua prânzul	[a lu'a 'prinzul]
nemen (ww)	a lua	[a lu'a]
nodig zijn (ww)	a fi necesar	[a fi netʃe'sar]

12. De belangrijkste werkwoorden. Deel 3

onderschatten (ww)	a subaprecia	[a subapretʃi'a]
ondertekenen (ww)	a semna	[a sem'na]
ontbijten (ww)	a lua micul dejun	[a lu'a 'mikul de'ʒun]
openen (ww)	a deschide	[a des'kide]
ophouden (ww)	a înceta	[a antʃe'ta]
opmerken (zien)	a observa	[a obser'va]

opscheppen (ww)	a se lăuda	[a se leu'da]
opschrijven (ww)	a nota	[a no'ta]
plannen (ww)	a planifica	[a planifi'ka]
prefereren (verkiezen)	a prefera	[a prefe'ra]
proberen (trachten)	a încerca	[a intʃer'ka]
redden (ww)	a salva	[a sal'va]

rekenen op ...	a conta pe ...	[a kon'ta pe]
rennen (ww)	a alerga	[a aler'ga]
reserveren (een hotelkamer ~)	a rezerva	[a rezer'va]
roepen (om hulp)	a chema	[a ke'ma]

schieten (ww)	a trage	[a 'tradʒe]
schreeuwen (ww)	a striga	[a stri'ga]

schrijven (ww)	a scrie	[a 'skrie]
souperen (ww)	a cina	[a tʃi'na]
spelen (kinderen)	a juca	[a ʒu'ka]
spreken (ww)	a vorbi	[a vor'bi]

stelen (ww)	a fura	[a fu'ra]
stoppen (pauzeren)	a se opri	[a se o'pri]

studeren (Nederlands ~)	a studia	[a studi'a]
sturen (zenden)	a trimite	[a tri'mite]
tellen (optellen)	a calcula	[a kalku'la]
toebehoren aan ...	a aparţine	[a apar'tsine]

toestaan (ww)	a permite	[a per'mite]
tonen (ww)	a arăta	[a are'ta]

twijfelen (onzeker zijn)	a se îndoi	[a se indo'i]
uitgaan (ww)	a ieşi	[a e'ʃi]
uitnodigen (ww)	a invita	[à invi'ta]
uitspreken (ww)	a pronunţa	[a pronun'tsa]
uitvaren tegen (ww)	a certa	[a tʃer'ta]

13. De belangrijkste werkwoorden. Deel 4

vallen (ww)	a cădea	[a kə'dʲa]
vangen (ww)	a prinde	[a 'prinde]
veranderen (anders maken)	a schimba	[a skim'ba]
verbaasd zijn (ww)	a se mira	[a se mi'ra]
verbergen (ww)	a ascunde	[a as'kunde]

verdedigen (je land ~)	a apăra	[a apə'ra]
verenigen (ww)	a uni	[a u'ni]
vergelijken (ww)	a compara	[a kompa'ra]
vergeten (ww)	a uita	[a uj'ta]
vergeven (ww)	a ierta	[a er'ta]

verklaren (uitleggen)	a explica	[a ekspli'ka]
verkopen (per stuk ~)	a vinde	[a 'vinde]
vermelden (praten over)	a menţiona	[a mentsio'na]
versieren (decoreren)	a împodobi	[a ɨmpodo'bi]
vertalen (ww)	a traduce	[a tra'dutʃe]

vertrouwen (ww)	a avea încredere	[a a'vʲa ɨn'kredere]
vervolgen (ww)	a continua	[a kontinu'a]
verwarren (met elkaar ~)	a încurca	[a ɨnkur'ka]
verzoeken (ww)	a cere	[a 'tʃere]
verzuimen (school, enz.)	a lipsi	[a lip'si]

vinden (ww)	a găsi	[a gə'si]
vliegen (ww)	a zbura	[a zbu'ra]
volgen (ww)	a urma	[a ur'ma]
voorstellen (ww)	a propune	[a pro'pune]
voorzien (verwachten)	a prevedea	[a preve'dʲa]
vragen (ww)	a întreba	[a ɨntre'ba]

waarnemen (ww)	a observa	[a obser'va]
waarschuwen (ww)	a avertiza	[a averti'za]
wachten (ww)	a aştepta	[a aʃtep'ta]
weerspreken (ww)	a contrazice	[a kontra'zitʃe]
weigeren (ww)	a refuza	[a refu'za]

werken (ww)	a lucra	[a lu'kra]
weten (ww)	a şti	[a ʃti]
willen (verlangen)	a vrea	[a vrʲa]

| zeggen (ww) | a spune | [a 'spune] |
| zich haasten (ww) | a se grăbi | [a se grə'bi] |

| zich interesseren voor … | a se interesa | [a se intere'sa] |
| zich vergissen (ww) | a greşi | [a gre'ʃi] |

| zich verontschuldigen | a cere scuze | [a 'tʃere 'skuze] |
| zien (ww) | a vedea | [a ve'dʲa] |

zoeken (ww)	a căuta	[a kəu'ta]
zwemmen (ww)	a înota	[a ɨno'ta]
zwijgen (ww)	a tăcea	[a tə'tʃa]

14. Kleuren

kleur (de)	culoare (f)	[kulo'are]
tint (de)	nuanţă (f)	[nu'antsə]
kleurnuance (de)	ton (n)	[ton]
regenboog (de)	curcubeu (n)	[kurku'beu]

wit (bn)	alb	[alb]
zwart (bn)	negru	['negru]
grijs (bn)	sur	['sur]

groen (bn)	verde	['verde]
geel (bn)	galben	['galben]
rood (bn)	roşu	['roʃu]

blauw (bn)	albastru închis	[al'bastru i'nkis]
lichtblauw (bn)	albastru deschis	[al'bastru des'kis]
roze (bn)	roz	['roz]
oranje (bn)	portocaliu	[portoka'lju]
violet (bn)	violet	[vio'let]
bruin (bn)	cafeniu	[kafe'nju]

goud (bn)	de culoarea aurului	[de kulo'arʲa 'auruluj]
zilverkleurig (bn)	argintiu	[ardʒin'tju]

beige (bn)	bej	[beʒ]
roomkleurig (bn)	crem	[krem]
turkoois (bn)	turcoaz	[turko'az]
kersrood (bn)	vişiniu	[viʃi'nju]
lila (bn)	lila	[li'la]
karmijnrood (bn)	de culoarea zmeurei	[de kulo'arʲa 'zmeurej]

licht (bn)	de culoare deschisă	[de kulo'are des'kisə]
donker (bn)	de culoare închisă	[de kulo'are i'nkisə]
fel (bn)	aprins	[a'prins]

kleur-, kleurig (bn)	colorat	[kolo'rat]
kleuren- (abn)	color	[ko'lor]
zwart-wit (bn)	alb-negru	[alb 'negru]
eenkleurig (bn)	monocrom	[mono'krom]
veelkleurig (bn)	multicolor	[multiko'lor]

15. Vragen

Wie?	Cine?	['tʃine]
Wat?	Ce?	[tʃe]
Waar?	Unde?	['unde]
Waarheen?	Unde?	['unde]
Waarvandaan?	De unde?	[de 'unde]
Wanneer?	Când?	[kind]
Waarom?	Pentru ce?	['pentru tʃe]
Waarom?	De ce?	[de tʃe]
Waarvoor dan ook?	Pentru ce?	['pentru tʃe]

Hoe?	Cum?	[kum]
Wat voor ...?	Care?	['kare]
Welk?	Care?	['kare]

Aan wie?	Cui?	[kuj]
Over wie?	Despre cine?	['despre 'tʃine]
Waarover?	Despre ce?	['despre tʃe]
Met wie?	Cu cine?	[ku 'tʃine]

Hoeveel? (ontelb.)	Câţi? Câte?	[kiʦ], ['kite]
Van wie? (mann.)	Al cui?	['al kuj]
Van wie? (vrouw.)	A cui?	[a kuj]
Van wie? (mv.)	Ai cui?, Ale cui?	[aj kuj], ['ale kuj]

16. Voorzetsels

met (bijv. ~ beleg)	cu	[ku]
zonder (~ accent)	fără	[fərə]
naar (in de richting van)	la	[la]
over (praten ~)	despre	['despre]
voor (in tijd)	înainte de	[ina'inte de]
voor (aan de voorkant)	înaintea	[ina'intʲa]

onder (lager dan)	sub	[sub]
boven (hoger dan)	deasupra	[dʲa'supra]
op (bovenop)	pe	[pe]
van (uit, afkomstig van)	din	[din]
van (gemaakt van)	din	[din]

over (bijv. ~ een uur)	peste	['peste]
over (over de bovenkant)	prin	[prin]

17. Functiewoorden. Bijwoorden. Deel 1

Waar?	Unde?	['unde]
hier (bw)	aici	[a'itʃi]
daar (bw)	acolo	[a'kolo]

ergens (bw)	undeva	[unde'va]
nergens (bw)	nicăieri	[nikə'erʲ]

bij ... (in de buurt)	lângă ...	['lingə]
bij het raam	lângă fereastră	['lingə fe'rʲastrə]

Waarheen?	Unde?	['unde]
hierheen (bw)	aici	[a'itʃi]
daarheen (bw)	acolo	[a'kolo]
hiervandaan (bw)	de aici	[de a'itʃi]
daarvandaan (bw)	de acolo	[de a'kolo]

dichtbij (bw)	aproape	[apro'ape]
ver (bw)	departe	[de'parte]

23

in de buurt (van ...)	alături	[a'lətur']
dichtbij (bw)	alături	[a'lətur']
niet ver (bw)	aproape	[apro'ape]

linker (bn)	stâng	[sting]
links (bw)	din stânga	[din 'stinga]
linksaf, naar links (bw)	în stânga	[in 'stinga]

rechter (bn)	drept	[drept]
rechts (bw)	din dreapta	[din 'dr'apta]
rechtsaf, naar rechts (bw)	în dreapta	[in 'dr'apta]

vooraan (bw)	în faţă	[in 'fatsə]
voorste (bn)	din faţă	[din 'fatsə]
vooruit (bw)	înainte	[ina'inte]

achter (bw)	în urmă	[in 'urmə]
van achteren (bw)	din spate	[din 'spate]
achteruit (naar achteren)	înapoi	[ina'poj]

midden (het)	mijloc (n)	['miʒlok]
in het midden (bw)	la mijloc	[la 'miʒlok]

opzij (bw)	dintr-o parte	['dintro 'parte]
overal (bw)	peste tot	['peste tot]
omheen (bw)	în jur	[in ʒur]

binnenuit (bw)	dinăuntru	[dinə'untru]
naar ergens (bw)	undeva	[unde'va]
rechtdoor (bw)	direct	[di'rekt]
terug (bijv. ~ komen)	înapoi	[ina'poj]

ergens vandaan (bw)	de undeva	[de unde'va]
ergens vandaan (en dit geld moet ~ komen)	de undeva	[de unde'va]

ten eerste (bw)	în primul rând	[in 'primul rind]
ten tweede (bw)	în al doilea rând	[in al 'dojl'a rind]
ten derde (bw)	în al treilea rând	[in al 'trejl'a rind]

plotseling (bw)	deodată	[deo'datə]
in het begin (bw)	la început	[la intʃe'put]
voor de eerste keer (bw)	prima dată	['prima 'datə]
lang voor ... (bw)	cu mult timp înainte de ...	[ku mult timp ina'inte de]
opnieuw (bw)	din nou	[din 'nou]
voor eeuwig (bw)	pentru totdeauna	['pentru totd'a'una]

nooit (bw)	niciodată	[nitʃio'datə]
weer (bw)	iarăşi	['jarəʃ]
nu (bw)	acum	[a'kum]
vaak (bw)	des	[des]
toen (bw)	atunci	[a'tuntʃi]
urgent (bw)	urgent	[ur'dʒent]
meestal (bw)	de obicei	[de obi'tʃej]
trouwens, ... (tussen haakjes)	apropo	[apro'po]

mogelijk (bw)	posibil	[po'sibil]
waarschijnlijk (bw)	probabil	[pro'babil]
misschien (bw)	poate	[po'ate]
trouwens (bw)	în afară de aceasta, ...	[in a'farə de a'tʃasta]
daarom ...	de aceea	[de a'tʃeja]
in weerwil van ...	deşi ...	[de'ʃi]
dankzij ...	datorită ...	[dato'ritə]

wat (vn)	ce	[tʃe]
dat (vw)	că	[kə]
iets (vn)	ceva	[tʃe'va]
iets	ceva	[tʃe'va]
niets (vn)	nimic	[ni'mik]

wie (~ is daar?)	cine	['tʃine]
iemand (een onbekende)	cineva	[tʃine'va]
iemand	cineva	[tʃine'va]
(een bepaald persoon)		

niemand (vn)	nimeni	['nimenⁱ]
nergens (bw)	nicăieri	[nikə'erⁱ]
niemands (bn)	al nimănui	[al nimə'nuj]
iemands (bn)	al cuiva	[al kuj'va]

zo (Ik ben ~ blij)	aşa	[a'ʃa]
ook (evenals)	de asemenea	[de a'semenⁱa]
alsook (eveneens)	la fel	[la fel]

18. Functiewoorden. Bijwoorden. Deel 2

Waarom?	De ce?	[de tʃe]
om een bepaalde reden	nu se ştie de ce	[nu se 'ʃtie de tʃe]
omdat ...	pentru că ,,,	['pentru kə]
voor een bepaald doel	cine ştie pentru ce	['tʃine 'ʃtie 'pentru tʃe]

en (vw)	şi	[ʃi]
of (vw)	sau	['sau]
maar (vw)	dar	[dar]
voor (vz)	pentru	['pentru]

te (~ veel mensen)	prea	[prⁱa]
alleen (bw)	numai	['numaj]
precies (bw)	exact	[e'gzakt]
ongeveer (~ 10 kg)	vreo	['vreo]

omstreeks (bw)	aproximativ	[aproksima'tiv]
bij benadering (bn)	aproximativ	[aproksima'tiv]
bijna (bw)	aproape	[apro'ape]
rest (de)	restul	['restul]

elk (bn)	fiecare	[fie'kare]
om het even welk	oricare	[ori'kare]
veel (grote hoeveelheid)	mult	[mult]
veel mensen	mulţi	[mulʦ]

iedereen (alle personen)	toţi	[tots]
in ruil voor ...	în schimb la ...	[in 'skimb la]
in ruil (bw)	în schimbul	[in 'skimbul]
met de hand (bw)	manual	[manu'al]
onwaarschijnlijk (bw)	puţin probabil	[pu'tsin pro'babil]
waarschijnlijk (bw)	probabil	[pro'babil]
met opzet (bw)	intenţionat	[intentsio'nat]
toevallig (bw)	întâmplător	[intimple'tor]
zeer (bw)	foarte	[fo'arte]
bijvoorbeeld (bw)	de exemplu	[de e'gzemplu]
tussen (~ twee steden)	între	['intre]
tussen (te midden van)	printre	['printre]
zoveel (bw)	atât	[a'tit]
vooral (bw)	mai ales	[maj a'les]

Basisbegrippen Deel 2

19. Dagen van de week

maandag (de)	luni (f)	[lunʲ]
dinsdag (de)	marți (f)	['martsʲ]
woensdag (de)	miercuri (f)	['merkurʲ]
donderdag (de)	joi (f)	[ʒoj]
vrijdag (de)	vineri (f)	['vinerʲ]
zaterdag (de)	sâmbătă (f)	['sɨmbətə]
zondag (de)	duminică (f)	[du'minikə]

vandaag (bw)	astăzi	['astəzʲ]
morgen (bw)	mâine	['mɨjne]
overmorgen (bw)	poimâine	[poj'mɨne]
gisteren (bw)	ieri	[jerʲ]
eergisteren (bw)	alaltăieri	[a'laltəerʲ]

dag (de)	zi (f)	[zi]
werkdag (de)	zi (f) de lucru	[zi de 'lukru]
feestdag (de)	zi (f) de sărbătoare	[zi de sərbəto'are]
verlofdag (de)	zi (f) liberă	[zi 'liberə]
weekend (het)	zile (f pl) de odihnă	['zile de o'dihnə]

de hele dag (bw)	toată ziua	[to'atə 'ziwa]
de volgende dag (bw)	a doua zi	['dowa zi]
twee dagen geleden	cu două zile în urmă	[ku 'dowə 'zile ɨn 'urmə]
aan de vooravond (bw)	în ajun	[ɨn a'ʒun]
dag-, dagelijks (bn)	zilnic	['zilnik]
elke dag (bw)	în fiecare zi	[ɨn fie'kare zi]

week (de)	săptămână (f)	[səptə'mɨnə]
vorige week (bw)	săptămâna trecută	[səptə'mɨna tre'kutə]
volgende week (bw)	săptămâna viitoare	[səptə'mɨna viito'are]
wekelijks (bn)	săptămânal	[səptəmɨ'nal]
elke week (bw)	în fiecare săptămână	[ɨn fie'kare səptə'mɨnə]
twee keer per week	de două ori pe săptămână	[de 'dowə orʲ pe səptə'mɨnə]
elke dinsdag	în fiecare marți	[ɨn fie'kare 'martsʲ]

20. Uren. Dag en nacht

morgen (de)	dimineață (f)	[dimi'nʲatsə]
's morgens (bw)	dimineața	[dimi'nʲatsa]
middag (de)	amiază (f)	[a'mjazə]
's middags (bw)	după masă	['dupe 'masə]

avond (de)	seară (f)	['sʲarə]
's avonds (bw)	seara	['sʲara]

nacht (de)	noapte (f)	[no'apte]
's nachts (bw)	noaptea	[no'aptʲa]
middernacht (de)	miezul (n) nopţii	['mezul 'noptsij]

seconde (de)	secundă (f)	[se'kundə]
minuut (de)	minut (n)	[mi'nut]
uur (het)	oră (f)	['orə]
halfuur (het)	jumătate de oră	[ʒumə'tate de 'orə]
kwartier (het)	un sfert de oră	[un sfert de 'orə]
vijftien minuten	cincisprezece minute	['tʃintʃsprezetʃe mi'nute]
etmaal (het)	o zi (f)	[o zi]

zonsopgang (de)	răsărit (n)	[rəsə'rit]
dageraad (de)	zori (m pl)	[zorʲ]
vroege morgen (de)	zori (m pl) de zi	[zorʲ de zi]
zonsondergang (de)	apus (n)	[a'pus]

's morgens vroeg (bw)	dimineaţa devreme	[dimi'nʲatsa de'vreme]
vanmorgen (bw)	azi dimineaţă	[azʲ dimi'nʲatsə]
morgenochtend (bw)	mâine dimineaţă	['mijne dimi'nʲatsə]

vanmiddag (bw)	această după-amiază	[a'tʃastə 'dupa ami'azə]
's middags (bw)	după masă	['dupə 'masə]
morgenmiddag (bw)	mâine după-masă	['mijne 'dupə 'masə]

vanavond (bw)	astă-seară	['astə 'sʲarə]
morgenavond (bw)	mâine seară	['mijne 'sʲarə]

klokslag drie uur	la ora trei fix	[la 'ora trej fiks]
ongeveer vier uur	în jur de ora patru	[in ʒur de 'ora 'patru]
tegen twaalf uur	pe la ora douăsprezece	[pe la 'ora 'dowəsprezetʃe]

over twintig minuten	peste douăzeci de minute	['peste dowə'zetʃi de mi'nute]
over een uur	peste o oră	['peste o 'orə]
op tijd (bw)	la timp	[la timp]

kwart voor ...	fără un sfert	['fərə un sfert]
binnen een uur	în decurs de o oră	[in de'kurs de o 'orə]
elk kwartier	la fiecare cincisprezece minute	[la fie'kare 'tʃintʃsprezetʃe mi'nute]
de klok rond	zi şi noapte	[zi ʃi no'apte]

21. Maanden. Seizoenen

januari (de)	ianuarie (m)	[janu'arie]
februari (de)	februarie (m)	[febru'arie]
maart (de)	martie (m)	['martie]
april (de)	aprilie (m)	[a'prilie]
mei (de)	mai (m)	[maj]
juni (de)	iunie (m)	['junie]

juli (de)	iulie (m)	['julie]
augustus (de)	august (m)	['august]
september (de)	septembrie (m)	[sep'tembrie]

oktober (de)	octombrie (m)	[ok'tombrie]
november (de)	noiembrie (m)	[no'embrie]
december (de)	decembrie (m)	[de'tʃembrie]
lente (de)	primăvară (f)	[primə'varə]
in de lente (bw)	primăvara	[primə'vara]
lente- (abn)	de primăvară	[de primə'varə]
zomer (de)	vară (f)	['varə]
in de zomer (bw)	vara	['vara]
zomer-, zomers (bn)	de vară	[de 'varə]
herfst (de)	toamnă (f)	[to'amnə]
in de herfst (bw)	toamna	[to'amna]
herfst- (abn)	de toamnă	[de to'amnə]
winter (de)	iarnă (f)	['jarnə]
in de winter (bw)	iarna	['jarna]
winter- (abn)	de iarnă	[de 'jarnə]
maand (de)	lună (f)	['lunə]
deze maand (bw)	în luna curentă	[in 'luna ku'rentə]
volgende maand (bw)	în luna următoare	[in 'luna urməto'are]
vorige maand (bw)	în luna trecută	[in 'luna tre'kutə]
een maand geleden (bw)	o lună în urmă	[o 'lunə in 'urmə]
over een maand (bw)	peste o lună	['peste o 'lunə]
over twee maanden (bw)	peste două luni	['peste 'dowə lunʲ]
de hele maand (bw)	luna întreagă	['luna in'trʲagə]
een volle maand (bw)	o lună întreagă	[o 'lunə in'trʲagə]
maand-, maandelijks (bn)	lunar	[lu'nar]
maandelijks (bw)	în fiecare lună	[in fie'kare 'lunə]
elke maand (bw)	fiecare lună	[fie'kare 'lunə]
twee keer per maand	de două ori pe lună	[de 'dowə orʲ pe 'lunə]
jaar (het)	an (m)	[an]
dit jaar (bw)	anul acesta	['anul a'tʃesta]
volgend jaar (bw)	anul viitor	['anul vii'tor]
vorig jaar (bw)	anul trecut	['anul tre'kut]
een jaar geleden (bw)	acum un an	[a'kum un an]
over een jaar	peste un an	['peste un an]
over twee jaar	peste doi ani	['peste doj anʲ]
het hele jaar	tot anul	[tot 'anul]
een vol jaar	un an întreg	[un an in'treg]
elk jaar	în fiecare an	[in fie'kare an]
jaar-, jaarlijks (bn)	anual	[anu'al]
jaarlijks (bw)	în fiecare an	[in fie'kare an]
4 keer per jaar	de patru ori pe an	[de 'patru orʲ pe an]
datum (de)	dată (f)	['datə]
datum (de)	dată (f)	['datə]
kalender (de)	calendar (n)	[kalen'dar]
een half jaar	jumătate (f) de an	[ʒumə'tate de an]

zes maanden	jumătate (f) de an	[ʒumə'tate de an]
seizoen (bijv. lente, zomer)	sezon (n)	[se'zon]
eeuw (de)	veac (n)	[vʲak]

22. Tijd. Diversen

tijd (de)	timp (m)	[timp]
ogenblik (het)	clipă (f)	['klipə]
moment (het)	moment (n)	[mo'mənt]
ogenblikkelijk (bn)	momentan	[momen'tan]

tijdsbestek (het)	perioadă (f)	[perio'adə]
leven (het)	viață (f)	['vjatsə]
eeuwigheid (de)	veşnicie (f)	[veʃni'tʃie]

epoche (de), tijdperk (het)	epocă (f)	[e'pokə]
era (de), tijdperk (het)	eră (f)	['erə]
cyclus (de)	ciclu (n)	['tʃiklu]
periode (de)	perioadă (f)	[perio'adə]
termijn (vastgestelde periode)	termen (n)	['termen]

toekomst (de)	viitor (n)	[vii'tor]
toekomstig (bn)	viitor	[vii'tor]
de volgende keer	data următoare	['data urməto'are]

verleden (het)	trecut (n)	[tre'kut]
vorig (bn)	trecut	[tre'kut]
de vorige keer	data trecută	['data tre'kutə]

later (bw)	mai târziu	[maj tir'zju]
na (~ het diner)	după	['dupə]
tegenwoordig (bw)	acum	[a'kum]
nu (bw)	acum	[a'kum]

onmiddellijk (bw)	imediat	[imedi'at]
snel (bw)	în curând	[in ku'rind]
bij voorbaat (bw)	în prealabil	[in prʲa'labil]

lang geleden (bw)	demult	[de'mult]
kort geleden (bw)	recent	[re'tʃent]
noodlot (het)	soartă (f)	[so'artə]
herinneringen (mv.)	memorie (f)	[me'morie]
archief (het)	arhivă (f)	[ar'hivə]

tijdens ... (ten tijde van)	în timpul ...	[in 'timpul]
lang (bw)	îndelung	[inde'lung]
niet lang (bw)	puțin timp	[pu'tsin 'timp]

| vroeg (bijv. ~ in de ochtend) | devreme | [de'vreme] |
| laat (bw) | târziu | [tir'zju] |

voor altijd (bw)	pentru totdeauna	['pentru totdʲa'una]
beginnen (ww)	a începe	[a in'tʃepe]
uitstellen (ww)	a amâna	[a amʲ'na]

tegelijkertijd (bw)	concomitent	[konkomi'tent]
voortdurend (bw)	mereu	[me'reu]
voortdurend	permanent	[perma'nent]
tijdelijk (bn)	temporar	[tempo'rar]
soms (bw)	uneori	[une'orɨ]
zelden (bw)	rar	[rar]
vaak (bw)	adesea	[a'desɨa]

23. Tegenovergestelden

rijk (bn)	bogat	[bo'gat]
arm (bn)	sărac	[sə'rak]
ziek (bn)	bolnav	[bol'nav]
gezond (bn)	sănătos	[sənə'tos]
groot (bn)	mare	['mare]
klein (bn)	mic	[mik]
snel (bw)	repede	['repede]
langzaam (bw)	încet	[ɨn'tʃet]
snel (bn)	rapid	[ra'pid]
langzaam (bn)	lent	[lent]
vrolijk (bn)	vesel	['vesel]
treurig (bn)	trist	[trist]
samen (bw)	împreună	[impre'unə]
apart (bw)	separat	[sepa'rat]
hardop (~ lezen)	cu voce tare	[ku 'votʃe 'tare]
stil (~ lezen)	în gând	[in gind]
hoog (bn)	înalt	[i'nalt]
laag (bn)	scund	[skund]
diep (bn)	adânc	[a'dɨnk]
ondiep (bn)	de adâncime mică	[de adɨn'tʃime 'mikə]
ja	da	[da]
nee	nu	[nu]
ver (bn)	îndepărtat	[indepər'tat]
dicht (bn)	apropiat	[apropi'jat]
ver (bw)	departe	[de'parte]
dichtbij (bw)	aproape	[apro'ape]
lang (bn)	lung	[lung]
kort (bn)	scurt	[skurt]
vriendelijk (goedhartig)	bun	[bun]
kwaad (bn)	rău	['rəu]

| gehuwd (mann.) | căsătorit | [kəsəto'rit] |
| ongehuwd (mann.) | celibatar (m) | [tʃeliba'tar] |

| verbieden (ww) | a interzice | [a inter'zitʃe] |
| toestaan (ww) | a permite | [a per'mite] |

| einde (het) | sfârşit (n) | [sfɨr'ʃit] |
| begin (het) | început (n) | [ɨntʃe'put] |

| linker (bn) | stâng | [stɨng] |
| rechter (bn) | drept | [drept] |

| eerste (bn) | primul | ['primul] |
| laatste (bn) | ultimul | ['ultimul] |

| misdaad (de) | crimă (f) | ['krimə] |
| bestraffing (de) | pedeapsă (f) | [pe'dʲapsə] |

| bevelen (ww) | a ordona | [a ordo'na] |
| gehoorzamen (ww) | a se supune | [a se su'pune] |

| recht (bn) | drept | [drept] |
| krom (bn) | strâmb | [strɨmb] |

| paradijs (het) | rai (n) | [raj] |
| hel (de) | iad (n) | [jad] |

| geboren worden (ww) | a se naşte | [a se 'naʃte] |
| sterven (ww) | a muri | [a mu'ri] |

| sterk (bn) | puternic | [pu'ternik] |
| zwak (bn) | slab | [slab] |

| oud (bn) | bătrân | [bə'trɨn] |
| jong (bn) | tânăr | ['tɨnər] |

| oud (bn) | vechi | [vekʲ] |
| nieuw (bn) | nou | ['nou] |

| hard (bn) | tare | ['tare] |
| zacht (bn) | moale | [mo'ale] |

| warm (bn) | cald | [kald] |
| koud (bn) | rece | ['retʃe] |

| dik (bn) | gras | [gras] |
| dun (bn) | slab | [slab] |

| smal (bn) | îngust | [ɨn'gust] |
| breed (bn) | lat | [lat] |

| goed (bn) | bun | [bun] |
| slecht (bn) | rău | ['rəu] |

| moedig (bn) | curajos | [kura'ʒos] |
| laf (bn) | fricos | [fri'kos] |

24. Lijnen en vormen

vierkant (het)	pătrat (n)	[pe'trat]
vierkant (bn)	pătrat	[pe'trat]
cirkel (de)	cerc (n)	[tʃerk]
rond (bn)	rotund	[ro'tund]
driehoek (de)	triunghi (n)	[tri'ungʲ]
driehoekig (bn)	triunghiular	[trjungju'lar]
ovaal (het)	oval (n)	[o'val]
ovaal (bn)	oval	[o'val]
rechthoek (de)	dreptunghi (n)	[drep'tungʲ]
rechthoekig (bn)	dreptunghiular	[dreptungju'lar]
piramide (de)	piramidă (f)	[pira'midə]
ruit (de)	romb (n)	[romb]
trapezium (het)	trapez (n)	[tra'pez]
kubus (de)	cub (n)	[kub]
prisma (het)	prismă (f)	['prizmə]
omtrek (de)	circumferinţă (f)	[tʃirkumfe'rintsə]
bol, sfeer (de)	sferă (f)	['sferə]
bal (de)	sferă (f)	['sferə]
diameter (de)	diametru (n)	[di'ametru]
straal (de)	rază (f)	['razə]
omtrek (~ van een cirkel)	perimetru (n)	[peri'metru]
middelpunt (het)	centru (n)	['tʃentru]
horizontaal (bn)	orizontal	[orizon'tal]
verticaal (bn)	vertical	[verti'kal]
parallel (de)	paralelă (f)	[para'lelə]
parallel (bn)	paralel	[para'lel]
lijn (de)	linie (f)	['linie]
streep (de)	linie (f)	['linie]
rechte lijn (de)	dreaptă (f)	['drʲaptə]
kromme (de)	curbă (f)	['kurbə]
dun (bn)	subţire	[sub'tsire]
omlijning (de)	contur (n)	[kon'tur]
snijpunt (het)	intersecţie (f)	[inter'sektsie]
rechte hoek (de)	unghi (n) drept	[ungʲ drept]
segment (het)	segment (n)	[seg'ment]
sector (de)	sector (n)	[sek'tor]
zijde (de)	latură (f)	['laturə]
hoek (de)	unghi (n)	[ungʲ]

25. Meeteenheden

gewicht (het)	greutate (f)	[greu'tate]
lengte (de)	lungime (f)	[lun'dʒime]
breedte (de)	lăţime (f)	[lə'tsime]
hoogte (de)	înălţime (f)	[ɨnəl'tsime]

diepte (de)	adâncime (f)	[adin'tʃime]
volume (het)	volum (n)	[vo'lum]
oppervlakte (de)	suprafaţă (f)	[supra'fatsə]

gram (het)	gram (n)	[gram]
milligram (het)	miligram (n)	[mili'gram]
kilogram (het)	kilogram (n)	[kilo'gram]
ton (duizend kilo)	tonă (f)	['tone]
pond (het)	funt (m)	[funt]
ons (het)	uncie (f)	['untʃie]

meter (de)	metru (m)	['metru]
millimeter (de)	milimetru (m)	[mili'metru]
centimeter (de)	centimetru (m)	[tʃenti'metru]
kilometer (de)	kilometru (m)	[kilo'metru]
mijl (de)	milă (f)	['milə]

duim (de)	ţol (m)	[tsol]
voet (de)	picior (m)	[pi'tʃior]
yard (de)	yard (m)	[jard]

| vierkante meter (de) | metru (m) pătrat | ['metru pe'trat] |
| hectare (de) | hectar (n) | [hek'tar] |

liter (de)	litru (m)	['litru]
graad (de)	grad (n)	[grad]
volt (de)	volt (m)	[volt]
ampère (de)	amper (m)	[am'per]
paardenkracht (de)	cal-putere (m)	[kal pu'tere]

hoeveelheid (de)	cantitate (f)	[kanti'tate]
een beetje ...	puţin ...	[pu'tsin]
helft (de)	jumătate (f)	[ʒume'tate]
dozijn (het)	duzină (f)	[du'zine]
stuk (het)	bucată (f)	[bu'katə]

| afmeting (de) | dimensiune (f) | [dimensi'une] |
| schaal (bijv. ~ van 1 op 50) | proporţie (f) | [pro'portsie] |

minimaal (bn)	minim	['minim]
minste (bn)	cel mai mic	[tʃel maj mik]
medium (bn)	de, din mijloc	[de, din 'miʒlok]
maximaal (bn)	maxim	['maksim]
grootste (bn)	cel mai mare	[tʃel maj 'mare]

26. Containers

glazen pot (de)	borcan (n)	[bor'kan]
blik (conserven~)	cutie (f)	[ku'tie]
emmer (de)	găleată (f)	[ge'ʲate]
ton (bijv. regenton)	butoi (n)	[bu'toj]

| ronde waterbak (de) | lighean (n) | [li'gʲan] |
| tank (bijv. watertank-70-ltr) | rezervor (n) | [rezer'vor] |

heupfles (de)	damigeană (f)	[dami'dʒanə]
jerrycan (de)	canistră (f)	[ka'nistrə]
tank (bijv. ketelwagen)	cisternă (f)	[ʧis'ternə]

beker (de)	cană (f)	['kanə]
kopje (het)	ceaşcă (f)	['ʧaʃkə]
schoteltje (het)	farfurioară (f)	[farfurio'arə]
glas (het)	pahar (n)	[pa'har]
wijnglas (het)	cupă (f)	['kupə]
pan (de)	cratiţă (f)	['kratiʦə]

| fles (de) | sticlă (f) | ['stiklə] |
| flessenhals (de) | gâtul (n) sticlei | ['gɨtul 'stiklej] |

karaf (de)	garafă (f)	[ga'rafə]
kruik (de)	ulcior (n)	[ul'ʧior]
vat (het)	vas (n)	[vas]
pot (de)	oală (f)	[o'alə]
vaas (de)	vază (f)	['vazə]

flacon (de)	flacon (n)	[fla'kon]
flesje (het)	sticluţă (f)	[sti'kluʦə]
tube (bijv. ~ tandpasta)	tub (n)	[tub]

zak (bijv. ~ aardappelen)	sac (m)	[sak]
tasje (het)	pachet (n)	[pa'ket]
pakje (~ sigaretten, enz.)	pachet (n)	[pa'ket]

doos (de)	cutie (f)	[ku'tie]
kist (de)	ladă (f)	['ladə]
mand (de)	coş (n)	[koʃ]

27. Materialen

materiaal (het)	material (n)	[materi'al]
hout (het)	lemn (n)	[lemn]
houten (bn)	de, din lemn	[de, din lemn]

| glas (het) | sticlă (f) | ['stiklə] |
| glazen (bn) | de, din sticlă | [de, din 'stiklə] |

| steen (de) | piatră (f) | ['pjatrə] |
| stenen (bn) | de, din piatră | [de, din 'pjatrə] |

| plastic (het) | masă (f) plastică | ['masə 'plastikə] |
| plastic (bn) | de, din masă plastică | [de, din 'masə 'plastikə] |

| rubber (het) | cauciuc (n) | [kau'ʧuk] |
| rubber-, rubberen (bn) | de, din cauciuc | [de, din kau'ʧiuk] |

stof (de)	ţesătură (f)	[ʦesə'turə]
van stof (bn)	de, din ţesătură	[de, din ʦesə'turə]
papier (het)	hârtie (f)	[hɨr'tie]
papieren (bn)	de, din hârtie	[de, din hɨr'tie]

| karton (het) | carton (n) | [kar'ton] |
| kartonnen (bn) | de, din carton | [de, din kar'ton] |

polyethyleen (het)	polietilenă (f)	[polieti'lenə]
cellofaan (het)	celofan (n)	[tʃelo'fan]
multiplex (het)	furnir (n)	[fur'nir]

porselein (het)	porțelan (n)	[portse'lan]
porseleinen (bn)	de, din porțelan	[de, din portse'lan]
klei (de)	argilă (f)	[ar'dʒilə]
klei-, van klei (bn)	de lut	[de 'lut]
keramiek (de)	ceramică (f)	[tʃe'ramikə]
keramieken (bn)	de, din ceramică	[de, din tʃe'ramikə]

28. Metalen

metaal (het)	metal (n)	[me'tal]
metalen (bn)	de, din metal	[de, din me'tal]
legering (de)	aliaj (n)	[a'ljaʒ]

goud (het)	aur (n)	['aur]
gouden (bn)	de, din aur	[de, din 'aur]
zilver (het)	argint (n)	[ar'dʒint]
zilveren (bn)	de, din argint	[de, din ar'dʒint]

ijzer (het)	fier (n)	[fier]
ijzeren	de, din fier	[de, din 'fjer]
staal (het)	oțel (n)	[o'tsel]
stalen (bn)	de, din oțel	[de, din o'tsel]
koper (het)	cupru (n)	['kupru]
koperen (bn)	de, din cupru	[de, din 'kupru]

aluminium (het)	aluminiu (n)	[alu'miniu]
aluminium (bn)	de, din aluminiu	[de, din alu'miniu]
brons (het)	bronz (n)	[bronz]
bronzen (bn)	de, din bronz	[de, din bronz]

messing (het)	alamă (f)	[a'lamə]
nikkel (het)	nichel (n)	['nikel]
platina (het)	platină (f)	['platinə]
kwik (het)	mercur (n)	[mer'kur]
tin (het)	cositor (n)	[kosi'tor]
lood (het)	plumb (n)	[plumb]
zink (het)	zinc (n)	[zink]

MENS

Mens. Het lichaam

29. Mensen. Basisbegrippen

mens (de)	om (m)	[om]
man (de)	bărbat (m)	[bər'bat]
vrouw (de)	femeie (f)	[fe'meje]
kind (het)	copil (m)	[ko'pil]

meisje (het)	fată (f)	['fatə]
jongen (de)	băiat (m)	[bə'jat]
tiener, adolescent (de)	adolescent (m)	[adoles'ʧent]
oude man (de)	bătrân (m)	[bə'trin]
oude vrouw (de)	bătrână (f)	[bə'trinə]

30. Menselijke anatomie

organisme (het)	organism (n)	[orga'nizm]
hart (het)	inimă (f)	['inimə]
bloed (het)	sânge (n)	['sindʒe]
slagader (de)	arteră (f)	[ar'terə]
ader (de)	venă (f)	['venə]

hersenen (mv.)	creier (m)	['krejer]
zenuw (de)	nerv (m)	[nerv]
zenuwen (mv.)	nervi (m pl)	[nervʲ]
wervel (de)	vertebră (f)	[ver'tebrə]
ruggengraat (de)	coloană (f) vertebrală	[kolo'anə verte'bralə]

maag (de)	stomac (n)	[sto'mak]
darmen (mv.)	intestin (n)	[intes'tin]
darm (de)	intestin (n)	[intes'tin]
lever (de)	ficat (m)	[fi'kat]
nier (de)	rinichi (m)	[ri'nikʲ]

been (deel van het skelet)	os (n)	[os]
skelet (het)	schelet (n)	[ske'let]
rib (de)	coastă (f)	[ko'astə]
schedel (de)	craniu (n)	['kranju]

spier (de)	muşchi (m)	[muʃkʲ]
biceps (de)	biceps (m)	['biʧeps]
triceps (de)	triceps (m)	['triʧeps]
pees (de)	tendon (n)	[ten'don]
gewricht (het)	încheietură (f)	[inkeje'turə]

longen (mv.)	plămâni (m pl)	[plə'minʲ]
geslachtsorganen (mv.)	organe (n pl) genitale	[or'gane ʤeni'tale]
huid (de)	piele (f)	['pjele]

31. Hoofd

hoofd (het)	cap (n)	[kap]
gezicht (het)	faţă (f)	['fatsə]
neus (de)	nas (n)	[nas]
mond (de)	gură (f)	['gurə]

oog (het)	ochi (m)	[okʲ]
ogen (mv.)	ochi (m pl)	[okʲ]
pupil (de)	pupilă (f)	[pu'pilə]
wenkbrauw (de)	sprânceană (f)	[sprin'tʃanə]
wimper (de)	geană (f)	['ʤanə]
ooglid (het)	pleoapă (f)	[pleo'apə]

tong (de)	limbă (f)	['limbə]
tand (de)	dinte (m)	['dinte]
lippen (mv.)	buze (f pl)	['buze]
jukbeenderen (mv.)	pomeţi (m pl)	[po'metsʲ]
tandvlees (het)	gingie (f)	[ʤin'ʤie]
gehemelte (het)	palat (n)	[pa'lat]

neusgaten (mv.)	nări (f pl)	[nərʲ]
kin (de)	bărbie (f)	[bər'bie]
kaak (de)	maxilar (n)	[maksi'lar]
wang (de)	obraz (m)	[o'braz]

voorhoofd (het)	frunte (f)	['frunte]
slaap (de)	tâmplă (f)	['timplə]
oor (het)	ureche (f)	[u'reke]
achterhoofd (het)	ceafă (f)	['tʃafə]
hals (de)	gât (n)	[git]
keel (de)	gât (n)	[git]

haren (mv.)	păr (m)	[pər]
kapsel (het)	coafură (f)	[koa'furə]
haarsnit (de)	tunsoare (f)	[tunso'are]
pruik (de)	perucă (f)	[pe'rukə]

snor (de)	mustăţi (f pl)	[mus'tetsʲ]
baard (de)	barbă (f)	['barbə]
dragen (een baard, enz.)	a purta	[a pur'ta]
vlecht (de)	cosiţă (f)	[ko'sitsə]
bakkebaarden (mv.)	favoriţi (m pl)	[favo'ritsʲ]

ros (roodachtig, rossig)	roşcat	[roʃ'kat]
grijs (~ haar)	cărunt	[kə'runt]
kaal (bn)	chel	[kel]
kale plek (de)	chelie (f)	[ke'lie]
paardenstaart (de)	coadă (f)	[ko'adə]
pony (de)	breton (n)	[bre'ton]

32. Menselijk lichaam

hand (de)	mână (f)	['minə]
arm (de)	braţ (n)	[brats]
vinger (de)	deget (n)	['dedʒet]
duim (de)	degetul (n) mare	['dedʒetul 'mare]
pink (de)	degetul (n) mic	['dedʒetul mik]
nagel (de)	unghie (f)	['ungie]
vuist (de)	pumn (m)	[pumn]
handpalm (de)	palmă (f)	['palmə]
pols (de)	încheietura (f) mâinii	[inkeje'tura 'minij]
voorarm (de)	antebraţ (n)	[ante'brats]
elleboog (de)	cot (n)	[kot]
schouder (de)	umăr (m)	['umər]
been (rechter ~)	picior (n)	[pi'tʃior]
voet (de)	talpă (f)	['talpə]
knie (de)	genunchi (n)	[dʒe'nunki]
kuit (de)	pulpă (f)	['pulpə]
heup (de)	coapsă (f)	[ko'apsə]
hiel (de)	călcâi (n)	[kəl'kij]
lichaam (het)	corp (n)	[korp]
buik (de)	burtă (f)	['burtə]
borst (de)	piept (n)	[pjept]
borst (de)	sân (m)	[sin]
zijde (de)	coastă (f)	[ko'astə]
rug (de)	spate (n)	['spate]
lage rug (de)	regiune (f) lombară	[redʒi'une lom'barə]
taille (de)	talie (f)	['talie]
navel (de)	buric (n)	[bu'rik]
billen (mv.)	fese (f pl)	['fese]
achterwerk (het)	şezut (n)	[ʃe'zut]
huidvlek (de)	aluniţă (f)	[alu'nitsə]
moedervlek (de)	semn (n) din naştere	[semn din 'naʃtere]
tatoeage (de)	tatuaj (n)	[tatu'aʒ]
litteken (het)	cicatrice (f)	[tʃika'tritʃe]

Kleding en accessoires

33. Bovenkleding. Jassen

kleren (mv.)	îmbrăcăminte (f)	[imbrəke'minte]
bovenkleding (de)	haină (f)	['hajnə]
winterkleding (de)	îmbrăcăminte (f) de iarnă	[imbrəke'minte de 'jarnə]
jas (de)	palton (n)	[pal'ton]
bontjas (de)	şubă (f)	['ʃubə]
bontjasje (het)	scurtă (f) îmblănită	['skurtə imblə'nitə]
donzen jas (de)	scurtă (f) de puf	['skurtə de 'puf]
jasje (bijv. een leren ~)	scurtă (f)	['skurtə]
regenjas (de)	trenci (f)	[trentʃi]
waterdicht (bn)	impermeabil (n)	[imperme'abil]

34. Heren & dames kleding

overhemd (het)	cămaşă (f)	[kə'maʃə]
broek (de)	pantaloni (m pl)	[panta'loni]
jeans (de)	blugi (m pl)	[bludʒi]
colbert (de)	sacou (n)	[sa'kou]
kostuum (het)	costum (n)	[kos'tum]
jurk (de)	rochie (f)	['rokie]
rok (de)	fustă (f)	['fustə]
blouse (de)	bluză (f)	['bluzə]
wollen vest (de)	jachetă (f) tricotată	[ʒa'ketə triko'tatə]
blazer (kort jasje)	jachetă (f)	[ʒa'ketə]
T-shirt (het)	tricou (n)	[tri'kou]
shorts (mv.)	şorturi (n pl)	['ʃorturi]
trainingspak (het)	costum (n) sportiv	[kos'tum spor'tiv]
badjas (de)	halat (n)	[ha'lat]
pyjama (de)	pijama (f)	[piʒa'ma]
sweater (de)	sveter (n)	['sveter]
pullover (de)	pulover (n)	[pu'lover]
gilet (het)	vestă (f)	['vestə]
rokkostuum (het)	frac (n)	[frak]
smoking (de)	smoching (n)	['smoking]
uniform (het)	uniformă (f)	[uni'formə]
werkkleding (de)	haină (f) de lucru	['hajnə de 'lukru]
overall (de)	salopetă (f)	[salo'petə]
doktersjas (de)	halat (n)	[ha'lat]

35. Kleding. Ondergoed

ondergoed (het)	lenjerie (f) de corp	[lenʒe'rie de 'korp]
onderhemd (het)	maiou (n)	[ma'jou]
sokken (mv.)	şosete (f pl)	[ʃo'sete]
nachthemd (het)	cămaşă (f) de noapte	[kə'maʃə de no'apte]
beha (de)	sutien (n)	[su'tjen]
kniekousen (mv.)	ciorapi (m pl)	[tʃio'rapʲ]
panty (de)	ciorapi pantalon (m pl)	[tʃio'rapʲ panta'lon]
nylonkousen (mv.)	ciorapi (m pl)	[tʃio'rapʲ]
badpak (het)	costum (n) de baie	[kos'tum de 'bae]

36. Hoofddeksels

hoed (de)	căciulă (f)	[kə'tʃiulə]
deukhoed (de)	pălărie (f)	[pələ'rie]
honkbalpet (de)	şapcă (f)	['ʃapkə]
kleppet (de)	chipiu (n)	[ki'pju]
baret (de)	beretă (f)	[be'retə]
kap (de)	glugă (f)	['glugə]
panamahoed (de)	panama (f)	[pana'ma]
gebreide muts (de)	căciulă (f) împletită	[kə'tʃiulə imple'titə]
hoofddoek (de)	basma (f)	[bas'ma]
dameshoed (de)	pălărie (f) de damă	[pələ'rie de 'damə]
veiligheidshelm (de)	cască (f)	['kaskə]
veldmuts (de)	bonetă (f)	[bo'netə]
helm, valhelm (de)	coif (n)	[kojf]
bolhoed (de)	pălărie (f)	[pələ'rie]
hoge hoed (de)	joben (n)	[ʒo'ben]

37. Schoeisel

schoeisel (het)	încălţăminte (f)	[inkəltsə'minte]
schoenen (mv.)	ghete (f pl)	['gete]
vrouwenschoenen (mv.)	pantofi (m pl)	[pan'tofʲ]
laarzen (mv.)	cizme (f pl)	['tʃizme]
pantoffels (mv.)	şlapi (m pl)	[ʃlapʲ]
sportschoenen (mv.)	adidaşi (m pl)	[a'didaʃ]
sneakers (mv.)	tenişi (m pl)	['teniʃ]
sandalen (mv.)	sandale (f pl)	[san'dale]
schoenlapper (de)	cizmar (m)	[tʃiz'mar]
hiel (de)	toc (n)	[tok]
paar (een ~ schoenen)	pereche (f)	[pe'reke]
veter (de)	şiret (n)	[ʃi'ret]

rijgen (schoenen ~)	a şnurui	[a ʃnuru'i]
schoenlepel (de)	lingură (f) pentru pantofi	['lingurə 'pentru pan'tofi]
schoensmeer (de/het)	cremă (f) de ghete	['kremə de 'gete]

38. Textiel. Weefsel

katoen (de/het)	bumbac (m)	[bum'bak]
katoenen (bn)	de, din bumbac	[de, din bum'bak]
vlas (het)	in (n)	[in]
vlas-, van vlas (bn)	de, din in	[de, din in]
zijde (de)	mătase (f)	[mə'tase]
zijden (bn)	de, din mătase	[de, din mə'tase]
wol (de)	lână (f)	['linə]
wollen (bn)	de, din lână	[de, din 'linə]
fluweel (het)	catifea (f)	[kati'fʲa]
suède (de)	piele (f) întoarsă	['pjele into'arsə]
ribfluweel (het)	ţesătură de bumbac catifelată (f)	[tsesə'turə de bum'bak katife'latə]
nylon (de/het)	nailon (n)	[naj'lon]
nylon-, van nylon (bn)	de, din nailon	[de, din naj'lon]
polyester (het)	poliester (n)	[polies'ter]
polyester- (abn)	de, din poliester	[de, din polies'ter]
leer (het)	piele (f)	['pjele]
leren (van leer gemaak)	de, din piele	[de, din 'pjele]
bont (het)	blană (f)	['blanə]
bont- (abn)	de, din blană	[de, din 'blanə]

39. Persoonlijke accessoires

handschoenen (mv.)	mănuşi (f pl)	[mə'nuʃ]
wanten (mv.)	mănuşi (f pl) cu un singur deget	[mə'nuʃ ku un 'singur 'dedʒet]
sjaal (fleece ~)	fular (m)	[fu'lar]
bril (de)	ochelari (m pl)	[oke'larʲ]
brilmontuur (het)	ramă (f)	['ramə]
paraplu (de)	umbrelă (f)	[um'brelə]
wandelstok (de)	baston (n)	[bas'ton]
haarborstel (de)	perie (f) de păr	[pe'rie de pər]
waaier (de)	evantai (n)	[evan'taj]
das (de)	cravată (f)	[kra'vatə]
strikje (het)	papion (n)	[papi'on]
bretels (mv.)	bretele (f pl)	[bre'tele]
zakdoek (de)	batistă (f)	[ba'tistə]
kam (de)	pieptene (m)	['pjeptəne]
haarspeldje (het)	agrafă (f)	[a'grafə]

schuifspeldje (het)	ac (n) de păr	[ak de pər]
gesp (de)	cataramă (f)	[kata'ramə]

broekriem (de)	cordon (n)	[kor'don]
draagriem (de)	curea (f)	[ku'rʲa]

handtas (de)	geantă (f)	['dʒantə]
damestas (de)	poşetă (f)	[po'ʃətə]
rugzak (de)	rucsac (n)	[ruk'sak]

40. Kleding. Diversen

mode (de)	modă (f)	['modə]
de mode (bn)	la modă	[la 'modə]
kledingstilist (de)	modelier (n)	[mode'ljer]

kraag (de)	guler (n)	['guler]
zak (de)	buzunar (n)	[buzu'nar]
zak- (abn)	de buzunar	[de buzu'nar]
mouw (de)	mânecă (f)	['minekə]
lusje (het)	gaică (f)	['gajkə]
gulp (de)	şliţ (n)	[ʃlits]

rits (de)	fermoar (n)	[fermo'ar]
sluiting (de)	capsă (f)	['kapsə]
knoop (de)	nasture (m)	['nasture]
knoopsgat (het)	butonieră (f)	[buto'njerə]
losraken (bijv. knopen)	a se rupe	[a se 'rupe]

naaien (kleren, enz.)	a coase	[a ko'ase]
borduren (ww)	a broda	[a bro'da]
borduursel (het)	broderie (f)	[brode'rie]
naald (de)	ac (n)	[ak]
draad (de)	aţă (f)	['atsə]
naad (de)	cusătură (f)	[kusə'turə]

vies worden (ww)	a se murdări	[a se murdə'ri]
vlek (de)	pată (f)	['patə]
gekreukt raken (ov. kleren)	a se şifona	[a se ʃifo'na]
scheuren (ov.ww.)	a rupe	[a 'rupe]
mot (de)	molie (f)	['molie]

41. Persoonlijke verzorging. Schoonheidsmiddelen

tandpasta (de)	pastă (f) de dinţi	['pastə de dintsʲ]
tandenborstel (de)	periuţă (f) de dinţi	[peri'utsə de dintsʲ]
tanden poetsen (ww)	a se spăla pe dinţi	[a se spə'la pe dintsʲ]

scheermes (het)	brici (n)	['britʃi]
scheerschuim (het)	cremă (f) de bărbierit	['kremə de bərbie'rit]
zich scheren (ww)	a se bărbieri	[a se bərbie'ri]
zeep (de)	săpun (n)	[sə'pun]

shampoo (de)	şampon (n)	[ʃam'pon]
schaar (de)	foarfece (n)	[fo'arfetʃe]
nagelvijl (de)	pilă (f) de unghii	['pilə de 'ungij]
nagelknipper (de)	cleştişor (n)	[kleʃti'ʃor]
pincet (het)	pensetă (f)	[pen'setə]

cosmetica (mv.)	cosmetică (f)	[kos'metikə]
masker (het)	mască (f)	['maskə]
manicure (de)	manichiură (f)	[mani'kjurə]
manicure doen	a face manichiura	[a 'fatʃe mani'kjura]
pedicure (de)	pedichiură (f)	[pedi'kjurə]

cosmetica tasje (het)	trusă (f) de cosmetică	['trusə de kos'metikə]
poeder (de/het)	pudră (f)	['pudrə]
poederdoos (de)	pudrieră (f)	[pudri'erə]
rouge (de)	fard de obraz (n)	[fard de o'braz]

parfum (de/het)	parfum (n)	[par'fum]
eau de toilet (de)	apă de toaletă (f)	['apə de toa'letə]
lotion (de)	loţiune (f)	[lotsi'une]
eau de cologne (de)	colonie (f)	[ko'lonie]

oogschaduw (de)	fard (n) de pleoape	[fard 'pentru pleo'ape]
oogpotlood (het)	creion (n) de ochi	[kre'jon 'pentru okʲ]
mascara (de)	rimel (n)	[ri'mel]

lippenstift (de)	ruj (n)	[ruʒ]
nagellak (de)	ojă (f)	['oʒə]
haarlak (de)	gel (n) de păr	[dʒel de pər]
deodorant (de)	deodorant (n)	[deodo'rant]

crème (de)	cremă (f)	['kremə]
gezichtscrème (de)	cremă (f) de faţă	['kremə de 'fatsə]
handcrème (de)	cremă (f) pentru mâini	['kremə 'pentru mɨnʲ]
antirimpelcrème (de)	cremă (f) anti-rid	['kremə 'anti rid]
dag- (abn)	de zi	[de zi]
nacht- (abn)	de noapte	[de no'apte]

tampon (de)	tampon (n)	[tam'pon]
toiletpapier (het)	hârtie (f) igienică	[hɨr'tie idʒi'enikə]
föhn (de)	uscător (n) de păr	[uskə'tor de pər]

42. Juwelen

sieraden (mv.)	giuvaeruri (n pl)	[dʒiuva'erurʲ]
edel (bijv. ~ stenen)	preţios	[pretsi'os]
keurmerk (het)	marcă (f)	['markə]

ring (de)	inel (n)	[i'nel]
trouwring (de)	verighetă (f)	[veri'getə]
armband (de)	brăţară (f)	[brə'tsarə]

| oorringen (mv.) | cercei (m pl) | [tʃer'tʃej] |
| halssnoer (het) | colier (n) | [ko'ljer] |

| kroon (de) | coroană (f) | [koro'ane] |
| kralen snoer (het) | mărgele (f pl) | [mər'dʒele] |

diamant (de)	briliant (n)	[brili'ant]
smaragd (de)	smarald (n)	[sma'rald]
robijn (de)	rubin (n)	[ru'bin]
saffier (de)	safir (n)	[sa'fir]
parel (de)	perlă (f)	['perle]
barnsteen (de)	chihlimbar (n)	[kihlim'bar]

43. Horloges. Klokken

polshorloge (het)	ceas (n) de mână	[tʃas de 'mɨne]
wijzerplaat (de)	cadran (n)	[ka'dran]
wijzer (de)	acul (n) ceasornicului	['akul tʃasor'nikuluj]
metalen horlogeband (de)	brățară (f)	[brə'tsare]
horlogebandje (het)	curea (f)	[ku'rʲa]

batterij (de)	baterie (f)	[bate'rie]
leeg zijn (ww)	a se termina	[a se termi'na]
batterij vervangen	a schimba bateria	[a skim'ba bate'rija]
voorlopen (ww)	a merge înainte	[a 'merdʒe ɨna'inte]
achterlopen (ww)	a rămâne în urmă	[a rə'mɨne ɨn 'urme]

wandklok (de)	pendulă (f)	[pen'dule]
zandloper (de)	clepsidră (f)	[klep'sidre]
zonnewijzer (de)	cadran (n) solar	[ka'dran so'lar]
wekker (de)	ceas (n) deșteptător	[tʃas deʃteptə'tor]
horlogemaker (de)	ceasornicar (m)	[tʃasorni'kar]
repareren (ww)	a repara	[a repa'ra]

Voedsel. Voeding

44. Voedsel

vlees (het)	carne (f)	['karne]
kip (de)	carne (f) de găină	['karne de gə'inə]
kuiken (het)	carne (f) de pui	['karne de puj]
eend (de)	carne (f) de rață	['karne de 'ratsə]
gans (de)	carne (f) de gâscă	['karne de 'giskə]
wild (het)	vânat (n)	[vɨ'nat]
kalkoen (de)	carne (f) de curcan	['karne de 'kurkan]

varkensvlees (het)	carne (f) de porc	['karne de pork]
kalfsvlees (het)	carne (f) de vițel	['karne de vi'tsel]
schapenvlees (het)	carne (f) de berbec	['karne de ber'bek]
rundvlees (het)	carne (f) de vită	['karne de 'vitə]
konijnenvlees (het)	carne (f) de iepure de casă	['karne de 'epure de 'kasə]

worst (de)	salam (n)	[sa'lam]
saucijs (de)	crenvurșt (n)	[kren'vurʃt]
spek (het)	costiță (f) afumată	[kos'titsə afu'matə]
ham (de)	șuncă (f)	['ʃunkə]
gerookte achterham (de)	pulpă (f)	['pulpə]

paté (de)	pateu (n)	[pa'teu]
lever (de)	ficat (m)	[fi'kat]
gehakt (het)	carne (f) tocată	['karne to'katə]
tong (de)	limbă (f)	['limbə]

ei (het)	ou (n)	['ow]
eieren (mv.)	ouă (n pl)	['owə]
eiwit (het)	albuș (n)	[al'buʃ]
eigeel (het)	gălbenuș	[gəlbe'nuʃ]

vis (de)	pește (m)	['peʃte]
zeevruchten (mv.)	produse (n pl) marine	[pro'duse ma'rine]
kaviaar (de)	icre (f pl) de pește	['ikre de 'peʃte]

krab (de)	crab (m)	[krab]
garnaal (de)	crevetă (f)	[kre'vetə]
oester (de)	stridie (f)	['stridie]
langoest (de)	langustă (f)	[lan'gustə]
octopus (de)	caracatiță (f)	[kara'katitsə]
inktvis (de)	calmar (m)	[kal'mar]

steur (de)	carne (f) de nisetru	['karne de ni'setru]
zalm (de)	somon (m)	[so'mon]
heilbot (de)	calcan (m)	[kal'kan]
kabeljauw (de)	batog (m)	[ba'tog]
makreel (de)	macrou (n)	[ma'krou]

tonijn (de)	ton (m)	[ton]
paling (de)	ţipar (m)	[tsi'par]
forel (de)	păstrăv (m)	[pəs'trəv]
sardine (de)	sardea (f)	[sar'dʲa]
snoek (de)	ştiucă (f)	['ʃtjukə]
haring (de)	scrumbie (f)	[skrum'bie]
brood (het)	pâine (f)	['pine]
kaas (de)	caşcaval (n)	['brinzə]
suiker (de)	zahăr (n)	['zahər]
zout (het)	sare (f)	['sare]
rijst (de)	orez (n)	[o'rez]
pasta (de)	paste (f pl)	['paste]
noedels (mv.)	tăiţei (m)	[təi'tsej]
boter (de)	unt (n)	['unt]
plantaardige olie (de)	ulei (n) vegetal	[u'lej vedʒe'tal]
zonnebloemolie (de)	ulei (n) de floarea-soarelui	[u'lej de flo'arʲa so'areluj]
margarine (de)	margarină (f)	[marga'rinə]
olijven (mv.)	olive (f pl)	[o'live]
olijfolie (de)	ulei (n) de măsline	[u'lej de məs'line]
melk (de)	lapte (n)	['lapte]
gecondenseerde melk (de)	lapte (n) condensat	['lapte konden'sat]
yoghurt (de)	iaurt (n)	[ja'urt]
zure room (de)	smântână (f)	[smin'tinə]
room (de)	frişcă (f)	['friʃkə]
mayonaise (de)	maioneză (f)	[majo'nezə]
crème (de)	cremă (f)	['kremə]
graan (het)	crupe (f pl)	['krupe]
meel (het), bloem (de)	făină (f)	[fə'inə]
conserven (mv.)	conserve (f pl)	[kon'serve]
maïsvlokken (mv.)	fulgi (m pl) de porumb	['fuldʒʲ de po'rumb]
honing (de)	miere (f)	['mjere]
jam (de)	gem (n)	[dʒem]
kauwgom (de)	gumă (f) de mestecat	['gume de meste'kat]

45. Drankjes

water (het)	apă (f)	['apə]
drinkwater (het)	apă (f) potabilă	['apə po'tabilə]
mineraalwater (het)	apă (f) minerală	['apə mine'ralə]
zonder gas	necarbogazoasă	[nekarbogazo'asə]
koolzuurhoudend (bn)	carbogazoasă	[karbogazo'asə]
bruisend (bn)	gazoasă	[gazo'asə]
ijs (het)	gheaţă (f)	['gʲatsə]
met ijs	cu gheaţă	[ku 'gʲatsə]

alcohol vrij (bn)	fără alcool	['fərə alko'ol]
alcohol vrije drank (de)	băutură (f) fără alcool	[bəu'turə fərə alko'ol]
frisdrank (de)	băutură (f) răcoritoare	[bəu'turə rəkorito'are]
limonade (de)	limonadă (f)	[limo'nadə]

alcoholische dranken (mv.)	băuturi (f pl) alcoolice	[bəu'turi alko'olitʃe]
wijn (de)	vin (n)	[vin]
witte wijn (de)	vin (n) alb	[vin alb]
rode wijn (de)	vin (n) roşu	[vin 'roʃu]

likeur (de)	lichior (n)	[li'kør]
champagne (de)	şampanie (f)	[ʃam'panie]
vermout (de)	vermut (n)	[ver'mut]

whisky (de)	whisky (n)	['wiski]
wodka (de)	votcă (f)	['votkə]
gin (de)	gin (n)	[dʒin]
cognac (de)	coniac (n)	[ko'njak]
rum (de)	rom (n)	[rom]

koffie (de)	cafea (f)	[ka'fʲa]
zwarte koffie (de)	cafea (f) neagră	[ka'fʲa 'nʲagrə]
koffie (de) met melk	cafea (f) cu lapte	[ka'fʲa ku 'lapte]
cappuccino (de)	cafea (f) cu frişcă	[ka'fʲa ku 'friʃkə]
oploskoffie (de)	cafea (f) solubilă	[ka'fʲa so'lubilə]

melk (de)	lapte (n)	['lapte]
cocktail (de)	cocteil (n)	[kok'tejl]
milkshake (de)	cocteil (n) din lapte	[kok'tejl din 'lapte]

sap (het)	suc (n)	[suk]
tomatensap (het)	suc (n) de roşii	[suk de 'roʃij]
sinaasappelsap (het)	suc (n) de portocale	[suk de porto'kale]
vers geperst sap (het)	suc (n) natural	[suk natu'ral]

bier (het)	bere (f)	['bere]
licht bier (het)	bere (f) blondă	['bere 'blondə]
donker bier (het)	bere (f) brună	['bere 'brunə]

thee (de)	ceai (n)	[tʃaj]
zwarte thee (de)	ceai (n) negru	[tʃaj 'negru]
groene thee (de)	ceai (n) verde	[tʃaj 'verde]

46. Groenten

groenten (mv.)	legume (f pl)	[le'gume]
verse kruiden (mv.)	verdeaţă (f)	[ver'dʲatsə]

tomaat (de)	roşie (f)	['roʃie]
augurk (de)	castravete (m)	[kastra'vete]
wortel (de)	morcov (m)	['morkov]
aardappel (de)	cartof (m)	[kar'tof]
ui (de)	ceapă (f)	['tʃapə]
knoflook (de)	usturoi (m)	[ustu'roj]

kool (de)	varză (f)	['varzə]
bloemkool (de)	conopidă (f)	[kono'pidə]
spruitkool (de)	varză (f) de Bruxelles	['varzə de bruk'sel]
broccoli (de)	broccoli (m)	['brokoli]

rode biet (de)	sfeclă (f)	['sfeklə]
aubergine (de)	pătlăgea (f) vânătă	[pətlə'dʒ'a 'vinətə]
courgette (de)	dovlecel (m)	[dovle'tʃel]
pompoen (de)	dovleac (m)	[dov'l'ak]
raap (de)	nap (m)	[nap]

peterselie (de)	pătrunjel (m)	[pətrun'ʒel]
dille (de)	mărar (m)	[mə'rar]
sla (de)	salată (f)	[sa'latə]
selderij (de)	ţelină (f)	['tselinə]
asperge (de)	sparanghel (m)	[sparan'gel]
spinazie (de)	spanac (n)	[spa'nak]

erwt (de)	mazăre (f)	['mazəre]
bonen (mv.)	boabe (f pl)	[bo'abe]
maïs (de)	porumb (m)	[po'rumb]
nierboon (de)	fasole (f)	[fa'sole]

peper (de)	piper (m)	[pi'per]
radijs (de)	ridiche (f)	[ri'dike]
artisjok (de)	anghinare (f)	[angi'nare]

47. Vruchten. Noten

vrucht (de)	fruct (n)	[frukt]
appel (de)	măr (n)	[mər]
peer (de)	pară (f)	['parə]
citroen (de)	lămâie (f)	[lə'mie]
sinaasappel (de)	portocală (f)	[porto'kalə]
aardbei (de)	căpşună (f)	[kəp'ʃunə]

mandarijn (de)	mandarină (f)	[manda'rinə]
pruim (de)	prună (f)	['prunə]
perzik (de)	piersică (f)	['pjersikə]
abrikoos (de)	caisă (f)	[ka'isə]
framboos (de)	zmeură (f)	['zmeurə]
ananas (de)	ananas (m)	[ana'nas]

banaan (de)	banană (f)	[ba'nanə]
watermeloen (de)	pepene (m) verde	['pepene 'verde]
druif (de)	struguri (m pl)	['strugur']
zure kers (de)	vişină (f)	['viʃinə]
zoete kers (de)	cireaşă (f)	[tʃi'r'aʃə]
meloen (de)	pepene (m) galben	['pepene 'galben]

grapefruit (de)	grepfrut (n)	['grepfrut]
avocado (de)	avocado (n)	[avo'kado]
papaja (de)	papaia (f)	[pa'paja]
mango (de)	mango (n)	['mango]

granaatappel (de)	rodie (f)	['rodie]
rode bes (de)	coacăză (f) roşie	[ko'akəzə 'roʃie]
zwarte bes (de)	coacăză (f) neagră	[ko'akəzə 'nʲagrə]
kruisbes (de)	agrişă (f)	[a'griʃə]
blauwe bosbes (de)	afină (f)	[a'finə]
braambes (de)	mură (f)	['murə]

rozijn (de)	stafidă (f)	[sta'fidə]
vijg (de)	smochină (f)	[smo'kinə]
dadel (de)	curmală (f)	[kur'malə]

pinda (de)	arahidă (f)	[ara'hidə]
amandel (de)	migdală (f)	[mig'dalə]
walnoot (de)	nucă (f)	['nukə]
hazelnoot (de)	alună (f) de pădure	[a'lunə de pə'dure]
kokosnoot (de)	nucă (f) de cocos	['nukə de 'kokos]
pistaches (mv.)	fistic (m)	['fistik]

48. Brood. Snoep

suikerbakkerij (de)	produse (n pl) de cofetărie	[pro'duse də kofete'rie]
brood (het)	pâine (f)	['pɨne]
koekje (het)	biscuit (m)	[bisku'it]

chocolade (de)	ciocolată (f)	[ʧioko'latə]
chocolade- (abn)	de, din ciocolată	[de, din ʧioko'latə]
snoepje (het)	bomboană (f)	[bombo'anə]
cakeje (het)	prăjitură (f)	[prəʒi'turə]
taart (bijv. verjaardags~)	tort (n)	[tort]

pastei (de)	plăcintă (f)	[plə'ʧintə]
vulling (de)	umplutură (f)	[umplu'turə]

confituur (de)	dulceață (f)	[dul'ʧatsə]
marmelade (de)	marmeladă (f)	[marme'ladə]
wafel (de)	napolitane (f pl)	[napoli'tane]
ijsje (het)	înghețată (f)	[ɨnge'tsatə]

49. Bereide gerechten

gerecht (het)	fel (n) de mâncare	[fel de mɨ'nkare]
keuken (bijv. Franse ~)	bucătărie (f)	[bukətə'rie]
recept (het)	rețetă (f)	[re'tsetə]
portie (de)	porție (f)	['portsie]

salade (de)	salată (f)	[sa'latə]
soep (de)	supă (f)	['supə]

bouillon (de)	supă (f) de carne	['supe de 'karne]
boterham (de)	tartină (f)	[tar'tine]
spiegelei (het)	omletă (f)	[om'letə]
hamburger (de)	hamburger (m)	['hamburger]

biefstuk (de)	biftec (n)	[bif'tek]
garnering (de)	garnitură (f)	[garni'turə]
spaghetti (de)	spaghete (f pl)	[spa'gete]
aardappelpuree (de)	piure (n) de cartofi	[pju're de kar'tofʲ]
pizza (de)	pizza (f)	['pitsa]
pap (de)	caşă (f)	['kaʃə]
omelet (de)	omletă (f)	[om'letə]

gekookt (in water)	fiert	[fiert]
gerookt (bn)	afumat	[afu'mat]
gebakken (bn)	prăjit	[prə'ʒit]
gedroogd (bn)	uscat	[us'kat]
diepvries (bn)	congelat	[kondʒe'lat]
gemarineerd (bn)	marinat	[mari'nat]

zoet (bn)	dulce	['dultʃe]
gezouten (bn)	sărat	[sə'rat]
koud (bn)	rece	['retʃe]
heet (bn)	fierbinte	[fier'binte]
bitter (bn)	amar	[a'mar]
lekker (bn)	gustos	[gus'tos]

koken (in kokend water)	a fierbe	[a 'fjerbe]
bereiden (avondmaaltijd ~)	a găti	[a gə'ti]
bakken (ww)	a prăji	[a prə'ʒi]
opwarmen (ww)	a încălzi	[a inkəl'zi]

zouten (ww)	a săra	[a sə'ra]
peperen (ww)	a pipera	[a pipe'ra]
raspen (ww)	a da prin răzătoare	[a da prin rəzeto'are]
schil (de)	coajă (f)	[ko'aʒə]
schillen (ww)	a curăţa	[a kurə'tsa]

50. Kruiden

zout (het)	sare (f)	['sare]
gezouten (bn)	sărat	[sə'rat]
zouten (ww)	a săra	[a sə'ra]

zwarte peper (de)	piper (m) negru	[pi'per 'negru]
rode peper (de)	piper (m) roşu	[pi'per 'roʃu]
mosterd (de)	muştar (m)	[muʃ'tar]
mierikswortel (de)	hrean (n)	[hrʲan]

condiment (het)	condiment (n)	[kondi'ment]
specerij, kruiderij (de)	condiment (n)	[kondi'ment]
saus (de)	sos (n)	[sos]
azijn (de)	oţet (n)	[o'tset]

anijs (de)	anason (m)	[ana'son]
basilicum (de)	busuioc (n)	[busu'jok]
kruidnagel (de)	cuişoare (f pl)	[kuiʃo'are]
gember (de)	ghimber (m)	[gim'ber]
koriander (de)	coriandru (m)	[kori'andru]

kaneel (de/het)	scorţişoară (f)	[skortsiʃo'arə]
sesamzaad (het)	susan (m)	[su'san]
laurierblad (het)	foi (f) de dafin	[foj de 'dafin]
paprika (de)	paprică (f)	['paprikə]
komijn (de)	chimen (m)	[ki'men]
saffraan (de)	şofran (m)	[ʃo'fran]

51. Maaltijden

eten (het)	mâncare (f)	[mɨn'kare]
eten (ww)	a mânca	[a mɨn'ka]

ontbijt (het)	micul dejun (n)	['mikul de'ʒun]
ontbijten (ww)	a lua micul dejun	[a lu'a 'mikul de'ʒun]
lunch (de)	prânz (n)	[prɨnz]
lunchen (ww)	a lua prânzul	[a lu'a 'prɨnzul]
avondeten (het)	cină (f)	['ʧinə]
souperen (ww)	a cina	[a ʧi'na]

eetlust (de)	poftă (f) de mâncare	['poftə de mɨ'nkare]
Eet smakelijk!	Poftă bună!	['poftə 'bunə]

openen (een fles ~)	a deschide	[a des'kide]
morsen (koffie, enz.)	a vărsa	[a vər'sa]
zijn gemorst	a se vărsa	[a se vər'sa]
koken (water kookt bij 100°C)	a fierbe	[a 'fjerbe]
koken (Hoe om water te ~)	a fierbe	[a 'fjerbe]
gekookt (~ water)	fiert	[fiert]
afkoelen (koeler maken)	a răci	[a rə'ʧi]
afkoelen (koeler worden)	a se răci	[a se rə'ʧi]

smaak (de)	gust (n)	[gust]
nasmaak (de)	aromă (f)	[a'rome]

volgen een dieet	a slăbi	[a slə'bi]
dieet (het)	dietă (f)	[di'etə]
vitamine (de)	vitamină (f)	[vita'minə]
calorie (de)	calorie (f)	[kalo'rie]
vegetariër (de)	vegetarian (m)	[vedʒetari'an]
vegetarisch (bn)	vegetarian	[vedʒetari'an]

vetten (mv.)	grăsimi (f pl)	[grə'simi]
eiwitten (mv.)	proteine (f pl)	[prote'ine]
koolhydraten (mv.)	hidraţi (m pl) de carbon	[hi'dratsi de kar'bon]
snede (de)	felie (f)	[fe'lie]
stuk (bijv. een ~ taart)	bucată (f)	[bu'katə]
kruimel (de)	firimitură (f)	[firimi'turə]

52. Tafelschikking

lepel (de)	lingură (f)	['lingurə]
mes (het)	cuţit (n)	[ku'tsit]

vork (de)	furculiță (f)	[furku'litsə]
kopje (het)	ceașcă (f)	['tʃaʃkə]
bord (het)	farfurie (f)	[farfu'rie]
schoteltje (het)	farfurioară (f)	[farfurio'arə]
servet (het)	șervețel (n)	[ʃerve'tsel]
tandenstoker (de)	scobitoare (f)	[skobito'are]

53. Restaurant

restaurant (het)	restaurant (n)	[restau'rant]
koffiehuis (het)	cafenea (f)	[kafe'nʲa]
bar (de)	bar (n)	[bar]
tearoom (de)	salon (n) de ceai	[sa'lon de tʃaj]

kelner, ober (de)	chelner (m)	['kelner]
serveerster (de)	chelneriță (f)	[kelne'ritsə]
barman (de)	barman (m)	['barman]

menu (het)	meniu (n)	[me'nju]
wijnkaart (de)	meniu (n) de vinuri	[menju de 'vinurʲ]
een tafel reserveren	a rezerva o masă	[a rezer'va o 'masə]

gerecht (het)	mâncare (f)	[mɨn'kare]
bestellen (eten ~)	a comanda	[a koman'da]
een bestelling maken	a face comandă	[a 'fatʃe ko'mandə]

aperitief (de/het)	aperitiv (n)	[aperi'tiv]
voorgerecht (het)	gustare (f)	[gus'tare]
dessert (het)	desert (n)	[de'sert]

rekening (de)	notă (f) de plată	['notə de 'platə]
de rekening betalen	a achita nota de plată	[a aki'ta 'nota de 'platə]
wisselgeld teruggeven	a da rest	[a da 'rest]
fooi (de)	bacșiș (n)	[bak'ʃiʃ]

Familie, verwanten en vrienden

54. Persoonlijke informatie. Formulieren

naam (de)	prenume (n)	[pre'nume]
achternaam (de)	nume (n)	['nume]
geboortedatum (de)	data (f) naşterii	['data 'naʃterij]
geboorteplaats (de)	locul (n) naşterii	['lokul 'naʃterij]
nationaliteit (de)	naţionalitate (f)	[natsionali'tate]
woonplaats (de)	locul (n) de reşedinţă	['lokul de reʃe'dintsə]
land (het)	ţară (f)	['tsarə]
beroep (het)	profesie (f)	[pro'fesie]
geslacht (ov. het vrouwelijk ~)	sex (n)	[seks]
lengte (de)	înălţime (f)	[inəl'tsime]
gewicht (het)	greutate (f)	[greu'tate]

55. Familieleden. Verwanten

moeder (de)	mamă (f)	['mamə]
vader (de)	tată (m)	['tatə]
zoon (de)	fiu (m)	['fju]
dochter (de)	fiică (f)	['fiikə]
jongste dochter (de)	fiica (f) mai mică	['fiika maj 'mikə]
jongste zoon (de)	fiul (m) mai mic	['fjul maj mik]
oudste dochter (de)	fiica (f) mai mare	['fiika maj 'mare]
oudste zoon (de)	fiul (m) mai mare	['fjul maj 'mare]
broer (de)	frate (m)	['frate]
zuster (de)	soră (f)	['sorə]
neef (zoon van oom, tante)	văr (m)	[vər]
nicht (dochter van oom, tante)	vară (f)	['varə]
mama (de)	mamă (f)	['mamə]
papa (de)	tată (m)	['tatə]
ouders (mv.)	părinţi (m pl)	[pə'rintsʲ]
kind (het)	copil (m)	[ko'pil]
kinderen (mv.)	copii (m pl)	[ko'pij]
oma (de)	bunică (f)	[bu'nikə]
opa (de)	bunic (m)	[bu'nik]
kleinzoon (de)	nepot (m)	[ne'pot]
kleindochter (de)	nepoată (f)	[nepo'atə]
kleinkinderen (mv.)	nepoţi (m pl)	[ne'potsʲ]

oom (de)	unchi (m)	[unkʲ]
tante (de)	mătuşă (f)	[mə'tuʃə]
neef (zoon van broer, zus)	nepot (m)	[ne'pot]
nicht (dochter van broer, zus)	nepoată (f)	[nepo'atə]

schoonmoeder (de)	soacră (f)	[so'akrə]
schoonvader (de)	socru (m)	['sokru]
schoonzoon (de)	cumnat (m)	[kum'nat]
stiefmoeder (de)	mamă vitregă (f)	['mamə 'vitregə]
stiefvader (de)	tată vitreg (m)	['tatə 'vitreg]

zuigeling (de)	sugaci (m)	[su'gatʃi]
wiegenkind (het)	prunc (m)	[prunk]
kleuter (de)	pici (m)	[pitʃi]

vrouw (de)	soție (f)	[so'tsie]
man (de)	soț (m)	[sots]
echtgenoot (de)	soț (m)	[sots]
echtgenote (de)	soție (f)	[so'tsie]

gehuwd (mann.)	căsătorit	[kəsəto'rit]
gehuwd (vrouw.)	căsătorită	[kəsəto'ritə]
ongehuwd (mann.)	celibatar (m)	[tʃeliba'tar]
vrijgezel (de)	burlac (m)	[bur'lak]
gescheiden (bn)	divorțat	[divor'tsat]
weduwe (de)	văduvă (f)	[vəduvə]
weduwnaar (de)	văduv (m)	[vəduv]

familielid (het)	rudă (f)	['rudə]
dichte familielid (het)	rudă (f) apropiată	['rudə apropi'jatə]
verre familielid (het)	rudă (f) îndepărtată	['rudə indeper'tatə]
familieleden (mv.)	rude (f pl) de sânge	['rude de 'sindʒe]

wees (de), weeskind (het)	orfan (m)	[or'fan]
voogd (de)	tutore (m)	[tu'tore]
adopteren (een jongen te ~)	a adopta	[a adop'ta]
adopteren (een meisje te ~)	a adopta	[a adop'ta]

56. Vrienden. Collega's

vriend (de)	prieten (m)	[pri'eten]
vriendin (de)	prietenă (f)	[pri'etenə]
vriendschap (de)	prietenie (f)	[priete'nie]
bevriend zijn (ww)	a prieteni	[a priete'ni]

makker (de)	amic (m)	[a'mik]
vriendin (de)	amică (f)	[a'mikə]
partner (de)	partener (m)	[parte'ner]

chef (de)	şef (m)	[ʃef]
baas (de)	director (m)	[di'rektor]
ondergeschikte (de)	subordonat (m)	[subordo'nat]
collega (de)	coleg (m)	[ko'leg]
kennis (de)	cunoscut (m)	[kunos'kut]

| medereiziger (de) | tovarăş (m) de drum | [to'vareʃ de drum] |
| klasgenoot (de) | coleg (m) de clasă | [ko'leg de 'klase] |

buurman (de)	vecin (m)	[ve'tʃin]
buurvrouw (de)	vecină (f)	[ve'tʃine]
buren (mv.)	vecini (m pl)	[ve'tʃinʲ]

57. Man. Vrouw

vrouw (de)	femeie (f)	[fe'meje]
meisje (het)	domnişoară (f)	[domniʃo'are]
bruid (de)	mireasă (f)	[mi'rʲase]

mooi(e) (vrouw, meisje)	frumoasă	[frumo'ase]
groot, grote (vrouw, meisje)	înaltă	[i'nalte]
slank(e) (vrouw, meisje)	zveltă	['zvelte]
korte, kleine (vrouw, meisje)	scundă	['skunde]

| blondine (de) | blondă (f) | ['blonde] |
| brunette (de) | brunetă (f) | [bru'nete] |

dames- (abn)	de damă	[de 'dame]
maagd (de)	virgină (f)	[vir'dʒine]
zwanger (bn)	gravidă (f)	[gra'vide]

man (de)	bărbat (m)	[bər'bat]
blonde man (de)	blond (m)	[blond]
bruinharige man (de)	brunet (m)	[bru'net]
groot (bn)	înalt	[i'nalt]
klein (bn)	scund	[skund]

onbeleefd (bn)	grosolan	[groso'lan]
gedrongen (bn)	robust	[ro'bust]
robuust (bn)	tare	['tare]
sterk (bn)	puternic	[pu'ternik]
sterkte (de)	forţă (f)	['fortse]

mollig (bn)	gras	[gras]
getaand (bn)	negricios	[negri'tʃios]
slank (bn)	zvelt	[zvelt]
elegant (bn)	elegant	[ele'gant]

58. Leeftijd

leeftijd (de)	vârstă (f)	['vɨrste]
jeugd (de)	tinereţe (f)	[tine'retse]
jong (bn)	tânăr	['tɨnər]

jonger (bn)	mai mic	[maj mik]
ouder (bn)	mai mare	[maj 'mare]
jongen (de)	tânăr (m)	['tɨnər]
tiener, adolescent (de)	adolescent (m)	[adoles'tʃent]

kerel (de)	flăcău (m)	[fləkəu]
oude man (de)	bătrân (m)	[bə'trɨn]
oude vrouw (de)	bătrână (f)	[bə'trɨnə]

volwassen (bn)	adult (m)	[a'dult]
van middelbare leeftijd (bn)	de vârstă medie	[de 'vɨrstə 'medie]
bejaard (bn)	în vârstă	[ɨn 'vɨrstə]
oud (bn)	bătrân	[bə'trɨn]

pensioen (het)	pensie (f)	['pensie]
met pensioen gaan	a se pensiona	[a se pensio'na]
gepensioneerde (de)	pensionar (m)	[pensio'nar]

59. Kinderen

kind (het)	copil (m)	[ko'pil]
kinderen (mv.)	copii (m pl)	[ko'pij]
tweeling (de)	gemeni (m pl)	['dʒemenʲ]

wieg (de)	leagăn (n)	['lʲagən]
rammelaar (de)	sunătoare (f)	[sunəto'are]
luier (de)	scutec (n)	['skutek]

speen (de)	biberon (n)	[bibe'ron]
kinderwagen (de)	cărucior (n) pentru copii	[kəru'tʃior 'pentru ko'pij]
kleuterschool (de)	grădiniță (f) de copii	[grədi'nitsə de ko'pij]
babysitter (de)	dădacă (f)	[də'dakə]

kindertijd (de)	copilărie (f)	[kopilə'rie]
pop (de)	păpușă (f)	[pə'puʃə]
speelgoed (het)	jucărie (f)	[ʒukə'rie]
bouwspeelgoed (het)	constructor (m)	[kon'struktor]
welopgevoed (bn)	bine crescut	['bine kres'kut]
onopgevoed (bn)	needucat	[needu'kat]
verwend (bn)	răsfățat	[rəsfə'tsat]

stout zijn (ww)	a face pozne	[a 'fatʃe 'pozne]
stout (bn)	năzbâtios	[nəzbɨti'os]
stoutheid (de)	năzbâtie (f)	[nəz'bɨtie]
stouterd (de)	ștrengar (m)	[ʃtren'gar]

gehoorzaam (bn)	ascultător	[askultə'tor]
ongehoorzaam (bn)	neascultător	[neaskultə'tor]

braaf (bn)	inteligent	[inteli'dʒent]
slim (verstandig)	deștept	[deʃ'tept]
wonderkind (het)	copil (m) minune	[ko'pil mi'nune]

60. Gehuwde paren. Gezinsleven

kussen (een kus geven)	a săruta	[a səru'ta]
elkaar kussen (ww)	a se săruta	[a se səru'ta]

gezin (het)	familie (f)	[fa'milie]
gezins- (abn)	de familie	[de fa'milie]
paar (het)	pereche (f)	[pe'reke]
huwelijk (het)	căsătorie (f)	[kəsəto'rie]
thuis (het)	cămin (n)	[kə'min]
dynastie (de)	dinastie (f)	[dinas'tie]

date (de)	întâlnire (f)	[intɨl'nire]
zoen (de)	sărut (n)	[sə'rut]

liefde (de)	iubire (f)	[ju'bire]
liefhebben (ww)	a iubi	[a ju'bi]
geliefde (bn)	iubit	[ju'bit]

tederheid (de)	gingășie (f)	[dʒingə'ʃie]
teder (bn)	tandru	['tandru]
trouw (de)	fidelitate (f)	[fideli'tate]
trouw (bn)	fidel	[fi'del]
zorg (bijv. bejaarden~)	grijă (f)	['griʒə]
zorgzaam (bn)	grijuliu	[griʒu'lju]

jonggehuwden (mv.)	tineri (m pl) căsătoriți	['tinerʲ kəsəto'rits]
wittebroodsweken (mv.)	lună (f) de miere	['lunə de 'mjere]
trouwen (vrouw)	a se mărita	[a se məri'ta]
trouwen (man)	a se căsători	[a se kəsəto'ri]

bruiloft (de)	nuntă (f)	['nuntə]
gouden bruiloft (de)	nuntă (f) de aur	['nuntə de 'aur]
verjaardag (de)	aniversare (f)	[aniver'sare]

minnaar (de)	amant (m)	[a'mant]
minnares (de)	amantă (f)	[a'mantə]

overspel (het)	adulter (n)	[adul'ter]
overspel plegen (ww)	a înșela	[a inʃə'la]
jaloers (bn)	gelos	[dʒe'los]
jaloers zijn (echtgenoot, enz.)	a fi gelos	[a fi dʒe'los]
echtscheiding (de)	divorț (n)	[di'vorts]
scheiden (ww)	a divorța	[a divor'tsa]

ruzie hebben (ww)	a se certa	[a se tʃer'ta]
vrede sluiten (ww)	a se împăca	[a se impə'ka]
samen (bw)	împreună	[impre'unə]
seks (de)	sex (n)	[seks]

geluk (het)	fericire (f)	[feri'tʃire]
gelukkig (bn)	fericit	[feri'tʃit]
ongeluk (het)	nenorocire (f)	[nenoro'tʃire]
ongelukkig (bn)	nefericit	[neferi'tʃit]

Karakter. Gevoelens. Emoties

61. Gevoelens. Emoties

gevoel (het)	sentiment (n)	[senti'ment]
gevoelens (mv.)	sentimente (n pl)	[senti'mente]
honger (de)	foame (f)	[fo'ame]
honger hebben (ww)	a fi foame	[a fi fo'ame]
dorst (de)	sete (f)	['sete]
dorst hebben	a fi sete	[a fi 'sete]
slaperigheid (de)	somnolenţă (f)	[somno'lentsə]
willen slapen	a fi somn	[a fi somn]
moeheid (de)	oboseală (f)	[obo'sʲalə]
moe (bn)	obosit	[obo'sit]
vermoeid raken (ww)	a obosi	[a obo'si]
stemming (de)	dispoziţie (f)	[dispo'zitsie]
verveling (de)	plictiseală (f)	[plikti'sʲalə]
zich vervelen (ww)	a se plictisi	[a se plikti'si]
afzondering (de)	singurătate (f)	[singurə'tate]
zich afzonderen (ww)	a se izola	[a se izo'la]
bezorgd maken	a nelinişti	[a neliniʃ'ti]
bezorgd zijn (ww)	a se nelinişti	[a se neliniʃ'ti]
zorg (bijv. geld~en)	nelinişte (f)	[ne'liniʃte]
ongerustheid (de)	nelinişte (f)	[ne'liniʃte]
ongerust (bn)	preocupat	[preoku'pat]
zenuwachtig zijn (ww)	a se enerva	[a se ener'va]
in paniek raken	a panica	[a pani'ka]
hoop (de)	speranţă (f)	[spe'rantsə]
hopen (ww)	a spera	[a spe'ra]
zekerheid (de)	siguranţă (f)	[sigu'rantsə]
zeker (bn)	sigur	['sigur]
onzekerheid (de)	nesiguranţă (f)	[nesigu'rantsə]
onzeker (bn)	nesigur	[ne'sigur]
dronken (bn)	beat	[bʲat]
nuchter (bn)	treaz	[trʲaz]
zwak (bn)	slab	[slab]
gelukkig (bn)	norocos	[noro'kos]
doen schrikken (ww)	a speria	[a speri'ja]
toorn (de)	turbare (f)	[tur'bare]
woede (de)	furie (f)	[fu'rie]
depressie (de)	depresie (f)	[de'presie]
ongemak (het)	disconfort (n)	[diskon'fort]

gemak, comfort (het)	confort (n)	[kon'fort]
spijt hebben (ww)	a regreta	[a regre'ta]
spijt (de)	regret (n)	[re'gret]
pech (de)	ghinion (n)	[gini'on]
bedroefdheid (de)	întristare (f)	[intri'stare]

schaamte (de)	ruşine (f)	[ru'ʃine]
pret (de), plezier (het)	veselie (f)	[vese'lie]
enthousiasme (het)	entuziasm (n)	[entuzi'asm]
enthousiasteling (de)	entuziast (m)	[entuzi'ast]
enthousiasme vertonen	a arăta entuziasm	[a arə'ta entuzi'asm]

62. Karakter. Persoonlijkheid

karakter (het)	caracter (n)	[karak'ter]
karakterfout (de)	viciu (n)	['viʧiu]
verstand (het)	minte (f)	['minte]
rede (de)	raţiune (f)	[ratsi'une]

geweten (het)	conştiinţă (f)	[konʃti'intsə]
gewoonte (de)	obişnuinţă (f)	[obiʃnu'intsə]
bekwaamheid (de)	talent (n)	[ta'lent]
kunnen (bijv., ~ zwemmen)	a putea	[a pu'tʲa]

geduldig (bn)	răbdător	[rəbdə'tor]
ongeduldig (bn)	nerăbdător	[nerəbdə'tor]
nieuwsgierig (bn)	curios	[kuri'os]
nieuwsgierigheid (de)	curiozitate (f)	[kuriozi'tate]

bescheidenheid (de)	modestie (f)	[modes'tie]
bescheiden (bn)	modest	[mo'dest]
onbescheiden (bn)	lipsit de modestie	[lip'sit de modes'tie]

luiheid (de)	lene (f)	['lene]
lui (bn)	leneş	['leneʃ]
luiwammes (de)	leneş (m)	['leneʃ]

sluwheid (de)	viclenie (f)	[vikle'nie]
sluw (bn)	viclean	[vik'lʲan]
wantrouwen (het)	neîncredere (f)	[nein'kredere]
wantrouwig (bn)	neîncrezător	[neinkrezə'tor]

gulheid (de)	generozitate (f)	[dʒenerozi'tate]
gul (bn)	generos	[dʒene'ros]
talentrijk (bn)	talentat	[talen'tat]
talent (het)	talent (n)	[ta'lent]

moedig (bn)	îndrăzneţ	[indrəz'nets]
moed (de)	îndrăzneală (f)	[indrəz'nʲale]
eerlijk (bn)	onest	[o'nest]
eerlijkheid (de)	onestitate (f)	[onesti'tate]

voorzichtig (bn)	prudent	[pru'dent]
manhaftig (bn)	curajos	[kura'ʒos]

ernstig (bn)	serios	[se'rjos]
streng (bn)	sever	[se'ver]

resoluut (bn)	hotărât	[hotə'rit]
onzeker, irresoluut (bn)	nehotărât	[nehotə'rit]
schuchter (bn)	sfios	[sfi'os]
schuchterheid (de)	sfială (f)	[sfi'jalə]

vertrouwen (het)	încredere (f)	[in'kredere]
vertrouwen (ww)	a avea încredere	[a a'vʲa in'kredere]
goedgelovig (bn)	credul	[kre'dul]

oprecht (bw)	sincer	['sintʃer]
oprecht (bn)	sincer	['sintʃer]
oprechtheid (de)	sinceritate (f)	[sintʃeri'tate]
open (bn)	deschis	[des'kis]

rustig (bn)	liniştit	[liniʃ'tit]
openhartig (bn)	sincer	['sintʃer]
naïef (bn)	naiv	[na'iv]
verstrooid (bn)	distrat	[dis'trat]
leuk, grappig (bn)	hazliu	[haz'lju]

gierigheid (de)	lăcomie (f)	[ləko'mie]
gierig (bn)	lacom	['lakom]
inhalig (bn)	zgârcit	[zgir'tʃit]
kwaad (bn)	rău	['rəu]
koppig (bn)	încăpăţânat	[inkəpətsi'nat]
onaangenaam (bn)	neplăcut	[neplə'kut]

egoïst (de)	egoist (m)	[ego'ist]
egoïstisch (bn)	egoist	[ego'ist]
lafaard (de)	laş (m)	[laʃ]
laf (bn)	fricos	[fri'kos]

63. Slaap. Dromen

slapen (ww)	a dormi	[a dor'mi]
slaap (in ~ vallen)	somn (n)	[somn]
droom (de)	vis (n)	[vis]
dromen (in de slaap)	a visa	[a vi'sa]
slaperig (bn)	somnoros	[somno'ros]

bed (het)	pat (n)	[pat]
matras (de)	saltea (f)	[sal'tʲa]
deken (de)	plapumă (f)	['plapumə]
kussen (het)	pernă (f)	['pernə]
laken (het)	cearşaf (n)	[tʃar'ʃaf]

slapeloosheid (de)	insomnie (f)	[insom'nie]
slapeloos (bn)	fără somn	['fərə somn]
slaapmiddel (het)	somnifer (n)	[somni'fer]
slaapmiddel innemen	a lua somnifere	[a lu'a somni'fere]
willen slapen	a fi somn	[a fi somn]

geeuwen (ww)	a căsca	[a kəs'ka]
gaan slapen	a merge la culcare	[a 'merdʒe la kul'kare]
het bed opmaken	a face patul	[a 'fatʃe 'patul]
inslapen (ww)	a adormi	[a ador'mi]

nachtmerrie (de)	coşmar (n)	[koʃ'mar]
gesnurk (het)	sforăit (n)	[sforə'it]
snurken (ww)	a sforăi	[a sforə'i]

wekker (de)	ceas (n) deşteptător	[tʃas deʃteptə'tor]
wekken (ww)	a trezi	[a tre'zi]
wakker worden (ww)	a se trezi	[a se tre'zi]
opstaan (ww)	a se ridica	[a se ridi'ka]
zich wassen (ww)	a se spăla	[a se spe'la]

64. Humor. Gelach. Blijdschap

humor (de)	umor (n)	[u'mor]
gevoel (het) voor humor	simţ (n)	[simts]
plezier hebben (ww)	a se veseli	[a se vese'li]
vrolijk (bn)	vesel	['vesel]
pret (de), plezier (het)	veselie (f)	[vese'lie]

glimlach (de)	zâmbet (n)	['zɨmbet]
glimlachen (ww)	a zâmbi	[a zɨm'bi]
beginnen te lachen (ww)	a izbucni în râs	[a izbuk'ni ɨn ris]
lachen (ww)	a râde	[a 'ride]
lach (de)	râs (n)	[ris]

mop (de)	anecdotă (f)	[anek'dotə]
grappig (een ~ verhaal)	hazliu	[haz'lju]
grappig (~e clown)	hazliu	[haz'lju]

grappen maken (ww)	a glumi	[a glu'mi]
grap (de)	glumă (f)	['glumə]
blijheid (de)	bucurie (f)	[buku'rie]
blij zijn (ww)	a se bucura	[a se buku'ra]
blij (bn)	bucuros	[buku'ros]

65. Discussie, conversatie. Deel 1

communicatie (de)	comunicare (f)	[komuni'kare]
communiceren (ww)	a comunica	[a komuni'ka]

conversatie (de)	convorbire (f)	[konvor'bire]
dialoog (de)	dialog (n)	[dia'log]
discussie (de)	dezbatere (f)	[dez'batere]
debat (het)	polemică (f)	[po'lemikə]
debatteren, twisten (ww)	a revendica	[a revendi'ka]

gesprekspartner (de)	interlocutor (m)	[interloku'tor]
thema (het)	temă (f)	['temə]

standpunt (het)	punct (n) de vedere	[punkt de ve'dere]
mening (de)	părere (f)	[pə'rere]
toespraak (de)	discurs (n)	[dis'kurs]
bespreking (de)	discuţie (f)	[dis'kutsie]
bespreken (spreken over)	a discuta	[a disku'ta]
gesprek (het)	conversaţie (f)	[konver'satsie]
spreken (converseren)	a conversa	[a konver'sa]
ontmoeting (de)	întâlnire (f)	[intil'nire]
ontmoeten (ww)	a se întâlni	[a se intil'ni]
spreekwoord (het)	proverb (n)	[pro'verb]
gezegde (het)	zicătoare (f)	[zikəto'are]
raadsel (het)	ghicitoare (f)	[gitʃito'are]
een raadsel opgeven	a ghici o ghicitoare	[a gi'tʃi o gitʃito'are]
wachtwoord (het)	parolă (f)	[pa'role]
geheim (het)	secret (n)	[se'kret]
eed (de)	jurământ (n)	[ʒurə'mint]
zweren (een eed doen)	a jura	[a ʒu'ra]
belofte (de)	promisiune (f)	[promisi'une]
beloven (ww)	a promite	[a pro'mite]
advies (het)	sfat (n)	[sfat]
adviseren (ww)	a sfătui	[a sfətu'i]
luisteren (gehoorzamen)	a asculta	[a askul'ta]
nieuws (het)	noutate (f)	[nou'tate]
sensatie (de)	senzaţie (f)	[sen'zatsie]
informatie (de)	informaţii (f pl)	[infor'matsij]
conclusie (de)	concluzie (f)	[kon'kluzie]
stem (de)	voce (f)	['votʃe]
compliment (het)	compliment (n)	[kompli'ment]
vriendelijk (bn)	amabil	[a'mabil]
woord (het)	cuvânt (n)	[ku'vint]
zin (de), zinsdeel (het)	frază (f)	['frazə]
antwoord (het)	răspuns (n)	[rəs'puns]
waarheid (de)	adevăr (n)	[ade'vər]
leugen (de)	minciună (f)	[min'tʃiunə]
gedachte (de)	gând (f)	[gind]
idee (de/het)	gând (n)	[gind]
fantasie (de)	imaginaţie (f)	[imadʒi'natsie]

66. Discussie, conversatie. Deel 2

gerespecteerd (bn)	stimat	[sti'mat]
respecteren (ww)	a respecta	[a respek'ta]
respect (het)	respect (n)	[res'pekt]
Geachte ... (brief)	Stimate ...	[sti'mate]
voorstellen (Mag ik jullie ~)	a prezenta	[a prezen'ta]
intentie (de)	intenţie (f)	[in'tentsie]

intentie hebben (ww)	a intenţiona	[a intentsio'na]
wens (de)	urare (f)	[u'rare]
wensen (ww)	a ura	[a u'ra]

verbazing (de)	mirare (f)	[mi'rare]
verbazen (verwonderen)	a mira	[a mi'ra]
verbaasd zijn (ww)	a se mira	[a se mi'ra]

geven (ww)	a da	[a da]
nemen (ww)	a lua	[a lu'a]
teruggeven (ww)	a restitui	[a restitu'i]
retourneren (ww)	a înapoia	[a ɨnapo'ja]

zich verontschuldigen	a cere scuze	[a 'tʃere 'skuze]
verontschuldiging (de)	scuză (f)	['skuzə]
vergeven (ww)	a ierta	[a er'ta]

spreken (ww)	a vorbi	[a vor'bi]
luisteren (ww)	a asculta	[a askul'ta]
aanhoren (ww)	a asculta	[a askul'ta]
begrijpen (ww)	a înţelege	[a intse'ledʒe]

tonen (ww)	a arăta	[a arə'ta]
kijken naar ...	a se uita	[a se uj'ta]
roepen (vragen te komen)	a chema	[a ke'ma]
storen (lastigvallen)	a deranja	[a deran'ʒa]
doorgeven (ww)	a transmite	[a trans'mite]

verzoek (het)	rugăminte (f)	[rugə'minte]
verzoeken (ww)	a ruga	[a ru'ga]
eis (de)	cerere (f)	['tʃerere]
eisen (met klem vragen)	a cere	[a 'tʃere]

beledigen	a tachina	[a taki'na]
(beledigende namen geven)		
uitlachen (ww)	a-şi bate joc	[aʃ 'bate ʒok]
spot (de)	derâdere (f)	[de'ridere]
bijnaam (de)	poreclă (f)	[po'reklə]

zinspeling (de)	aluzie (f)	[a'luzie]
zinspelen (ww)	a face aluzie	[a 'fatʃe a'luzie]
impliceren (duiden op)	a se subînţelege	[a se subintse'ledʒe]

beschrijving (de)	descriere (f)	[de'skriere]
beschrijven (ww)	a descrie	[a de'skrie]
lof (de)	laudă (f)	['laudə]
loven (ww)	a lăuda	[a ləu'da]

teleurstelling (de)	dezamăgire (f)	[dezamə'dʒire]
teleurstellen (ww)	a dezamăgi	[a dezamə'dʒi]
teleurgesteld zijn (ww)	a se dezamăgi	[a se dezamə'dʒi]

veronderstelling (de)	presupunere (f)	[presu'punere]
veronderstellen (ww)	a presupune	[a presu'pune]
waarschuwing (de)	avertisment (n)	[avertis'ment]
waarschuwen (ww)	a preveni	[a preve'ni]

67. Discussie, conversatie. Deel 3

aanpraten (ww)	a convinge	[a kon'vindʒe]
kalmeren (kalm maken)	a liniști	[a liniʃ'ti]
stilte (de)	tăcere (f)	[tə'tʃere]
zwijgen (ww)	a tăcea	[a tə'tʃa]
fluisteren (ww)	a șopti	[a ʃop'ti]
gefluister (het)	șoaptă (f)	[ʃo'aptə]
open, eerlijk (bw)	sincer	['sintʃer]
volgens mij ...	după părerea mea ...	['dupə pə'rerʲa mʲa]
detail (het)	amănunt (n)	[amə'nunt]
gedetailleerd (bn)	amănunțit	[amənun'tsit]
gedetailleerd (bw)	amănunțit	[amənun'tsit]
hint (de)	indiciu (n)	[in'ditʃiu]
een hint geven	a șopti	[a ʃop'ti]
blik (de)	privire (f)	[pri'vire]
een kijkje nemen	a privi	[a pri'vi]
strak (een ~ke blik)	fix	[fiks]
knipperen (ww)	a clipi	[a kli'pi]
knipogen (ww)	a clipi	[a kli'pi]
knikken (ww)	a da din cap	[a da din 'kap]
zucht (de)	oftat (n)	[of'tat]
zuchten (ww)	a ofta	[a of'ta]
huiveren (ww)	a tresări	[a tresə'ri]
gebaar (het)	gest (n)	[dʒest]
aanraken (ww)	a se atinge	[a se a'tindʒe]
grijpen (ww)	a apuca	[a apu'ka]
een schouderklopje geven	a bate	[a 'bate]
Kijk uit!	Atenție!	[a'tentsie]
Echt?	Oare?	[o'are]
Bent je er zeker van?	Ești sigur?	[eʃtʲ 'sigur]
Succes!	Succes!	[suk'tʃes]
Juist, ja!	Clar!	[klar]
Wat jammer!	Ce păcat!	[tʃe pə'kat]

68. Overeenstemming. Weigering

instemming (het)	consimțământ (n)	[konsimtse'mɨnt]
instemmen (akkoord gaan)	a fi de acord cu ...	[a fi de a'kord ku]
goedkeuring (de)	aprobare (f)	[apro'bare]
goedkeuren (ww)	a aproba	[a apro'ba]
weigering (de)	refuz (n)	[re'fuz]
weigeren (ww)	a refuza	[a refu'za]
Geweldig!	Perfect!	[per'fekt]
Goed!	Bine!	['bine]

Akkoord!	De acord!	[de a'kord]
verboden (bn)	interzis	[inter'zis]
het is verboden	nu se poate	[nu se po'ate]
het is onmogelijk	imposibil	[impo'sibil]
onjuist (bn)	incorect	[inko'rekt]

afwijzen (ww)	a respinge	[a res'pindʒe]
steunen	a susține	[a sus'tsine]
(een goed doel, enz.)		
aanvaarden (excuses ~)	a accepta	[a aktʃep'ta]

bevestigen (ww)	a confirma	[a konfir'ma]
bevestiging (de)	confirmare (f)	[konfir'mare]

toestemming (de)	permisiune (f)	[permisi'une]
toestaan (ww)	a permite	[a per'mite]
beslissing (de)	hotărâre (f)	[hotə'rire]
z'n mond houden (ww)	a tăcea	[a tə'tʃa]

voorwaarde (de)	condiție (f)	[kon'ditsie]
smoes (de)	pretext (n)	[pre'tekst]
lof (de)	laudă (f)	['laudə]
loven (ww)	a lăuda	[a ləu'da]

69. Succes. Veel geluk. Mislukking

succes (het)	reușită (f)	[reu'ʃitə]
succesvol (bw)	reușit	[reu'ʃit]
succesvol (bn)	reușit	[reu'ʃit]

geluk (het)	succes (n)	[suk'tʃes]
Succes!	Succes!	[suk'tʃes]

geluks- (bn)	norocos	[noro'kos]
gelukkig (fortuinlijk)	norocos	[noro'kos]

mislukking (de)	eșec (n)	[e'ʃek]
tegenslag (de)	ghinion (n)	[gini'on]
pech (de)	ghinion (n)	[gini'on]

zonder succes (bn)	nereușit	[nereu'ʃit]
catastrofe (de)	catastrofă (f)	[katas'trofə]

fierheid (de)	mândrie (f)	[min'drie]
fier (bn)	mândru	['mindru]
fier zijn (ww)	a se mândri	[a se min'dri]

winnaar (de)	învingător (m)	[invingə'tor]
winnen (ww)	a învinge	[a in'vindʒe]

verliezen (ww)	a pierde	[a 'pjerde]
poging (de)	încercare (f)	[intʃer'kare]
pogen, proberen (ww)	a se strădui	[a se strədu'i]
kans (de)	șansă (f)	['ʃansə]

70. Ruzies. Negatieve emoties

schreeuw (de)	strigăt (n)	['striget]
schreeuwen (ww)	a striga	[a stri'ga]
beginnen te schreeuwen	a striga	[a stri'ga]
ruzie (de)	ceartă (f)	['tʃarte]
ruzie hebben (ww)	a se certa	[a se tʃer'ta]
schandaal (het)	scandal (n)	[skan'dal]
schandaal maken (ww)	a face scandal	[a 'fatʃe skan'dal]
conflict (het)	conflict (n)	[kon'flikt]
misverstand (het)	neînțelegere (f)	[neintse'ledʒere]
belediging (de)	insultă (f)	[in'sulte]
beledigen	a insulta	[a insul'ta]
(met scheldwoorden)		
beledigd (bn)	ofensat	[ofen'sat]
krenking (de)	jignire (f)	[ʒig'nire]
krenken (beledigen)	a jigni	[a ʒig'ni]
gekwetst worden (ww)	a se supăra	[a se supe'ra]
verontwaardiging (de)	indignare (f)	[indig'nare]
verontwaardigd zijn (ww)	a se indigna	[a se indig'na]
klacht (de)	plângere (f)	['plindʒere]
klagen (ww)	a se plânge	[a se 'plindʒe]
verontschuldiging (de)	scuză (f)	['skuze]
zich verontschuldigen	a cere scuze	[a 'tʃere 'skuze]
excuus vragen	a cere iertare	[a 'tʃere er'tare]
kritiek (de)	critică (f)	['kritike]
bekritiseren (ww)	a critica	[a kriti'ka]
beschuldiging (de)	învinuire (f)	[invinu'ire]
beschuldigen (ww)	a învinui	[a invinu'i]
wraak (de)	răzbunare (f)	[rezbu'nare]
wreken (ww)	a răzbuna	[a rezbu'na]
wraak nemen (ww)	a se revanșa	[a se revan'ʃa]
minachting (de)	dispreț (n)	[dis'pretʃ]
minachten (ww)	a disprețui	[a dispretsu'i]
haat (de)	ură (f)	['ure]
haten (ww)	a urî	[a u'ri]
zenuwachtig (bn)	nervos	[ner'vos]
zenuwachtig zijn (ww)	a se enerva	[a se ener'va]
boos (bn)	supărat	[supe'rat]
boos maken (ww)	a supăra	[a supe'ra]
vernedering (de)	umilire (f)	[umi'lire]
vernederen (ww)	a umili	[a umi'li]
zich vernederen (ww)	a se umili	[a se umi'li]
schok (de)	șoc (n)	[ʃok]
schokken (ww)	a șoca	[a ʃo'ka]

onaangenaamheid (de)	neplăcere (f)	[neplə'tʃere]
onaangenaam (bn)	neplăcut	[neplə'kut]

vrees (de)	frică (f)	['frikə]
vreselijk (bijv. ~ onweer)	năprasnic	[nə'prasnik]
eng (bn)	de groază	[de gro'azə]
gruwel (de)	groază (f)	[gro'azə]
vreselijk (~ nieuws)	înspăimântător	[ɨnspəjmɨntə'tor]

huilen (wenen)	a plânge	[a 'plɨndʒe]
beginnen te huilen (wenen)	a plânge	[a 'plɨndʒe]
traan (de)	lacrimă (f)	['lakrimə]

schuld (~ geven aan)	greşeală (f)	[gre'ʃalə]
schuldgevoel (het)	vină (f)	['vinə]
schande (de)	ruşine (f)	[ru'ʃine]
protest (het)	protest (n)	[pro'test]
stress (de)	stres (n)	[stres]

storen (lastigvallen)	a deranja	[a deran'ʒa]
kwaad zijn (ww)	a se supăra	[a se supə'ra]
kwaad (bn)	supărat	[supə'rat]
beëindigen (een relatie ~)	a pune capăt	[a 'pune 'kapət]
vloeken (ww)	a se sfădi	[a se sfə'di]

schrikken (schrik krijgen)	a se speria	[a se speri'ja]
slaan (iemand ~)	a lovi	[a lo'vi]
vechten (ww)	a se bate	[a se 'bate]

regelen (conflict)	a aplana	[a apla'na]
ontevreden (bn)	nemulţumit	[nemulʦu'mit]
woedend (bn)	furios	[furi'os]

Dat is niet goed!	Nu e bine!	[nu e 'bine]
Dat is slecht!	E rău!	[e rəu]

Geneeskunde

71. Ziekten

ziekte (de)	boală (f)	[bo'alə]
ziek zijn (ww)	a fi bolnav	[a fi bol'nav]
gezondheid (de)	sănătate (f)	[sənə'tate]
snotneus (de)	guturai (n)	[gutu'raj]
angina (de)	anghină (f)	[a'nginə]
verkoudheid (de)	răceală (f)	[rə'tʃalə]
verkouden raken (ww)	a răci	[a rə'tʃi]
bronchitis (de)	bronşită (f)	[bron'ʃitə]
longontsteking (de)	pneumonie (f)	[pneumo'nie]
griep (de)	gripă (f)	['gripə]
bijziend (bn)	miop	[mi'op]
verziend (bn)	prezbit	[prez'bit]
scheelheid (de)	strabism (n)	[stra'bism]
scheel (bn)	saşiu	[sa'ʃiu]
grauwe staar (de)	cataractă (f)	[kata'raktə]
glaucoom (het)	glaucom (n)	[glau'kom]
beroerte (de)	congestie (f)	[kon'dʒestie]
hartinfarct (het)	infarct (n)	[in'farkt]
myocardiaal infarct (het)	infarct (n) miocardic	[in'farkt mio'kardik]
verlamming (de)	paralizie (f)	[parali'zie]
verlammen (ww)	a paraliza	[a parali'za]
allergie (de)	alergie (f)	[aler'dʒie]
astma (de/het)	astmă (f)	['astmə]
diabetes (de)	diabet (n)	[dia'bet]
tandpijn (de)	durere (f) de dinţi	[du'rere de dinʦ]
tandbederf (het)	carie (f)	['karie]
diarree (de)	diaree (f)	[dia'ree]
constipatie (de)	constipaţie (f)	[konsti'patsie]
maagstoornis (de)	deranjament (n) la stomac	[deranʒa'ment la sto'mak]
voedselvergiftiging (de)	intoxicare (f)	[intoksi'kare]
voedselvergiftiging oplopen	a se intoxica	[a se intoksi'ka]
artritis (de)	artrită (f)	[ar'tritə]
rachitis (de)	rahitism (n)	[rahi'tism]
reuma (het)	reumatism (n)	[reuma'tism]
arteriosclerose (de)	ateroscleroză (f)	[arterioskle'rozə]
gastritis (de)	gastrită (f)	[gas'tritə]
blindedarmontsteking (de)	apendicită (f)	[apendi'tʃitə]

| galblaasontsteking (de) | colecistită (f) | [koletʃis'titə] |
| zweer (de) | ulcer (n) | [ul'tʃer] |

mazelen (mv.)	pojar	[po'ʒar]
rodehond (de)	rubeolă (f)	[ruʒe'olə]
geelzucht (de)	icter (n)	['ikter]
leverontsteking (de)	hepatită (f)	[hepa'titə]

schizofrenie (de)	schizofrenie (f)	[skizofre'nie]
dolheid (de)	turbare (f)	[tur'bare]
neurose (de)	nevroză (f)	[ne'vrozə]
hersenschudding (de)	comoție (f) cerebrală	[ko'moʦie ʦerə'bralə]

kanker (de)	cancer (n)	['kantʃer]
sclerose (de)	scleroză (f)	[skle'rozə]
multiple sclerose (de)	scleroză multiplă (f)	[skle'rozə mul'tiplə]

alcoholisme (het)	alcoolism (n)	[alkoo'lizm]
alcoholicus (de)	alcoolic (m)	[alko'olik]
syfilis (de)	sifilis (n)	['sifilis]
AIDS (de)	SIDA (f)	['sida]

tumor (de)	tumoare (f)	[tumo'are]
kwaadaardig (bn)	malignă	[ma'lignə]
goedaardig (bn)	benignă	[be'nignə]

koorts (de)	friguri (n pl)	['frigurʲ]
malaria (de)	malarie (f)	[mala'rie]
gangreen (het)	cangrenă (f)	[kan'grenə]
zeeziekte (de)	rău (n) de mare	[rəu de 'mare]
epilepsie (de)	epilepsie (f)	[epilep'sie]

epidemie (de)	epidemie (f)	[epide'mie]
tyfus (de)	tifos (n)	['tifos]
tuberculose (de)	tuberculoză (f)	[tuberku'lozə]
cholera (de)	holeră (f)	['holerə]
pest (de)	ciumă (f)	['ʧiumə]

72. Symptomen. Behandelingen. Deel 1

symptoom (het)	simptom (n)	[simp'tom]
temperatuur (de)	temperatură (f)	[tempera'turə]
verhoogde temperatuur (de)	febră (f)	['febrə]
polsslag (de)	puls (n)	[puls]

duizeling (de)	amețeală (f)	[ame'ʦʲalə]
heet (erg warm)	fierbinte	[fier'binte]
koude rillingen (mv.)	frisoane (n pl)	[friso'ane]
bleek (bn)	palid	['palid]

hoest (de)	tuse (f)	['tuse]
hoesten (ww)	a tuşi	[a tu'ʃi]
niezen (ww)	a strănuta	[a strənu'ta]
flauwte (de)	leşin (n)	[le'ʃin]

flauwvallen (ww)	a leşina	[a leʃi'na]
blauwe plek (de)	vânătaie (f)	[vɨnə'tae]
buil (de)	cucui (n)	[ku'kuj]
zich stoten (ww)	a se lovi	[a se lo'vi]
kneuzing (de)	contuzie (f)	[kon'tuzie]
kneuzen (gekneusd zijn)	a se lovi	[a se lo'vi]

hinken (ww)	a şchiopăta	[a ʃkiopə'ta]
verstuiking (de)	luxaţie (f)	[luk'satsie]
verstuiken (enkel, enz.)	a luxa	[a luk'sa]
breuk (de)	fractură (f)	[frak'turə]
een breuk oplopen	a fractura	[a fraktu'ra]

snijwond (de)	tăietură (f)	[təe'turə]
zich snijden (ww)	a se tăia	[a se tə'ja]
bloeding (de)	sângerare (f)	[sɨndʒe'rare]

brandwond (de)	arsură (f)	[ar'surə]
zich branden (ww)	a se frige	[a se 'fridʒe]

prikken (ww)	a înţepa	[a ɨntse'pa]
zich prikken (ww)	a se înţepa	[a s ɨntse'pa]
blesseren (ww)	a se răni	[a se rə'ni]
blessure (letsel)	vătămare (f)	[vətə'mare]
wond (de)	rană (f)	['ranə]
trauma (het)	traumă (f)	['traumə]

ijlen (ww)	a delira	[a deli'ra]
stotteren (ww)	a se bâlbâi	[a se bɨlbɨ'i]
zonnesteek (de)	insolaţie (f)	[inso'latsie]

73. Symptomen. Behandelingen. Deel 2

pijn (de)	durere (f)	[du'rere]
splinter (de)	ghimpe (m)	['gimpe]

zweet (het)	transpiraţie (f)	[transpi'ratsie]
zweten (ww)	a transpira	[a transpi'ra]
braking (de)	vomă (f)	['vomə]
stuiptrekkingen (mv.)	convulsii (f pl)	[kon'vulsij]

zwanger (bn)	gravidă (f)	[gra'vidə]
geboren worden (ww)	a se naşte	[a se 'naʃte]
geboorte (de)	naştere (f)	['naʃtere]
baren (ww)	a naşte	[a 'naʃte]
abortus (de)	avort (n)	[a'vort]

ademhaling (de)	respiraţie (f)	[respi'ratsie]
inademing (de)	inspiraţie (f)	[inspi'ratsie]
uitademing (de)	expiraţie (f)	[ekspi'ratsie]
uitademen (ww)	a expira	[a ekspi'ra]
inademen (ww)	a inspira	[a inspi'ra]
invalide (de)	invalid (m)	[inva'lid]
gehandicapte (de)	infirm (m)	[in'firm]

71

drugsverslaafde (de)	narcoman (m)	[narko'man]
doof (bn)	surd	[surd]
stom (bn)	mut	[mut]
doofstom (bn)	surdo-mut	[surdo'mut]

krankzinnig (bn)	nebun	[ne'bun]
krankzinnige (man)	nebun (m)	[ne'bun]
krankzinnige (vrouw)	nebună (f)	[ne'bunə]
krankzinnig worden	a înnebuni	[a innebu'ni]

gen (het)	genă (f)	['dʒenə]
immuniteit (de)	imunitate (f)	[imuni'tate]
erfelijk (bn)	ereditar	[eredi'tar]
aangeboren (bn)	congenital	[kondʒeni'tal]

virus (het)	virus (m)	['virus]
microbe (de)	microb (m)	[mi'krob]
bacterie (de)	bacterie (f)	[bak'terie]
infectie (de)	infecție (f)	[in'fektsie]

74. Symptomen. Behandelingen. Deel 3

| ziekenhuis (het) | spital (n) | [spi'tal] |
| patiënt (de) | pacient (m) | [patʃi'ent] |

diagnose (de)	diagnostic (n)	[diag'nostik]
genezing (de)	tratament (n)	[trata'ment]
onder behandeling zijn	a urma tratament	[a ur'ma trata'ment]
behandelen (ww)	a trata	[a tra'ta]
zorgen (zieken ~)	a îngriji	[a ingri'ʒi]
ziekenzorg (de)	îngrijire (f)	[ingri'ʒire]

operatie (de)	operație (f)	[ope'ratsie]
verbinden (een arm ~)	a pansa	[a pan'sa]
verband (het)	pansare (f)	[pan'sare]

vaccin (het)	vaccin (n)	[vak'tʃin]
inenten (vaccineren)	a vaccina	[a vaktʃi'na]
injectie (de)	injecție (f)	[in'ʒektsie]
een injectie geven	a face injecție	[a 'fatʃe in'ʒektsie]

amputatie (de)	amputare (f)	[ampu'tare]
amputeren (ww)	a amputa	[a ampu'ta]
coma (het)	comă (f)	['komə]
in coma liggen	a fi în comă	[a fi in 'komə]
intensieve zorg, ICU (de)	reanimare (f)	[reani'mare]

zich herstellen (ww)	a se vindeca	[a se vinde'ka]
toestand (de)	stare (f)	['stare]
bewustzijn (het)	conștiință (f)	[konʃti'intsə]
geheugen (het)	memorie (f)	[me'morie]

| trekken (een kies ~) | a extrage | [a eks'tradʒe] |
| vulling (de) | plombă (f) | ['plombə] |

vullen (ww)	a plomba	[a plom'ba]
hypnose (de)	hipnoză (f)	[hip'nozə]
hypnotiseren (ww)	a hipnotiza	[a hipnoti'za]

75. Artsen

dokter, arts (de)	medic (m)	['medik]
ziekenzuster (de)	asistentă (f) medicală	[asis'tentə medi'kalə]
lijfarts (de)	medic (m) personal	['medik perso'nal]

tandarts (de)	stomatolog (m)	[stomato'log]
oogarts (de)	oculist (m)	[oku'list]
therapeut (de)	terapeut (m)	[terape'ut]
chirurg (de)	chirurg (m)	[ki'rurg]

psychiater (de)	psihiatru (m)	[psihi'atru]
pediater (de)	pediatru (m)	[pedi'atru]
psycholoog (de)	psiholog (m)	[psiho'log]
gynaecoloog (de)	ginecolog (m)	[dʒineko'log]
cardioloog (de)	cardiolog (m)	[kardio'log]

76. Geneeskunde. Medicijnen. Accessoires

geneesmiddel (het)	medicament (n)	[medika'ment]
middel (het)	remediu (n)	[re'medju]
recept (het)	rețetă (f)	[re'tsetə]

tablet (de/het)	pastilă (f)	[pas'tilə]
zalf (de)	unguent (n)	[ungu'ent]
ampul (de)	fiolă (f)	[fi'olə]
drank (de)	mixtură (f)	[miks'turə]
siroop (de)	sirop (n)	[si'rop]
pil (de)	pilulă (f)	[pi'lulə]
poeder (de/het)	praf (n)	[praf]

verband (het)	bandaj (n)	[ban'daʒ]
watten (mv.)	vată (f)	['vatə]
jodium (het)	iod (n)	[jod]

pleister (de)	leucoplast (n)	[leuko'plast]
pipet (de)	pipetă (f)	[pi'petə]
thermometer (de)	termometru (n)	[termo'metru]
spuit (de)	seringă (f)	[se'ringə]

| rolstoel (de) | cărucior (n) pentru invalizi | [kəru'tʃior 'pentru inva'lizʲ] |
| krukken (mv.) | cârje (f pl) | ['kirʒe] |

pijnstiller (de)	anestezic (n)	[anes'tezik]
laxeermiddel (het)	laxativ (n)	[laksa'tiv]
spiritus (de)	spirt (n)	[spirt]
medicinale kruiden (mv.)	plante (f pl) medicinale	['plante meditʃi'nale]
kruiden- (abn)	din plante medicinale	[din 'plante meditʃi'nale]

77. Roken. Tabaksproducten

tabak (de)	tutun (n)	[tu'tun]
sigaret (de)	țigară (f)	[tsi'garə]
sigaar (de)	țigară (f) de foi	[tsi'garə de foj]
pijp (de)	pipă (f)	['pipə]
pakje (~ sigaretten)	pachet (n)	[pa'ket]

lucifers (mv.)	chibrituri (n pl)	[ki'briturʲ]
luciferdoosje (het)	cutie (f) de chibrituri	[ku'tie de ki'briturʲ]
aansteker (de)	brichetă (f)	[bri'ketə]
asbak (de)	scrumieră (f)	[skru'mjerə]
sigarettendoosje (het)	tabacheră (n)	[taba'kerə]

sigarettenpijpje (het)	muștiuc (n)	[muʃ'tjuk]
filter (de/het)	filtru (n)	['filtru]

roken (ww)	a fuma	[a fu'ma]
een sigaret opsteken	a începe să fumeze	[a ɨn'tʃepe sə fu'meze]
roken (het)	fumat (n)	[fu'mat]
roker (de)	fumător (m)	[fumə'tor]

peuk (de)	muc (n) de țigară	[muk de tsi'garə]
rook (de)	fum (n)	[fum]
as (de)	scrum (n)	[skrum]

HET MENSELIJKE LEEFGEBIED

Stad

78. Stad. Het leven in de stad

stad (de)	oraş (n)	[o'raʃ]
hoofdstad (de)	capitală (f)	[kapi'talə]
dorp (het)	sat (n)	[sat]
plattegrond (de)	planul (n) oraşului	['planul o'raʃuluj]
centrum (ov. een stad)	centrul (n) oraşului	['tʃentrul o'raʃuluj]
voorstad (de)	suburbie (f)	[subur'bie]
voorstads- (abn)	din suburbie	[din subur'bie]
randgemeente (de)	margine (f)	['mardʒine]
omgeving (de)	împrejurimi (f pl)	[împreʒu'rimʲ]
blok (huizenblok)	cartier (n)	[kar'tjer]
woonwijk (de)	cartier (n) locativ	[ka'rtjer loka'tiv]
verkeer (het)	circulaţie (f)	[tʃirku'latsie]
verkeerslicht (het)	semafor (n)	[sema'for]
openbaar vervoer (het)	transport (n) urban	[trans'port ur'ban]
kruispunt (het)	intersecţie (f)	[inter'sektsie]
zebrapad (oversteekplaats)	trecere (f)	['tretʃere]
onderdoorgang (de)	trecere (f) subterană	['tretʃere subte'ranə]
oversteken (de straat ~)	a traversa	[a traver'sa]
voetganger (de)	pieton (m)	[pie'ton]
trottoir (het)	trotuar (n)	[trotu'ar]
brug (de)	pod (n)	[pod]
dijk (de)	faleză (f)	[fa'lezə]
fontein (de)	havuz (n)	[ha'vuz]
allee (de)	alee (f)	[a'lee]
park (het)	parc (n)	[park]
boulevard (de)	bulevard (n)	[bule'vard]
plein (het)	piaţă (f)	['pjatsə]
laan (de)	prospect (n)	[pros'pekt]
straat (de)	stradă (f)	['stradə]
zijstraat (de)	stradelă (f)	[stra'delə]
doodlopende straat (de)	fundătură (f)	[fundə'turə]
huis (het)	casă (f)	['kasə]
gebouw (het)	clădire (f)	[klə'dire]
wolkenkrabber (de)	zgârie-nori (m)	['zgîrie norʲ]
gevel (de)	faţadă (f)	[fa'tsadə]
dak (het)	acoperiş (n)	[akope'riʃ]

venster (het)	fereastră (f)	[fe'r¡astrə]
boog (de)	arc (n)	[ark]
pilaar (de)	coloană (f)	[kolo'anə]
hoek (ov. een gebouw)	colț (n)	[kolʦ]

vitrine (de)	vitrină (f)	[vi'trinə]
gevelreclame (de)	firmă (f)	['firmə]
affiche (de/het)	afiş (n)	[a'fiʃ]
reclameposter (de)	afişaj (n)	[afi'ʃaʒ]
aanplakbord (het)	panou (n) publicitar	[pa'nu publitʃi'tar]

vuilnis (de/het)	gunoi (n)	[gu'noj]
vuilnisbak (de)	coş (n) de gunoi	[koʃ de gu'noj]
afval weggooien (ww)	a face murdărie	[a 'faʧe murdə'rie]
stortplaats (de)	groapă (f) de gunoi	[gro'apə de gu'noj]

telefooncel (de)	cabină (f) telefonică	[ka'binə tele'fonikə]
straatlicht (het)	stâlp (m) de felinar	[stîlp de feli'nar]
bank (de)	bancă (f)	['bankə]

politieagent (de)	poliţist (m)	[poli'ʦist]
politie (de)	poliţie (f)	[po'liʦie]
zwerver (de)	cerşetor (m)	[ʧerʃə'tor]
dakloze (de)	vagabond (m)	[vaga'bond]

79. Stedelijke instellingen

winkel (de)	magazin (n)	[maga'zin]
apotheek (de)	farmacie (f)	[farma'ʧie]
optiek (de)	optică (f)	['optikə]
winkelcentrum (het)	centru (n) comercial	['ʧentru komerʧi'al]
supermarkt (de)	supermarket (n)	[super'market]

bakkerij (de)	brutărie (f)	[brutə'rie]
bakker (de)	brutar (m)	[bru'tar]
banketbakkerij (de)	cofetărie (f)	[kofetə'rie]
kruidenier (de)	băcănie (f)	[bəkə'nie]
slagerij (de)	hală (f) de carne	['halə de 'karne]

| groentewinkel (de) | magazin (m) de legume | [maga'zin de le'gume] |
| markt (de) | piaţă (f) | ['pjaʦə] |

koffiehuis (het)	cafenea (f)	[kafe'n¡a]
restaurant (het)	restaurant (n)	[restau'rant]
bar (de)	berărie (f)	[berə'rie]
pizzeria (de)	pizzerie (f)	[pitse'rie]

kapperssalon (de/het)	frizerie (f)	[frize'rie]
postkantoor (het)	poştă (f)	['poʃtə]
stomerij (de)	curăţătorie (f) chimică	[kurəʦəto'rie 'kimikə]
fotostudio (de)	atelier (n) foto	[ate'ljer 'foto]

| schoenwinkel (de) | magazin (n) de încălţăminte | [maga'zin de inkəlʦə'minte] |
| boekhandel (de) | librărie (f) | [librə'rie] |

sportwinkel (de)	magazin (n) sportiv	[maga'zin spor'tiv]
kledingreparatie (de)	croitorie (f)	[kroito'rie]
kledingverhuur (de)	închiriere (f) de haine	[ɨnki'rjere de 'hajne]
videotheek (de)	închiriere (f) de filme	[ɨnki'rjere de 'filme]

circus (de/het)	circ (n)	[tʃirk]
dierentuin (de)	grădină (f) zoologică	[grə'dinə zoo'lodʒikə]
bioscoop (de)	cinematograf (n)	[tʃinemato'graf]
museum (het)	muzeu (n)	[mu'zeu]
bibliotheek (de)	bibliotecă (f)	[biblio'tekə]

theater (het)	teatru (n)	[te'atru]
opera (de)	operă (f)	['operə]
nachtclub (de)	club (n) de noapte	['klub de no'apte]
casino (het)	cazinou (n)	[kazi'nou]

moskee (de)	moschee (f)	[mos'kee]
synagoge (de)	sinagogă (f)	[sina'gogə]
kathedraal (de)	catedrală (f)	[kate'dralə]
tempel (de)	templu (n)	['templu]
kerk (de)	biserică (f)	[bi'serikə]

instituut (het)	institut (n)	[insti'tut]
universiteit (de)	universitate (f)	[universi'tate]
school (de)	şcoală (f)	[ʃko'alə]

gemeentehuis (het)	prefectură (f)	[prefek'turə]
stadhuis (het)	primărie (f)	[primə'rie]
hotel (het)	hotel (n)	[ho'tel]
bank (de)	bancă (f)	['bankə]

ambassade (de)	ambasadă (f)	[amba'sadə]
reisbureau (het)	agenţie (f) de turism	[adʒen'tsie de tu'rism]
informatieloket (het)	birou (n) de informaţii	[bi'rou de infor'matsij]
wisselkantoor (het)	schimb (n) valutar	[skimb valu'tar]

metro (de)	metrou (n)	[me'trou]
ziekenhuis (het)	spital (n)	[spi'tal]

benzinestation (het)	benzinărie (f)	[benzinə'rie]
parking (de)	parcare (f)	[par'kare]

80. Borden

gevelreclame (de)	firmă (f)	['firmə]
opschrift (het)	inscripţie (f)	[in'skriptsie]
poster (de)	afiş (n)	[a'fiʃ]
wegwijzer (de)	semn (n)	[semn]
pijl (de)	indicator (n)	[indika'tor]

waarschuwing (verwittiging)	avertisment (n)	[avertis'ment]
waarschuwingsbord (het)	avertisment (n)	[avertis'ment]
waarschuwen (ww)	a avertiza	[a averti'za]
vrije dag (de)	zi (f) de odihnă	[zi de o'dihnə]

| dienstregeling (de) | orar (n) | [o'rar] |
| openingsuren (mv.) | ore (f pl) de lucru | ['ore de 'lukru] |

WELKOM!	BINE AŢI VENIT!	['bine 'atsʲ ve'nit]
INGANG	INTRARE	[in'trare]
UITGANG	IEŞIRE	[je'ʃire]

DUWEN	ÎMPINGE	[im'pindʒe]
TREKKEN	TRAGE	['tradʒe]
OPEN	DESCHIS	[des'kis]
GESLOTEN	ÎNCHIS	[in'kis]

| DAMES | PENTRU FEMEI | ['pentru fe'mej] |
| HEREN | PENTRU BĂRBAŢI | ['pentru bər'batsʲ] |

KORTING	REDUCERI	[re'dutʃerʲ]
UITVERKOOP	LICHIDARE DE STOC	[liki'dare de stok]
NIEUW!	NOU	['nou]
GRATIS	GRATUIT	[gratu'it]

PAS OP!	ATENŢIE!	[a'tentsie]
VOLGEBOEKT	NU SUNT LOCURI	[nu 'sunt 'lokurʲ]
GERESERVEERD	REZERVAT	[rezer'vat]

| ADMINISTRATIE | ADMINISTRAŢIE | [adminis'tratsie] |
| ALLEEN VOOR PERSONEEL | NUMAI PENTRU ANGAJAŢI | ['numaj 'pentru anga'ʒats] |

GEVAARLIJKE HOND	CÂINE RĂU	['kine 'rəu]
VERBODEN TE ROKEN!	NU FUMAŢI!	[nu fu'mats]
NIET AANRAKEN!	NU ATINGEŢI!	[nu a'tindʒets]

GEVAARLIJK	PERICULOS	[periku'los]
GEVAAR	PERICOL	[pe'rikol]
HOOGSPANNING	TENSIUNE ÎNALTĂ	[tensi'une i'naltə]
VERBODEN TE ZWEMMEN	SCĂLDATUL INTERZIS!	[skəl'datul inter'zis]
BUITEN GEBRUIK	NU FUNCŢIONEAZĂ	[nu funktsio'nʲazə]

ONTVLAMBAAR	INFLAMABIL	[infla'mabil]
VERBODEN	INTERZIS	[inter'zis]
DOORGANG VERBODEN	TRECEREA INTERZISĂ	['tretʃerʲa inter'zisə]
OPGELET PAS GEVERFD	PROASPĂT VOPSIT	[pro'aspət vop'sit]

81. Stedelijk vervoer

bus, autobus (de)	autobuz (n)	[auto'buz]
tram (de)	tramvai (n)	[tram'vaj]
trolleybus (de)	troleibuz (n)	[trolej'buz]
route (de)	rută (f)	['rutə]
nummer (busnummer, enz.)	număr (n)	['numər]

rijden met ...	a merge cu ...	[a 'merdʒe ku]
stappen (in de bus ~)	a se urca	[a se ur'ka]
afstappen (ww)	a coborî	[a kobo'ri]

halte (de)	stație (f)	['statsie]
volgende halte (de)	stația (f) următoare	['statsija urməto'are]
eindpunt (het)	ultima stație (f)	['ultima 'statsie]
dienstregeling (de)	orar (n)	[o'rar]
wachten (ww)	a aștepta	[a aʃtep'ta]
kaartje (het)	bilet (n)	[bi'let]
reiskosten (de)	costul (n) biletului	['kostul bi'letuluj]
kassier (de)	casier (m)	[ka'sjer]
kaartcontrole (de)	control (n)	[kon'trol]
controleur (de)	controlor (m)	[kontro'lor]
te laat zijn (ww)	a întârzia	[a intir'zija]
missen (de bus ~)	a pierde ...	[a 'pjerdə]
zich haasten (ww)	a se grăbi	[a se grə'bi]
taxi (de)	taxi (n)	[ta'ksi]
taxichauffeur (de)	taximetrist (m)	[taksime'trist]
met de taxi (bw)	cu taxiul	[ku ta'ksjul]
taxistandplaats (de)	stație (f) de taxiuri	['statsie de ta'ksjurʲ]
een taxi bestellen	a chema un taxi	[a ke'ma un ta'ksi]
een taxi nemen	a lua un taxi	[a lu'a un ta'ksi]
verkeer (het)	circulație (f) pe stradă	[tʃirku'latsie pe 'stradə]
file (de)	ambuteiaj (n)	[ambute'jaʒ]
spitsuur (het)	oră (f) de vârf	[orə de vɨrf]
parkeren (on.ww.)	a se parca	[a se par'ka]
parkeren (ov.ww.)	a parca	[a par'ka]
parking (de)	parcare (f)	[par'kare]
metro (de)	metrou (n)	[me'trou]
halte (bijv. kleine treinhalte)	stație (f)	['statsie]
de metro nemen	a merge cu metroul	[a 'merdʒe ku me'troul]
trein (de)	tren (n)	[tren]
station (treinstation)	gară (f)	['garə]

82. Bezienswaardigheden

monument (het)	monument (n)	[monu'ment]
vesting (de)	cetate (f)	[tʃe'tate]
paleis (het)	palat (n)	[pa'lat]
kasteel (het)	castel (n)	[kas'tel]
toren (de)	turn (n)	[turn]
mausoleum (het)	mausoleu (n)	[mawzo'leu]
architectuur (de)	arhitectură (f)	[arhitek'turə]
middeleeuws (bn)	medieval	[medie'val]
oud (bn)	vechi	[vekʲ]
nationaal (bn)	național	[natsio'nal]
bekend (bn)	cunoscut	[kunos'kut]
toerist (de)	turist (m)	[tu'rist]
gids (de)	ghid (m)	[gid]

rondleiding (de)	**excursie** (f)	[eks'kursie]
tonen (ww)	**a arăta**	[a arə'ta]
vertellen (ww)	**a povesti**	[a poves'ti]

vinden (ww)	**a găsi**	[a gə'si]
verdwalen (de weg kwijt zijn)	**a se pierde**	[a se 'pjerde]
plattegrond (~ van de metro)	**schemă** (f)	['skemə]
plattegrond (~ van de stad)	**plan** (m)	[plan]

souvenir (het)	**suvenir** (n)	[suve'nir]
souvenirwinkel (de)	**magazin** (n) **de suveniruri**	[maga'zin de suve'nirurʲ]
foto's maken	**a fotografia**	[a fotografi'ja]
zich laten fotograferen	**a se fotografia**	[a se fotografi'ja]

83. Winkelen

kopen (ww)	**a cumpăra**	[a kumpe'ra]
aankoop (de)	**cumpărătură** (f)	[kumpərə'turə]
winkelen (ww)	**a face cumpărături**	[a 'fatʃe kumpərə'turʲ]
winkelen (het)	**shopping** (n)	['ʃoping]

open zijn (ov. een winkel, enz.)	**a fi deschis**	[a fi des'kis]
gesloten zijn (ww)	**a se închide**	[a se ɨn'kide]

schoeisel (het)	**încălțăminte** (f)	[ɨnkəltsə'minte]
kleren (mv.)	**haine** (f pl)	['hajne]
cosmetica (mv.)	**cosmetică** (f)	[kos'metikə]
voedingswaren (mv.)	**produse** (n pl)	[pro'duse]
geschenk (het)	**cadou** (n)	[ka'dou]

verkoper (de)	**vânzător** (m)	[vɨnzə'tor]
verkoopster (de)	**vânzătoare** (f)	[vɨnzəto'are]

kassa (de)	**casă** (f)	['kasə]
spiegel (de)	**oglindă** (f)	[og'lində]
toonbank (de)	**tejghea** (f)	[teʒ'gʲa]
paskamer (de)	**cabină** (f) **de probă**	[ka'bine de 'probe]

aanpassen (ww)	**a proba**	[a pro'ba]
passen (ov. kleren)	**a veni**	[a ve'ni]
bevallen (prettig vinden)	**a plăcea**	[a plə'tʃa]

prijs (de)	**preț** (n)	[prets]
prijskaartje (het)	**indicator** (n) **de prețuri**	[indika'tor de 'pretsurʲ]
kosten (ww)	**a costa**	[a kos'ta]
Hoeveel?	**Cât?**	[kɨt]
korting (de)	**reducere** (f)	[re'dutʃere]

niet duur (bn)	**ieftin**	['jeftin]
goedkoop (bn)	**ieftin**	['jeftin]
duur (bn)	**scump**	[skump]
Dat is duur.	**E scump**	[e skump]
verhuur (de)	**închiriere** (f)	[ɨnkiri'ere]

huren (smoking, enz.)	a lua în chirie	[a lu'a in ki'rie]
krediet (het)	credit (n)	['kredit]
op krediet (bw)	în credit	[in 'kredit]

84. Geld

geld (het)	bani (m pl)	[banʲ]
ruil (de)	schimb (n)	[skimb]
koers (de)	curs (n)	[kurs]
geldautomaat (de)	bancomat (n)	[banko'mat]
muntstuk (de)	monedă (f)	[mo'nedə]

| dollar (de) | dolar (m) | [do'lar] |
| euro (de) | euro (m) | ['euro] |

lire (de)	liră (f)	['lirə]
Duitse mark (de)	marcă (f)	['markə]
frank (de)	franc (m)	[frank]
pond sterling (het)	liră (f) sterlină	['lirə ster'linə]
yen (de)	yen (f)	['jen]

schuld (geldbedrag)	datorie (f)	[dato'rie]
schuldenaar (de)	datornic (m)	[da'tornik]
uitlenen (ww)	a da cu împrumut	[a da ku impru'mut]
lenen (geld ~)	a lua cu împrumut	[a lu'a ku impru'mut]

bank (de)	bancă (f)	['bankə]
bankrekening (de)	cont (n)	[kont]
op rekening storten	a pune în cont	[a 'pune in 'kont]
opnemen (ww)	a scoate din cont	[a sko'ate din kont]

kredietkaart (de)	carte (f) de credit	['karte de 'kredit]
baar geld (het)	numerar (n)	[nume'rar]
cheque (de)	cec (n)	[tʃek]
een cheque uitschrijven	a scrie un cec	[a 'skrie un tʃek]
chequeboekje (het)	carte (f) de cecuri	['karte de 'tʃekurʲ]

portefeuille (de)	portvizit (n)	[portvi'zit]
geldbeugel (de)	portofel (n)	[porto'fel]
safe (de)	seif (n)	['sejf]

erfgenaam (de)	moştenitor (m)	[moʃteni'tor]
erfenis (de)	moştenire (f)	[moʃte'nire]
fortuin (het)	avere (f)	[a'vere]

huur (de)	arendă (f)	[a'rendə]
huurprijs (de)	chirie (f)	[ki'rie]
huren (huis, kamer)	a închiria	[a inkiri'ja]

prijs (de)	preţ (n)	[prets]
kostprijs (de)	valoare (f)	[valo'are]
som (de)	sumă (f)	['sumə]
uitgeven (geld besteden)	a cheltui	[a keltu'i]
kosten (mv.)	cheltuieli (f pl)	[keltu'elʲ]

| bezuinigen (ww) | a economisi | [a ekonomi'si] |
| zuinig (bn) | econom | [eko'nom] |

betalen (ww)	a plăti	[a plə'ti]
betaling (de)	plată (f)	['platə]
wisselgeld (het)	rest (n)	[rest]

belasting (de)	impozit (n)	[im'pozit]
boete (de)	amendă (f)	[a'mendə]
beboeten (bekeuren)	a amenda	[a amen'da]

85. Post. Postkantoor

postkantoor (het)	poştă (f)	['poʃtə]
post (de)	corespondenţă (f)	[korespon'dentsə]
postbode (de)	poştaş (m)	[poʃ'taʃ]
openingsuren (mv.)	ore (f pl) de lucru	['ore de 'lukru]

brief (de)	scrisoare (f)	[skriso'are]
aangetekende brief (de)	scrisoare (f) recomandată	[skriso'are rekoman'datə]
briefkaart (de)	carte (f) poştală	['karte poʃ'talə]
telegram (het)	telegramă (f)	[tele'gramə]
postpakket (het)	colet (n)	[ko'let]
overschrijving (de)	mandat (n) poştal	[man'dat poʃ'tal]

ontvangen (ww)	a primi	[a pri'mi]
sturen (zenden)	a expedia	[a ekspedi'ja]
verzending (de)	expediere (f)	[ekspe'djere]

adres (het)	adresă (f)	[a'dresə]
postcode (de)	cod (n) poştal	[kod poʃ'tal]
verzender (de)	expeditor (m)	[ekspedi'tor]
ontvanger (de)	destinatar (m)	[destina'tar]

| naam (de) | prenume (n) | [pre'nume] |
| achternaam (de) | nume (n) | ['nume] |

tarief (het)	tarif (n)	[ta'rif]
standaard (bn)	normal	[nor'mal]
zuinig (bn)	econom	[eko'nom]

gewicht (het)	greutate (f)	[greu'tate]
afwegen (op de weegschaal)	a cântări	[a kintə'ri]
envelop (de)	plic (n)	[plik]
postzegel (de)	timbru (n)	['timbru]
een postzegel plakken op	a lipi timbrul	[a li'pi 'timbrul]

Woning. Huis. Thuis

86. Huis. Woning

huis (het)	casă (f)	['kasə]
thuis (bw)	acasă	[a'kasə]
cour (de)	curte (f)	['kurte]
omheining (de)	gard (n)	[gard]
baksteen (de)	cărămidă (f)	[kərə'midə]
van bakstenen	de, din cărămidă	[de, din kərə'midə]
steen (de)	piatră (f)	['pjatrə]
stenen (bn)	de, din piatră	[de, din 'pjatrə]
beton (het)	beton (n)	[be'ton]
van beton	de, din beton	[de, din be'ton]
nieuw (bn)	nou	['nou]
oud (bn)	vechi	[vekʲ]
vervallen (bn)	vechi	[vekʲ]
modern (bn)	contemporan	[kontempo'ran]
met veel verdiepingen	cu multe etaje	[ku 'multe e'taʒe]
hoog (bn)	înalt	[i'nalt]
verdieping (de)	etaj (n)	[e'taʒ]
met een verdieping	cu un singur etaj	[ku un 'singur e'taʒ]
laagste verdieping (de)	etajul (n) de jos	[e'taʒul de ʒos]
bovenverdieping (de)	etajul (n) de sus	[e'taʒul de sus]
dak (het)	acoperiş (n)	[akope'riʃ]
schoorsteen (de)	tub (n)	[tub]
dakpan (de)	ţiglă (f)	['tsiglə]
pannen- (abn)	de, din ţiglă	[de, din 'tsiglə]
zolder (de)	mansardă (f)	[man'sardə]
venster (het)	fereastră (f)	[fe'rʲastrə]
glas (het)	sticlă (f)	['stiklə]
vensterbank (de)	pervaz (n)	[per'vaz]
luiken (mv.)	oblon (n) la fereastră	[o'blon la fe'rʲastrə]
muur (de)	perete (m)	[pe'rete]
balkon (het)	balcon (n)	[bal'kon]
regenpijp (de)	burlan (n)	[bur'lan]
boven (bw)	deasupra	[dʲa'supra]
naar boven gaan (ww)	a urca	[a ur'ka]
afdalen (on.ww.)	a coborî	[a kobo'rɨ]
verhuizen (ww)	a se muta	[a se mu'ta]

87. Huis. Ingang. Lift

ingang (de)	intrare (f)	[in'trare]
trap (de)	scară (f)	['skarə]
treden (mv.)	trepte (f pl)	['trepte]
trapleuning (de)	balustradă (f)	[balu'stradə]
hal (de)	hol (n)	[hol]
postbus (de)	cutie (f) poştală	[ku'tie poʃ'talə]
vuilnisbak (de)	ladă (f) de gunoi	['ladə de gu'noj]
vuilniskoker (de)	conductă (f) de gunoi	[kon'duktə de gu'noj]
lift (de)	lift (n)	[lift]
goederenlift (de)	ascensor (n) de marfă	[astʃen'sor de 'marfə]
liftcabine (de)	cabină (f)	[ka'binə]
de lift nemen	a merge cu liftul	[a 'merdʒe ku 'liftul]
appartement (het)	apartament (n)	[aparta'ment]
bewoners (mv.)	locatari (m pl)	[loka'tarʲ]
buurman (de)	vecin (m)	[ve'tʃin]
buurvrouw (de)	vecină (f)	[ve'tʃinə]
buren (mv.)	vecini (m pl)	[ve'tʃinʲ]

88. Huis. Elektriciteit

elektriciteit (de)	electricitate (f)	[elektritʃi'tate]
lamp (de)	bec (n)	[bek]
schakelaar (de)	întrerupător (n)	[intrerupə'tor]
zekering (de)	siguranţă (f)	[sigu'rantsə]
draad (de)	cablu (n)	['kablu]
bedrading (de)	instalaţie (f) electrică	[insta'latsie e'lektrikə]
elektriciteitsmeter (de)	contor (n)	[kon'tor]
gegevens (mv.)	indicaţie (f)	[indi'katsie]

89. Huis. Deuren. Sloten

deur (de)	uşă (f)	['uʃə]
toegangspoort (de)	poartă (f)	[po'artə]
deurkruk (de)	clanţă (f)	['klantsə]
ontsluiten (ontgrendelen)	a descuia	[a desku'ja]
openen (ww)	a deschide	[a des'kide]
sluiten (ww)	a închide	[a i'nkide]
sleutel (de)	cheie (f)	['kee]
sleutelbos (de)	legătură (f) de chei	[legə'ture de 'kej]
knarsen (bijv. scharnier)	a scârţâi	[a skirtsi'i]
knarsgeluid (het)	scârţâit (n)	[skirtsi'it]
scharnier (het)	balama (f)	[bala'ma]
deurmat (de)	covoraş (n)	[kovo'raʃ]
slot (het)	încuietoare (f)	[inkueto'are]

sleutelgat (het)	gaura (f) cheii	['gaura 'keij]
grendel (de)	zăvor (n)	[zə'vor]
schuif (de)	zăvor (n)	[zə'vor]
hangslot (het)	lacăt (n)	['lakət]

aanbellen (ww)	a suna	[a su'na]
bel (geluid)	sunet (n)	['sunet]
deurbel (de)	sonerie (f)	[sone'rie]
belknop (de)	buton (n)	[bu'ton]
geklop (het)	bătaie (f)	[bə'tae]
kloppen (ww)	a bate	[a 'bate]

code (de)	cod (n)	[kod]
cijferslot (het)	lacăt (n) cu cod	['lakət ku kod]
parlofoon (de)	interfon (n)	[inter'fon]
nummer (het)	numär (n)	['numər]
naambordje (het)	placă (f)	['plakə]
deurspion (de)	vizor (f)	[vi'zor]

90. Huis op het platteland

dorp (het)	sat (n)	[sat]
moestuin (de)	grădină (f) de zarzavat	[grə'dine de zarza'vat]
hek (het)	gard (n)	[gard]
houten hekwerk (het)	îngrăditură (f)	[ingrədi'turə]
tuinpoortje (het)	portiță (f)	[por'titsə]

graanschuur (de)	hambar (n)	[ham'bar]
wortelkelder (de)	beci (n)	[betʃi]
schuur (de)	magazie (f)	[maga'zie]
waterput (de)	fântână (f)	[fin'tinə]

kachel (de)	sobă (f)	['sobə]
de kachel stoken	a face focul	[a 'fatʃe 'fokul]
brandhout (het)	lemne (n pl)	['lemne]
houtblok (het)	bucată (f) de lemn	[bu'katə de lemn]

veranda (de)	verandă (f)	[ve'randə]
terras (het)	terasă (f)	[te'rasə]
bordes (het)	verandă (f)	[ve'randə]
schommel (de)	scrânciob (n)	['skrintʃiob]

91. Villa. Herenhuis

landhuisje (het)	casă (f) în afara localității	['kasə in a'fara lokali'tətsij]
villa (de)	vilă (f)	['vilə]
vleugel (de)	aripă (f)	[a'ripə]

tuin (de)	grădină (f)	[grə'dinə]
park (het)	parc (n)	[park]
oranjerie (de)	seră (f)	['serə]
onderhouden (tuin, enz.)	a îngriji	[a ingri'ʒi]

zwembad (het)	bazin (n)	[ba'zin]
gym (het)	sală (f) de sport	['sale de sport]
tennisveld (het)	teren (n) de tenis	[te'ren de 'tenis]
bioscoopkamer (de)	cinematograf (n)	[tʃinemato'graf]
garage (de)	garaj (n)	[ga'raʒ]

privé-eigendom (het)	proprietate (f) privată	[proprie'tate pri'vate]
eigen terrein (het)	proprietate (f) privată	[proprie'tate pri'vate]

waarschuwing (de)	avertizare (f)	[averti'zare]
waarschuwingsbord (het)	avertisment (n)	[avertis'ment]

bewaking (de)	pază (f)	['paze]
bewaker (de)	paznic (m)	['paznik]
inbraakalarm (het)	alarmă (f)	[a'larme]

92. Kasteel. Paleis

kasteel (het)	castel (n)	[kas'tel]
paleis (het)	palat (n)	[pa'lat]
vesting (de)	cetate (f)	[tʃe'tate]
ringmuur (de)	zid (n)	[zid]
toren (de)	turn (n)	[turn]
donjon (de)	turnul (n) principal	['turnul printʃi'pal]

valhek (het)	porți (f pl) rulante	['portsʲ ru'lante]
onderaardse gang (de)	subsol (n)	[sub'sol]
slotgracht (de)	șanț (n)	[ʃants]
ketting (de)	lanț (n)	[lants]
schietgat (het)	meterez (n)	[mete'rez]

prachtig (bn)	măreț	[me'rets]
majestueus (bn)	maiestuos	[maestu'os]
onneembaar (bn)	de necucerit	[de nekutʃe'rit]
middeleeuws (bn)	medieval	[medie'val]

93. Appartement

appartement (het)	apartament (n)	[aparta'ment]
kamer (de)	cameră (f)	['kamere]
slaapkamer (de)	dormitor (n)	[dormi'tor]
eetkamer (de)	sufragerie (f)	[sufradʒe'rie]
salon (de)	salon (n)	[sa'lon]
studeerkamer (de)	cabinet (n)	[kabi'net]

gang (de)	antreu (n)	[an'treu]
badkamer (de)	baie (f)	['bae]
toilet (het)	toaletă (f)	[toa'lete]

plafond (het)	pod (n)	[pod]
vloer (de)	podea (f)	[po'dʲa]
hoek (de)	colț (n)	[kolts]

94. Appartement. Schoonmaken

schoonmaken (ww)	a face ordine	[a 'fatʃe 'ordine]
opbergen (in de kast, enz.)	a strânge	[a 'strɨndʒe]
stof (het)	praf (n)	[praf]
stoffig (bn)	prăfuit	[prəfu'it]
stoffen (ww)	a şterge praful	[a 'ʃterdʒe 'praful]
stofzuiger (de)	aspirator (n)	[aspira'tor]
stofzuigen (ww)	a da cu aspiratorul	[a da ku aspira'torul]

vegen (de vloer ~)	a mătura	[a mətu'ra]
veegsel (het)	gunoi (n)	[gu'noj]
orde (de)	ordine (f)	['ordine]
wanorde (de)	dezordine (f)	[de'zordine]

zwabber (de)	teu (n)	['teu]
poetsdoek (de)	cârpă (f)	['kɨrpə]
veger (de)	mătură (f)	['məturə]
stofblik (het)	făraş (n)	[fə'raʃ]

95. Meubels. Interieur

meubels (mv.)	mobilă (f)	['mobilə]
tafel (de)	masă (f)	['masə]
stoel (de)	scaun (n)	['skaun]
bed (het)	pat (n)	[pat]
bankstel (het)	divan (n)	[di'van]
fauteuil (de)	fotoliu (n)	[fo'tolju]

boekenkast (de)	dulap (n) de cărţi	[du'lap de kərts]
boekenrek (het)	raft (n)	[raft]

kledingkast (de)	dulap (n) de haine	[du'lap de 'hajne]
kapstok (de)	cuier (n) perete	[ku'jer pe'rete]
staande kapstok (de)	cuier (n) pom	[ku'jer pom]

commode (de)	comodă (f)	[ko'modə]
salontafeltje (het)	măsuţă (f)	[mə'sutsə]

spiegel (de)	oglindă (f)	[og'lində]
tapijt (het)	covor (n)	[ko'vor]
tapijtje (het)	carpetă (f)	[kar'petə]

haard (de)	şemineu (n)	[ʃəmi'neu]
kaars (de)	lumânare (f)	[lumɨ'nare]
kandelaar (de)	sfeşnic (n)	['sfeʃnik]

gordijnen (mv.)	draperii (f pl)	[drape'rij]
behang (het)	tapet (n)	[ta'pet]
jaloezie (de)	jaluzele (f pl)	[ʒalu'zele]

bureaulamp (de)	lampă (f) de birou	['lampə de bi'rou]
wandlamp (de)	lampă (f)	['lampə]

staande lamp (de)	lampă (f) cu picior	['lampə ku pi'tʃior]
luchter (de)	lustră (f)	['lustrə]

poot (ov. een tafel, enz.)	picior (n)	[pi'tʃior]
armleuning (de)	braţ (n) la fotoliu	['braʦ la fo'tolju]
rugleuning (de)	spătar (n)	[spə'tar]
la (de)	sertar (n)	[ser'tar]

96. Beddengoed

beddengoed (het)	lenjerie (f)	[lenʒe'rie]
kussen (het)	pernă (f)	['pernə]
kussenovertrek (de)	faţă (f) de pernă	['faʦə de 'pernə]
deken (de)	plapumă (f)	['plapumə]
laken (het)	cearşaf (n)	[tʃar'ʃaf]
sprei (de)	pătură (f)	[pəturə]

97. Keuken

keuken (de)	bucătărie (f)	[bukətə'rie]
gas (het)	gaz (n)	[gaz]
gasfornuis (het)	aragaz (n)	[ara'gaz]
elektrisch fornuis (het)	plită (f) electrică	['plite e'lektrikə]
oven (de)	cuptor (n)	[kup'tor]
magnetronoven (de)	cuptor (n) cu microunde	[kup'tor ku mikro'unde]

koelkast (de)	frigider (n)	[fridʒi'der]
diepvriezer (de)	congelator (n)	[kondʒela'tor]
vaatwasmachine (de)	maşină (f) de spălat vase	[ma'ʃinə de spə'lat 'vase]

vleesmolen (de)	maşină (f) de tocat carne	[ma'ʃinə de to'kat 'karne]
vruchtenpers (de)	storcător (n)	[storkə'tor]
toaster (de)	prăjitor (n) de pâine	[prəʒi'tor de 'pine]
mixer (de)	mixer (n)	['mikser]

koffiemachine (de)	fierbător (n) de cafea	[fierbə'tor de ka'fʲa]
koffiepot (de)	ibric (n)	[i'brik]
koffiemolen (de)	râşniţă (f) de cafea	['riʃniʦə de ka'fʲa]

fluitketel (de)	ceainic (n)	['tʃajnik]
theepot (de)	ceainic (n)	['tʃajnik]
deksel (de/het)	capac (n)	[ka'pak]
theezeefje (het)	strecurătoare (f)	[strekurəto'are]

lepel (de)	lingură (f)	['lingurə]
theelepeltje (het)	linguriţă (f) de ceai	[lingu'riʦe de tʃaj]
eetlepel (de)	lingură (f)	['lingurə]
vork (de)	furculiţă (f)	[furku'liʦə]
mes (het)	cuţit (n)	[ku'ʦit]

vaatwerk (het)	vase (n pl)	['vase]
bord (het)	farfurie (f)	[farfu'rie]

schoteltje (het)	farfurioară (f)	[farfurio'arə]
likeurglas (het)	păhărel (n)	[pəhə'rel]
glas (het)	pahar (n)	[pa'har]
kopje (het)	ceaşcă (f)	['tʃaʃkə]

suikerpot (de)	zaharniţă (f)	[za'harnitsə]
zoutvat (het)	solniţă (f)	['solnitsə]
pepervat (het)	piperniţă (f)	[pi'pernitsə]
boterschaaltje (het)	untieră (f)	[un'tjerə]

pan (de)	cratiţă (f)	['kratitsə]
bakpan (de)	tigaie (f)	[ti'gae]
pollepel (de)	polonic (n)	[polo'nik]
vergiet (de/het)	strecurătoare (f)	[strekurəto'are]
dienblad (het)	tavă (f)	['tave]

fles (de)	sticlă (f)	['stiklə]
glazen pot (de)	borcan (n)	[bor'kan]
blik (conserven~)	cutie (f)	[ku'tie]

flesopener (de)	deschizător (n) de sticle	[deskize'tor de 'stikle]
blikopener (de)	deschizător (n) de conserve	[deskize'tor de kon'serve]
kurkentrekker (de)	tirbuşon (n)	[tirbu'ʃon]
filter (de/het)	filtru (n)	['filtru]
filteren (ww)	a filtra	[a fil'tra]

| huisvuil (het) | gunoi (n) | [gu'noj] |
| vuilnisemmer (de) | coş (n) de gunoi | [koʃ de gu'noj] |

98. Badkamer

badkamer (de)	baie (f)	['bae]
water (het)	apă (f)	['apə]
kraan (de)	robinet (n)	[robi'net]
warm water (het)	apă (f) fierbinte	['ape fjer'binte]
koud water (het)	apă (f) rece	['ape 'retʃe]

| tandpasta (de) | pastă (f) de dinţi | ['paste de dintsʲ] |
| tanden poetsen (ww) | a se spăla pe dinţi | [a se spə'la pe dintsʲ] |

zich scheren (ww)	a se bărbieri	[a se bərbie'ri]
scheercrème (de)	spumă (f) de ras	['spume de 'ras]
scheermes (het)	brici (n)	['britʃi]

wassen (ww)	a spăla	[a spə'la]
een bad nemen	a se spăla	[a se spə'la]
douche (de)	duş (n)	[duʃ]
een douche nemen	a face duş	[a 'fatʃe duʃ]

bad (het)	cadă (f)	['kadə]
toiletpot (de)	closet (n)	[klo'set]
wastafel (de)	chiuvetă (f)	[kju'vetə]
zeep (de)	săpun (n)	[sə'pun]
zeepbakje (het)	săpunieră (f)	[səpu'njerə]

spons (de)	burete (n)	[bu'rete]
shampoo (de)	şampon (n)	[ʃam'pon]
handdoek (de)	prosop (n)	[pro'sop]
badjas (de)	halat (n)	[ha'lat]

was (bijv. handwas)	spălat (n)	[spə'lat]
wasmachine (de)	maşină (f) de spălat	[ma'ʃinə de spə'lat]
de was doen	a spăla haine	[a spə'la 'hajne]
waspoeder (de)	detergent (n)	[deter'dʒent]

99. Huishoudelijke apparaten

televisie (de)	televizor (n)	[televi'zor]
cassettespeler (de)	casetofon (n)	[kaseto'fon]
videorecorder (de)	videomagnetofon (n)	[videomagneto'fon]
radio (de)	aparat (n) de radio	[apa'rat de 'radio]
speler (de)	CD player (n)	[si'di 'pleer]

videoprojector (de)	proiector (n) video	[proek'tor 'video]
home theater systeem (het)	sistem (n) home cinema	[sis'tem 'houm 'sinema]
DVD-speler (de)	DVD-player (n)	[divi'di 'pleer]
versterker (de)	amplificator (n)	[amplifi'kator]
spelconsole (de)	consolă (f) de jocuri	[kon'solə de 'ʒokurʲ]

videocamera (de)	cameră (f) video	['kamerə 'video]
fotocamera (de)	aparat (n) foto	[apa'rat 'foto]
digitale camera (de)	aparat (n) foto digital	[apa'rat 'foto didʒi'tal]

stofzuiger (de)	aspirator (n)	[aspira'tor]
strijkijzer (het)	fier (n) de călcat	[fier de kəl'kat]
strijkplank (de)	masă (f) de călcat	['masə de kəl'kat]

telefoon (de)	telefon (n)	[tele'fon]
mobieltje (het)	telefon (n) mobil	[tele'fon mo'bil]
schrijfmachine (de)	maşină (f) de scris	[ma'ʃinə de skris]
naaimachine (de)	maşină (f) de cusut	[ma'ʃine de ku'sut]

microfoon (de)	microfon (n)	[mikro'fon]
koptelefoon (de)	căşti (f pl)	[kəʃtʲ]
afstandsbediening (de)	telecomandă (f)	[teleko'mandə]

CD (de)	CD (n)	[si'di]
cassette (de)	casetă (f)	[ka'setə]
vinylplaat (de)	placă (f)	['plakə]

100. Reparaties. Renovatie

renovatie (de)	reparaţie (f)	[repa'ratsie]
renoveren (ww)	a face reparaţie	[a 'fatʃe repa'ratsie]
repareren (ww)	a repara	[a repa'ra]
op orde brengen	a pune în ordine	[a 'pune in 'ordine]
overdoen (ww)	a reface	[a re'fatʃe]

verf (de)	vopsea (f)	[vop's'a]
verven (muur ~)	a vopsi	[a vop'si]
schilder (de)	zugrav (m)	[zu'grav]
kwast (de)	pensulă (f)	['pensulə]

| kalk (de) | var (n) | [var] |
| kalken (ww) | a vărui | [a vəru'i] |

behang (het)	tapet (n)	[ta'pet]
behangen (ww)	a tapeta	[a tape'ta]
lak (de/het)	lac (n)	[lak]
lakken (ww)	a lăcui	[a ləku'i]

101. Loodgieterswerk

water (het)	apă (f)	['apə]
warm water (het)	apă (f) fierbinte	['apə fjer'binte]
koud water (het)	apă (f) rece	['apə 'retʃe]
kraan (de)	robinet (n)	[robi'net]

druppel (de)	picătură (f)	[pikə'turə]
druppelen (ww)	a picura	[a piku'ra]
lekken (een lek hebben)	a curge	[a 'kurdʒe]
lekkage (de)	scurgere (f)	['skurdʒere]
plasje (het)	baltă (f)	['baltə]

buis, leiding (de)	țeavă (f)	['ts'avə]
stopkraan (de)	ventil (n)	[ven'til]
verstopt raken (ww)	a se înfunda	[a se infun'da]

gereedschap (het)	instrumente (n pl)	[instru'mente]
Engelse sleutel (de)	cheie (f) reglabilă	['kee re'glabilə]
losschroeven (ww)	a deșuruba	[a deʃuru'ba]
aanschroeven (ww)	a înșuruba	[a inʃuru'ba]

ontstoppen (riool, enz.)	a curăța	[a kurə'tsa]
loodgieter (de)	instalator (m)	[instala'tor]
kelder (de)	subsol (n)	[sub'sol]
riolering (de)	canalizare (f)	[kanali'zare]

102. Brand. Vuurzee

brand (de)	foc (n)	[fok]
vlam (de)	flacără (f)	['flakərə]
vonk (de)	scânteie (f)	[skin'tee]
rook (de)	fum (n)	[fum]
fakkel (de)	făclie (f)	[fək'lie]
kampvuur (het)	foc (n)	[fok]

benzine (de)	benzină (f)	[ben'zinə]
kerosine (de)	petrol (n)	[pe'trol]
brandbaar (bn)	inflamabil	[infla'mabil]

ontplofbaar (bn)	**explozibil**	[eksplo'zibil]
VERBODEN TE ROKEN!	**NU FUMAŢI!**	[nu fu'mats]
veiligheid (de)	**siguranţă** (f)	[sigu'rantsə]
gevaar (het)	**pericol** (n)	[pe'rikol]
gevaarlijk (bn)	**periculos**	[periku'los]
in brand vliegen (ww)	**a lua foc**	[a lu'a 'fok]
explosie (de)	**explozie** (f)	[eks'plozie]
in brand steken (ww)	**a incendia**	[a intʃendi'a]
brandstichter (de)	**incendiator** (m)	[intʃendia'tor]
brandstichting (de)	**incendiere** (f)	[intʃen'djere]
vlammen (ww)	**a arde cu flăcări mari**	[a 'arde ku fləkə'ri 'mari]
branden (ww)	**a arde**	[a 'arde]
afbranden (ww)	**a arde din temelie**	[a 'arde din teme'lie]
brandweerman (de)	**pompier** (m)	[pom'pjer]
brandweerwagen (de)	**maşină** (f) **de pompieri**	[ma'ʃinə de pom'pjeri]
brandweer (de)	**echipă** (f) **de pompieri**	[ekipə de pom'pjeri]
uitschuifbare ladder (de)	**scară** (f) **de incendiu**	['skarə de in'tʃendju]
brandslang (de)	**furtun** (n)	[fur'tun]
brandblusser (de)	**stingător** (n)	[stinge'tor]
helm (de)	**cască** (f)	['kaskə]
sirene (de)	**sirenă** (f)	[si'renə]
roepen (ww)	**a striga**	[a stri'ga]
hulp roepen	**a chema în ajutor**	[a ke'ma in aʒu'tor]
redder (de)	**salvator** (m)	[salva'tor]
redden (ww)	**a salva**	[a sal'va]
aankomen (per auto, enz.)	**a veni**	[a ve'ni]
blussen (ww)	**a stinge**	[a 'stindʒe]
water (het)	**apă** (f)	['apə]
zand (het)	**nisip** (n)	[ni'sip]
ruïnes (mv.)	**ruine** (f pl)	[ru'ine]
instorten (gebouw, enz.)	**a se prăbuşi**	[a se prəbu'ʃi]
ineenstorten (ww)	**a se dărâma**	[a se dəri'ma]
inzakken (ww)	**a se surpa**	[a se sur'pa]
brokstuk (het)	**dărâmătură** (f)	[dərəmə'turə]
as (de)	**scrum** (n)	[skrum]
verstikken (ww)	**a se sufoca**	[a se sufo'ka]
omkomen (ww)	**a deceda**	[a detʃe'da]

MENSELIJKE ACTIVITEITEN

Baan. Business. Deel 1

103. Kantoor. Op kantoor werken

kantoor (het)	oficiu (n)	[o'fitʃiu]
kamer (de)	cabinet (n)	[kabi'net]
receptie (de)	recepţie (f)	[re'tʃeptsie]
secretaris (de)	secretar (m)	[sekre'tar]
directeur (de)	director (m)	[di'rektor]
manager (de)	manager (m)	['menedʒə]
boekhouder (de)	contabil (f)	[kon'tabil]
werknemer (de)	colaborator (m)	[kolabora'tor]
meubilair (het)	mobilă (f)	['mobilə]
tafel (de)	masă (f)	['masə]
bureaustoel (de)	fotoliu (n)	[fo'tolju]
ladeblok (het)	noptieră (f)	[nop'tjerə]
kapstok (de)	cuier (n) pom	[ku'jer pom]
computer (de)	calculator (n)	[kalkula'tor]
printer (de)	imprimantă (f)	[impri'mantə]
fax (de)	fax (n)	[faks]
kopieerapparaat (het)	copiator (n)	[kopia'tor]
papier (het)	hârtie (f)	[hɨr'tie]
kantoorartikelen (mv.)	rechizite (n pl) de birou	[reki'zite de bi'rou]
muismat (de)	pad (n)	[pad], [pəd]
blad (het)	foaie (f)	[fo'ae]
ordner (de)	mapă (f)	['mapə]
catalogus (de)	catalog (n)	[kata'log]
telefoongids (de)	îndrumar (n)	[ɨndru'mar]
documentatie (de)	documentaţie (f)	[dokumen'tatsie]
brochure (de)	broşură (f)	[bro'ʃurə]
flyer (de)	foaie (f)	[fo'ae]
monster (het), staal (de)	model (n)	[mo'del]
training (de)	trening (n)	['trening]
vergadering (de)	şedinţă (f)	[ʃe'dintsə]
lunchpauze (de)	pauză (f) de prânz	['pauzə de 'prɨnz]
een kopie maken	a face copie	[a 'fatʃe 'kopie]
de kopieën maken	a multiplica	[a multipli'ka]
een fax ontvangen	a primi fax	[a pri'mi 'faks]
een fax versturen	a trimite fax	[a tri'mite 'faks]
opbellen (ww)	a suna	[a su'na]

antwoorden (ww)	a răspunde	[a res'punde]
doorverbinden (ww)	a face legătura	[a 'fatʃe legə'tura]

afspreken (ww)	a stabili	[a stabi'li]
demonstreren (ww)	a demonstra	[a demonst'ra]
absent zijn (ww)	a lipsi	[a lip'si]
afwezigheid (de)	lipsă (f)	['lipsə]

104. Bedrijfsprocessen. Deel 1

zaak (de), beroep (het)	ocupație (f)	[oku'patsie]
firma (de)	firmă (f)	['firmə]
bedrijf (maatschap)	companie (f)	[kompa'nie]
corporatie (de)	corporație (f)	[korpo'ratsie]
onderneming (de)	întreprindere (f)	[intre'prindere]
agentschap (het)	agenție (f)	[adʒen'tsie]

overeenkomst (de)	acord (n)	[a'kord]
contract (het)	contract (n)	[kon'trakt]
transactie (de)	afacere (f)	[a'fatʃere]
bestelling (de)	comandă (f)	[ko'mandə]
voorwaarde (de)	condiție (f)	[kon'ditsie]

in het groot (bw)	en-gros	[an'gro]
groothandels- (abn)	en-gros	[an'gro]
groothandel (de)	vânzare (f) en-gros	[vin'zare an'gro]
kleinhandels- (abn)	cu bucata	[ku bu'kata]
kleinhandel (de)	vânzare (f) cu bucata	[vin'zare ku bu'kata]

concurrent (de)	concurent (m)	[konku'rent]
concurrentie (de)	concurență (f)	[konku'rentsə]
concurreren (ww)	a concura	[a konku'ra]

partner (de)	partener (m)	[parte'ner]
partnerschap (het)	parteneriat (n)	[parteneri'at]

crisis (de)	criză (f)	['krizə]
bankroet (het)	faliment (n)	[fali'ment]
bankroet gaan (ww)	a da faliment	[a da fali'ment]
moeilijkheid (de)	dificultate (f)	[difikul'tate]
probleem (het)	problemă (f)	[pro'blemə]
catastrofe (de)	catastrofă (f)	[katas'trofə]

economie (de)	economie (f)	[ekono'mie]
economisch (bn)	economic	[eko'nomik]
economische recessie (de)	scădere (f) economică	[skə'dere eko'nomikə]

doel (het)	scop (n)	[skop]
taak (de)	obiectiv (n)	[objek'tiv]

handelen (handel drijven)	a face comerț	[a 'fatʃe ko'merts]
netwerk (het)	rețea (f)	[re'tsʲa]
voorraad (de)	depozit (n)	[de'pozit]
assortiment (het)	sortiment (n)	[sorti'ment]

leider (de)	lider (m)	['lider]
groot (bn)	mare	['mare]
monopolie (het)	monopol (n)	[mono'pol]

theorie (de)	teorie (f)	[teo'rie]
praktijk (de)	practică (f)	['praktikə]
ervaring (de)	experiență (f)	[ekspe'rjentsə]
tendentie (de)	tendință (f)	[ten'dintsə]
ontwikkeling (de)	dezvoltare (f)	[dezvol'tare]

105. Bedrijfsprocessen. Deel 2

| voordeel (het) | profit (n) | [pro'fit] |
| voordelig (bn) | profitabil | [profi'tabil] |

delegatie (de)	delegație (f)	[dele'gatsie]
salaris (het)	salariu (n)	[sa'larju]
corrigeren (fouten ~)	a corecta	[a korek'ta]
zakenreis (de)	deplasare (f)	[depla'sare]
commissie (de)	comisie (f)	[ko'misie]

controleren (ww)	a controla	[a kontro'la]
conferentie (de)	conferință (f)	[konfe'rintsə]
licentie (de)	licență (f)	[li'tfentsə]
betrouwbaar (partner, enz.)	de încredere	[de in'kredere]

aanzet (de)	început (n)	[intfe'put]
norm (bijv. ~ stellen)	normă (f)	['norme]
omstandigheid (de)	circumstanță (f)	[tfirkum'stantsə]
taak, plicht (de)	obligație (f)	[obli'gatsie]

organisatie (bedrijf, zaak)	organizație (f)	[organi'zatsie]
organisatie (proces)	organizare (f)	[organi'zare]
georganiseerd (bn)	organizat	[organi'zat]
afzegging (de)	contramandare (f)	[kontraman'dare]
afzeggen (ww)	a anula	[a anu'la]
verslag (het)	raport (n)	[ra'port]

patent (het)	brevet (f)	[bre'vet]
patenteren (ww)	a breveta	[a breve'ta]
plannen (ww)	a planifica	[a planifi'ka]

premie (de)	primă (f)	['primə]
professioneel (bn)	profesional	[profesio'nal]
procedure (de)	procedură (f)	[protfe'durə]

onderzoeken (contract, enz.)	a examina	[a ekzami'na]
berekening (de)	calcul (n)	['kalkul]
reputatie (de)	reputație (f)	[repu'tatsie]
risico (het)	risc (n)	[risk]

beheren (managen)	a conduce	[a kon'dutfe]
informatie (de)	informații (f pl)	[infor'matsij]
eigendom (bezit)	proprietate (f)	[proprie'tate]

unie (de)	alianţă (f)	[ali'antsə]
levensverzekering (de)	asigurare (f) de viaţă	[asigu'rare de 'vjatsə]
verzekeren (ww)	a asigura	[a asigu'ra]
verzekering (de)	asigurare (f)	[asigu'rare]
veiling (de)	licitaţie (f)	[litʃi'tatsie]
verwittigen (ww)	a înştiinţa	[a inʃtiin'tsa]
beheer (het)	conducere (f)	[kon'dutʃere]
dienst (de)	serviciu (n)	[ser'vitʃiu]
forum (het)	for (n)	[for]
functioneren (ww)	a funcţiona	[a funktsio'na]
stap, etappe (de)	etapă (f)	[e'tapə]
juridisch (bn)	juridic	[ʒu'ridik]
jurist (de)	jurist (m)	[ʒu'rist]

106. Productie. Werken

industriële installatie (fabriek)	uzină (f)	[u'zinə]
fabriek (de)	fabrică (f)	['fabrikə]
werkplaatsruimte (de)	atelier (n)	[ate'ljer]
productielocatie (de)	fabricaţie (f)	[fabri'katsie]
industrie (de)	industrie (f)	[in'dustrie]
industrieel (bn)	industrial	[industri'al]
zware industrie (de)	industrie (f) grea	[in'dustrie gr'a]
lichte industrie (de)	industrie (f) uşoară	[in'dustrie uʃo'arə]
productie (de)	producţie (f)	[pro'duktsie]
produceren (ww)	a produce	[a pro'dutʃe]
grondstof (de)	materie (f) primă	[ma'terie 'primə]
voorman, ploegbaas (de)	şef (m) de brigadă	[ʃef de bri'gadə]
ploeg (de)	brigadă (f)	[bri'gadə]
arbeider (de)	muncitor (m)	[muntʃi'tor]
werkdag (de)	zi (f) lucrătoare	['zi lukrəto'are]
pauze (de)	pauză (f)	['pauzə]
samenkomst (de)	adunare (f)	[adu'nare]
bespreken (spreken over)	a discuta	[a disku'ta]
plan (het)	plan (n)	[plan]
het plan uitvoeren	a îndeplini planul	[a indepli'ni 'planul]
productienorm (de)	normă (f)	['normə]
kwaliteit (de)	calitate (f)	[kali'tate]
controle (de)	control (n)	[kon'trol]
kwaliteitscontrole (de)	controlul (n) calităţii	[kon'trolul kali'tətsij]
arbeidsveiligheid (de)	protecţia (f) muncii	[pro'tektsija 'muntʃij]
discipline (de)	disciplină (f)	[distʃi'plinə]
overtreding (de)	încălcare (f)	[inkəl'kare]
overtreden (ww)	a încălca	[a inkəl'ka]
staking (de)	grevă (f)	['grevə]
staker (de)	grevist (m)	[gre'vist]

| staken (ww) | a face grevă | [a 'fatʃe 'grevə] |
| vakbond (de) | sindicat (n) | [sindi'kat] |

uitvinden (machine, enz.)	a inventa	[a inven'ta]
uitvinding (de)	invenţie (f)	[in'ventsie]
onderzoek (het)	cercetare (f)	[tʃertʃe'tare]
verbeteren (beter maken)	a îmbunătăţi	[a imbunətə'tsi]
technologie (de)	tehnologie (f)	[tehnolo'dʒie]
technische tekening (de)	plan (n)	[plan]

vracht (de)	încărcătură (f)	[inkərkə'turə]
lader (de)	hamal (m)	[ha'mal]
laden (vrachtwagen)	a încărca	[a inkər'ka]
laden (het)	încărcătură (f)	[inkərkə'turə]
lossen (ww)	a descărca	[a deskər'ka]
lossen (het)	descărcare (f)	[deskər'kare]

transport (het)	transport (n)	[trans'port]
transportbedrijf (de)	companie (f) de transport	[kompa'nie de trans'port]
transporteren (ww)	a transporta	[a transpor'ta]

goederenwagon (de)	vagon (n) marfar	[va'gon mar'far]
tank (bijv. ketelwagen)	cisternă (f)	[tʃis'ternə]
vrachtwagen (de)	autocamion (n)	[autoka'mjon]

| machine (de) | maşină-unealtă (f) | [ma'ʃinə u'nʲaltə] |
| mechanisme (het) | mecanism (n) | [meka'nizm] |

industrieel afval (het)	deşeuri (n pl)	[de'ʃeurʲ]
verpakking (de)	ambalare (f)	[amba'lare]
verpakken (ww)	a ambala	[a amba'la]

107. Contract. Overeenstemming

contract (het)	contract (n)	[kon'trakt]
overeenkomst (de)	contract (f)	[kon'trakt]
bijlage (de)	anexă (f)	[a'neksə]

een contract sluiten	a încheia un contract	[a inke'ja un kon'trakt]
handtekening (de)	semnătură (f)	[semnə'turə]
ondertekenen (ww)	a semna	[a sem'na]
stempel (de)	ştampilă (f)	[ʃtam'pilə]

voorwerp (het) van de overeenkomst	obiectul (n) contractului	[o'bjektul kon'traktuluj]
clausule (de)	paragraf (n)	[para'graf]
partijen (mv.)	părţi (f pl)	[pərtsʲ]
vestigingsadres (het)	adresă (f) juridică	[a'dresə ʒu'ridikə]

het contract verbreken (overtreden)	a încălca contractul	[a inkəl'ka kon'traktul]
verplichting (de)	obligaţie (f)	[obli'gatsie]
verantwoordelijkheid (de)	răspundere (f)	[rəs'pundere]
overmacht (de)	forţe (f pl) majore	['fortse ma'ʒore]

| geschil (het) | dispută (f) | [dis'putə] |
| sancties (mv.) | sancţiuni (f pl) | [sanktsi'unʲ] |

108. Import & Export

import (de)	import (n)	[im'port]
importeur (de)	importator (m)	[importa'tor]
importeren (ww)	a importa	[a impor'ta]
import- (abn)	din import	[din im'port]

| exporteur (de) | exportator (m) | [eksporta'tor] |
| exporteren (ww) | a exporta | [a ekspor'ta] |

| goederen (mv.) | marfă (f) | ['marfə] |
| partij (de) | lot (n) | [lot] |

gewicht (het)	greutate (f)	[greu'tate]
volume (het)	volum (n)	[vo'lum]
kubieke meter (de)	metru (m) cub	['metru 'kub]

producent (de)	producător (m)	[produke'tor]
transportbedrijf (de)	companie (f) de transport	[kompa'nie de trans'port]
container (de)	container (m)	[kon'tajner]

grens (de)	graniţă (f)	['granitsə]
douane (de)	vamă (f)	['vamə]
douanerecht (het)	taxă (f) vamală	['taksə va'malə]
douanier (de)	vameş (m)	['vameʃ]
smokkelen (het)	contrabandă (f)	[kontra'bandə]
smokkelwaar (de)	contrabandă (f)	[kontra'bandə]

109. Financiën

aandeel (het)	acţiune (f)	[aktsi'une]
obligatie (de)	obligaţie (f)	[obli'gatsie]
wissel (de)	poliţă (f)	['politsə]

| beurs (de) | bursă (f) | ['bursə] |
| aandelenkoers (de) | cursul (n) acţiunii | ['kursul aktsi'unij] |

| dalen (ww) | a se ieftini | [a se efti'ni] |
| stijgen (ww) | a se scumpi | [a se skum'pi] |

meerderheidsbelang (het)	pachet (n) de control	[pa'ket de kon'trol]
investeringen (mv.)	investiţii (f pl)	[inves'titsij]
investeren (ww)	a investi	[a inves'ti]
procent (het)	procent (n)	[pro'tʃent]
rente (de)	dobândă (f)	[do'bɨndə]

winst (de)	profit (n)	[pro'fit]
winstgevend (bn)	profitabil	[profi'tabil]
belasting (de)	impozit (n)	[im'pozit]

valuta (vreemde ~)	valută (f)	[va'lutə]
nationaal (bn)	naţional	[natsio'nal]
ruil (de)	schimb (n)	[skimb]

| boekhouder (de) | contabil (m) | [kon'tabil] |
| boekhouding (de) | contabilitate (f) | [kontabili'tate] |

bankroet (het)	faliment (n)	[fali'ment]
ondergang (de)	faliment (n)	[fali'ment]
faillissement (het)	faliment (n)	[fali'ment]
geruïneerd zijn (ww)	a falimenta	[a falimen'ta]
inflatie (de)	inflaţie (f)	[in'flatsie]
devaluatie (de)	devalorizare (f)	[devalori'zare]

kapitaal (het)	capital (n)	[kapi'tal]
inkomen (het)	venit (n)	[ve'nit]
omzet (de)	rotaţie (f)	[ro'tatsie]
middelen (mv.)	resurse (f pl)	[re'surse]
financiële middelen (mv.)	mijloace (n pl) băneşti	[miʒlo'atʃe bə'neʃtʲ]
reduceren (kosten ~)	a reduce	[a re'dutʃe]

110. Marketing

marketing (de)	marketing (n)	['marketing]
markt (de)	piaţă (f)	['pjatsə]
marktsegment (het)	segment (n) de piaţă	[seg'ment de 'pjatsə]
product (het)	produs (n)	[pro'dus]
goederen (mv.)	marfă (f)	['marfə]

handelsmerk (het)	marcă (f) comercială	['markə komertʃi'alə]
beeldmerk (het)	logotip (n)	[logo'tip]
logo (het)	logo (m)	['logo]

vraag (de)	cerere (f)	['tʃerere]
aanbod (het)	ofertă (f)	[o'fertə]
behoefte (de)	necesitate (f)	[netʃesi'tate]
consument (de)	consumator (m)	[konsu'mator]

analyse (de)	analiză (f)	[ana'lizə]
analyseren (ww)	a analiza	[a anali'za]
positionering (de)	poziţionare (f)	[pozitsio'nare]
positioneren (ww)	a poziţiona	[a pozitsio'na]

prijs (de)	preţ (n)	[prets]
prijspolitiek (de)	politica (f) preţurilor	[po'litika 'pretsurilor]
prijsvorming (de)	stabilirea (f) preţurilor	[stabi'lirʲa 'pretsurilor]

111. Reclame

reclame (de)	reclamă (f)	[re'klamə]
adverteren (ww)	a face reclamă	[a 'fatʃe re'klamə]
budget (het)	buget (n)	[bu'dʒet]

advertentie, reclame (de)	reclamă (f)	[re'klamə]
TV-reclame (de)	publicitate (f) TV	[publitʃi'tate te've]
radioreclame (de)	publicitate (f) radio	[publitʃi'tate 'radio]
buitenreclame (de)	reclamă (f) exterioară	[re'klamə eksterio'arə]
massamedia (de)	mass-media (f)	['mas 'media]
periodiek (de)	ediție (f) periodică	[e'ditsie peri'odikə]
imago (het)	imagine (f)	[i'madʒine]
slagzin (de)	lozincă (f)	[lo'zinkə]
motto (het)	deviză (f)	[de'vizə]
campagne (de)	campanie (f)	[kam'panie]
reclamecampagne (de)	campanie (f) publicitară	[kam'panie publitʃi'tarə]
doelpubliek (het)	grup (n) ţintă	[grup 'tsintə]
visitekaartje (het)	carte (f) de vizită	['karte de 'vizitə]
flyer (de)	foaie (f)	[fo'ae]
brochure (de)	broşură (f)	[bro'ʃurə]
folder (de)	pliant (n)	[pli'ant]
nieuwsbrief (de)	buletin (n)	[bule'tin]
gevelreclame (de)	firmă (f)	['firmə]
poster (de)	afiş (n)	[a'fiʃ]
aanplakbord (het)	panou (n)	[pa'nou]

112. Bankieren

bank (de)	bancă (f)	['bankə]
bankfiliaal (het)	sucursală (f)	[sukur'salə]
bankbediende (de)	consultant (m)	[konsul'tant]
manager (de)	director (m)	[di'rektor]
bankrekening (de)	cont (n)	[kont]
rekeningnummer (het)	numărul (n) contului	['numərul 'kontuluj]
lopende rekening (de)	cont (n) curent	[kont ku'rent]
spaarrekening (de)	cont (n) de acumulare	[kont de akumu'lare]
een rekening openen	a deschide un cont	[a des'kide un kont]
de rekening sluiten	a închide contul	[a i'nkide 'kontul]
op rekening storten	a pune în cont	[a 'pune in 'kont]
opnemen (ww)	a extrage din cont	[a eks'tradʒe din kont]
storting (de)	depozit (n)	[de'pozit]
een storting maken	a depune	[a de'pune]
overschrijving (de)	transfer (n)	[trans'fer]
een overschrijving maken	a transfera	[a transfe'ra]
som (de)	sumă (f)	['sumə]
Hoeveel?	Cât?	[kɨt]
handtekening (de)	semnătură (f)	[semnə'turə]
ondertekenen (ww)	a semna	[a sem'na]

kredietkaart (de)	carte (f) de credit	['karte de 'kredit]
code (de)	cod (n)	[kod]
kredietkaartnummer (het)	numărul (n) cărții de credit	['numərul kərtsij de 'kredit]
geldautomaat (de)	bancomat (n)	[banko'mat]

cheque (de)	cec (n)	[tʃek]
een cheque uitschrijven	a scrie un cec	[a 'skrie un tʃek]
chequeboekje (het)	carte (f) de cecuri	['karte de 'tʃekurⁱ]

lening, krediet (de)	credit (n)	['kredit]
een lening aanvragen	a solicita un credit	[a solitʃi'ta pe 'kredit]
een lening nemen	a lua pe credit	[a lu'a pe 'kredit]
een lening verlenen	a acorda credit	[a akor'da 'kredit]
garantie (de)	garanție (f)	[garan'tsie]

113. Telefoon. Telefoongesprek

telefoon (de)	telefon (n)	[tele'fon]
mobieltje (het)	telefon (n) mobil	[tele'fon mo'bil]
antwoordapparaat (het)	răspuns (n) automat	[rəs'puns auto'mat]

bellen (ww)	a suna, a telefona	[a su'na], [a tele'fona]
belletje (telefoontje)	apel (n), convorbire (f)	[a'pel], [konvor'bire]

een nummer draaien	a forma un număr	[a for'ma un 'numər]
Hallo!	Alo!	[a'lo]
vragen (ww)	a întreba	[a intre'ba]
antwoorden (ww)	a răspunde	[a rəs'punde]

horen (ww)	a auzi	[a au'zi]
goed (bw)	bine	['bine]
slecht (bw)	rău	['rəu]
storingen (mv.)	bruiaj (n)	[bru'jaʒ]

hoorn (de)	receptor (n)	[retʃep'tor]
opnemen (ww)	a lua receptorul	[a lu'a retʃep'torul]
ophangen (ww)	a pune receptorul	[a 'pune retʃep'torul]

bezet (bn)	ocupat	[oku'pat]
overgaan (ww)	a suna	[a su'na]
telefoonboek (het)	carte (f) de telefon	['karte de tele'fon]

lokaal (bn)	local	[lo'kal]
interlokaal (bn)	interurban	[interur'ban]
buitenlands (bn)	internațional	[internatsio'nal]

114. Mobiele telefoon

mobieltje (het)	telefon (n) mobil	[tele'fon mo'bil]
scherm (het)	ecran (n)	[e'kran]
toets, knop (de)	buton (n)	[bu'ton]
simkaart (de)	cartelă (f) SIM	[kar'telə 'sim]

batterij (de)	baterie (f)	[bate'rie]
leeg zijn (ww)	a se descărca	[a se deskər'ka]
acculader (de)	încărcător (m)	[inkərkə'tor]

menu (het)	meniu (n)	[me'nju]
instellingen (mv.)	setări (f)	[se'tərʲ]
melodie (beltoon)	melodie (f)	[melo'die]
selecteren (ww)	a selecta	[a selek'ta]

rekenmachine (de)	calculator (n)	[kalkula'tor]
voicemail (de)	răspuns (n) automat	[rəs'puns auto'mat]
wekker (de)	ceas (n) deşteptător	[tʃas deʃteptə'tor]
contacten (mv.)	carte (f) de telefoane	['karte de telefo'ane]

| SMS-bericht (het) | SMS (n) | [ese'mes] |
| abonnee (de) | abonat (m) | [abo'nat] |

115. Schrijfbehoeften

| balpen (de) | stilou (n) | [sti'lou] |
| vulpen (de) | condei (n) | [kon'dej] |

potlood (het)	creion (n)	[kre'jon]
marker (de)	marcher (n)	['marker]
viltstift (de)	carioca (f)	[kari'okə]

| notitieboekje (het) | carnețel (n) | [karnə'tsəl] |
| agenda (boekje) | agendă (f) | [a'dʒendə] |

liniaal (de/het)	riglă (f)	['riglə]
rekenmachine (de)	calculator (f)	[kalkula'tor]
gom (de)	radieră (f)	[radi'erə]
punaise (de)	piuneză (f)	[pju'nezə]
paperclip (de)	clamă (f)	['klamə]

lijm (de)	lipici (n)	[li'pitʃi]
nietmachine (de)	capsator (n)	[kapsa'tor]
perforator (de)	perforator (n)	[perfo'rator]
potloodslijper (de)	ascuțitoare (f)	[askutsito'are]

116. Verschillende soorten documenten

verslag (het)	raport (n)	[ra'port]
overeenkomst (de)	contract (f)	[kon'trakt]
aanvraagformulier (het)	cerere (f)	['tʃerere]
origineel, authentiek (bn)	autentic	[au'tentik]
badge, kaart (de)	ecuson (n)	[eku'son]
visitekaartje (het)	carte (f) de vizită	['karte de 'vizitə]

certificaat (het)	certificat (n)	[tʃertifi'kat]
cheque (de)	cec (n)	[tʃek]
rekening (in restaurant)	notă (f) de plată	['notə de 'platə]

grondwet (de)	constituţie (f)	[konsti'tutsie]
contract (het)	acord (n)	[a'kord]
kopie (de)	copie (f)	['kopie]
exemplaar (het)	exemplar (n)	[egzem'plar]

douaneaangifte (de)	declaraţie (f)	[dekla'ratsie]
document (het)	act (n)	[akt]
rijbewijs (het)	permis (n) de conducere	[per'mis de kon'dutʃere]
bijlage (de)	anexă (f)	[a'neksə]
formulier (het)	anchetă (f)	[an'ketə]

identiteitskaart (de)	legalizare (f)	[legali'zare]
aanvraag (de)	solicitare (f)	[solitʃi'tare]
uitnodigingskaart (de)	invitaţie (f)	[invi'tatsie]
factuur (de)	factură (f)	[fak'turə]

wet (de)	lege (f)	['ledʒe]
brief (de)	scrisoare (f)	[skriso'are]
briefhoofd (het)	formular (n)	[formu'lar]
lijst (de)	listă (f)	['listə]
manuscript (het)	manuscris (n)	[manu'skris]
nieuwsbrief (de)	buletin (n)	[bule'tin]
briefje (het)	notă (f)	['notə]

pasje (voor personeel, enz.)	autorizaţie (f)	[autori'zatsie]
paspoort (het)	paşaport (n)	[paʃa'port]
vergunning (de)	permis (n) ·	[per'mis]
CV, curriculum vitae (het)	CV (n)	[si'vi]
schuldbekentenis (de)	recipisă (f)	[retʃi'pisə]
kwitantie (de)	chitanţă (f)	[ki'tantsə]
bon (kassabon)	cec (n)	[tʃek]
rapport (het)	raport (n)	[ra'port]

tonen (paspoort, enz.)	a prezenta	[a prezen'ta]
ondertekenen (ww)	a semna	[a sem'na]
handtekening (de)	semnătură (f)	[semnə'turə]
stempel (de)	ştampilă (f)	[ʃtam'pilə]
tekst (de)	text (n)	[tekst]
biljet (het)	bilet (n)	[bi'let]

| doorhalen (doorstrepen) | a tăia | [a tə'ja] |
| invullen (een formulier ~) | a completa | [a komple'ta] |

| vrachtbrief (de) | foaie (f) de însoţire | [fo'ae de inso'tsire] |
| testament (het) | testament (n) | [testa'ment] |

117. Soorten bedrijven

uitzendbureau (het)	agenţie (f) de cadre	[adʒen'tsie de 'kadre]
bewakingsfirma (de)	agenţie (f) de pază	[adʒen'tsie de 'pazə]
persbureau (het)	birou (n) de informaţii	[bi'rou de infor'matsij]
reclamebureau (het)	agenţie (f) de reclamă	[adʒen'tsie de re'klamə]
antiek (het)	anticariat (n)	[antikari'at]
verzekering (de)	asigurare (f) medicală	[asigu'rare medi'kalə]

naaiatelier (het)	atelier (n)	[ate'ljer]
banken (mv.)	afacere (f) bancară	[a'fatʃere ba'nkarə]
bar (de)	bar (n)	[bar]
bouwbedrijven (mv.)	construcție (f)	[kon'struktsie]
juwelen (mv.)	bijuterii (f pl)	[biʒute'rij]
juwelier (de)	bijutier (m)	[biʒu'tjer]

wasserette (de)	spălătorie (f)	[spələto'rie]
alcoholische dranken (mv.)	băuturi (f pl) alcoolice	[bəu'turi alko'olitʃe]
nachtclub (de)	club (n) de noapte	['klub de no'apte]
handelsbeurs (de)	bursă (f)	['bursə]
bierbrouwerij (de)	fabricarea (f) berii	[fabri'karia 'berij]
uitvaartcentrum (het)	pompe (f pl) funebre	['pompe fu'nebre]

casino (het)	cazinou (n)	[kazi'nou]
zakencentrum (het)	centru (n) de afaceri	['tʃentru de a'fatʃeri]
bioscoop (de)	cinematograf (n)	[tʃinemato'graf]
airconditioning (de)	ventilator (n)	[ventila'tor]

handel (de)	comerț (n)	[ko'merts]
luchtvaartmaatschappij (de)	companie (f) aeriană	[kompa'nie aeri'anə]
adviesbureau (het)	consulting (n)	[kon'salting]
koerierdienst (de)	curierat (n)	[kurie'rat]

tandheelkunde (de)	stomatologie (f)	[stomatolo'dʒie]
design (het)	design (n)	[di'zajn]
business school (de)	şcoală (f) de afaceri	[ʃko'alə de a'fatʃeri]
magazijn (het)	depozit (n)	[de'pozit]
kunstgalerie (de)	galerie (f)	[gale'rie]
ijsje (het)	îngheţată (f)	[inge'tsatə]
hotel (het)	hotel (n)	[ho'tel]

vastgoed (het)	bunuri (n pl) imobiliare	['bunuri imobili'are]
drukkerij (de)	poligrafie (f)	[poligra'fie]
industrie (de)	industrie (f)	[in'dustrie]
Internet (het)	internet (n)	[inter'net]
investeringen (mv.)	investiţii (f pl)	[inves'titsij]

krant (de)	ziar (n)	[zjar]
boekhandel (de)	librărie (f)	[librə'rie]
lichte industrie (de)	industrie (f) uşoară	[in'dustrie uʃo'arə]

winkel (de)	magazin (n)	[maga'zin]
uitgeverij (de)	editură (f)	[edi'turə]
medicijnen (mv.)	medicină (f)	[medi'tʃinə]
meubilair (het)	mobilă (f)	['mobilə]
museum (het)	muzeu (n)	[mu'zeu]

olie (aardolie)	petrol (n)	[pe'trol]
apotheek (de)	farmacie (f)	[farma'tʃie]
farmacie (de)	farmaceutică (f)	[farmatʃe'utikə]
zwembad (het)	bazin (n)	[ba'zin]
stomerij (de)	curăţătorie (f) chimică	[kurətsəto'rie 'kimikə]
voedingswaren (mv.)	produse (n pl) alimentare	[pro'duse alimen'tare]
reclame (de)	reclamă (f)	[re'klamə]
radio (de)	radio (n)	['radio]

afvalinzameling (de)	transportarea (f) deşeurilor	[transpor'tar'a de'ʃeurilor]
restaurant (het)	restaurant (n)	[restau'rant]
tijdschrift (het)	revistă (f)	[re'vistə]

schoonheidssalon (de/het)	salon (n) de frumuseţe	[sa'lon de frumu'setse]
financiële diensten (mv.)	servicii (n pl) financiare	[ser'vitʃij finantʃi'are]
juridische diensten (mv.)	servicii (n pl) juridice	[ser'vitʃij ʒu'riditʃe]
boekhouddiensten (mv.)	servicii (n pl) de contabilitate	[ser'vitʃij de kontabili'tate]
audit diensten (mv.)	servicii (n pl) de audit	[ser'vitʃij de au'dit]
sport (de)	sport (n)	[sport]
supermarkt (de)	supermarket (n)	[super'market]

televisie (de)	televiziune (f)	[televizi'une]
theater (het)	teatru (n)	[te'atru]
toerisme (het)	turism (n)	[tu'rism]
transport (het)	transporturi (n)	[trans'portur']

postorderbedrijven (mv.)	vânzare (f) după catalog	[vɨn'zare 'dupə kata'log]
kleding (de)	haine (f pl)	['hajne]
dierenarts (de)	veterinar (m)	[veteri'nar]

Baan. Business. Deel 2

118. Show. Tentoonstelling

beurs (de)	expoziție (f)	[ekspo'zitsie]
vakbeurs, handelsbeurs (de)	expoziție (f) de comerț	[ekspo'zitsie de ko'merts]
deelneming (de)	participare (f)	[partitʃi'pare]
deelnemen (ww)	a participa	[a partitʃi'pa]
deelnemer (de)	participant (m)	[partitʃi'pant]
directeur (de)	director (m)	[di'rektor]
organisatiecomité (het)	direcție (f)	[di'rektsie]
organisator (de)	organizator (m)	[organiza'tor]
organiseren (ww)	a organiza	[a organi'za]
deelnemingsaanvraag (de)	cerere (f) de participare	['tʃerere de partitʃi'pare]
invullen (een formulier ~)	a completa	[a komple'ta]
details (mv.)	detalii (n pl)	[de'talij]
informatie (de)	informație (f)	[infor'matsie]
prijs (de)	preț (n)	[prets]
inclusief (bijv. ~ BTW)	inclusiv	[inklu'siv]
inbegrepen (alles ~)	a include	[a in'klude]
betalen (ww)	a plăti	[a plə'ti]
registratietarief (het)	tarif (n) de înregistrare	[tarif de inredʒis'trare]
ingang (de)	intrare (f)	[in'trare]
paviljoen (het), hal (de)	pavilion (n)	[pavili'on]
registreren (ww)	a înscrie	[a in'skrie]
badge, kaart (de)	ecuson (n)	[eku'son]
beursstand (de)	stand (n)	[stand]
reserveren (een stand ~)	a rezerva	[a rezer'va]
vitrine (de)	vitrină (f)	[vi'trinə]
licht (het)	corp (n) de iluminat	['korp de ilumi'nat]
design (het)	design (n)	[di'zajn]
plaatsen (ww)	a instala	[a insta'la]
distributeur (de)	distribuitor (m)	[distribui'tor]
leverancier (de)	furnizor (m)	[furni'zor]
land (het)	țară (f)	['tsarə]
buitenlands (bn)	străin	[strə'in]
product (het)	produs (n)	[pro'dus]
associatie (de)	asociație (f)	[asotʃi'atsie]
conferentiezaal (de)	sală (f) de conferințe	['sale de konfe'rintse]
congres (het)	congres (n)	[kon'gres]

wedstrijd (de)	concurs (n)	[ko'nkurs]
bezoeker (de)	vizitator (m)	[vizita'tor]
bezoeken (ww)	a vizita	[a vizi'ta]
afnemer (de)	client (m)	[kli'ent]

119. Massamedia

krant (de)	ziar (n)	[zjar]
tijdschrift (het)	revistă (f)	[re'vistə]
pers (gedrukte media)	presă (f)	['presə]
radio (de)	radio (n)	['radio]
radiostation (het)	post (n) de radio	[post de 'radio]
televisie (de)	televiziune (f)	[televizi'une]

presentator (de)	prezentator (m)	[prezenta'tor]
nieuwslezer (de)	prezentator (m)	[prezenta'tor]
commentator (de)	comentator (m)	[komenta'tor]

journalist (de)	jurnalist (m)	[ʒurna'list]
correspondent (de)	corespondent (m)	[korespon'dent]
fotocorrespondent (de)	foto-reporter (m)	['foto re'porter]
reporter (de)	reporter (m)	[re'porter]

redacteur (de)	redactor (m)	[re'daktor]
chef-redacteur (de)	redactor-şef (m)	[re'daktor 'ʃef]
zich abonneren op	a se abona	[a se abo'na]
abonnement (het)	abonare (f)	[abo'nare]
abonnee (de)	abonat (m)	[abo'nat]
lezen (ww)	a citi	[a tʃi'ti]
lezer (de)	cititor (m)	[tʃiti'tor]

oplage (de)	tiraj (n)	[ti'raʒ]
maand-, maandelijks (bn)	lunar	[lu'nar]
wekelijks (bn)	săptămânal	[səptəmi'nal]
nummer (het)	număr (n)	['numər]
vers (~ van de pers)	nou	['nou]

kop (de)	titlu (n)	['titlu]
korte artikel (het)	notă (f)	['notə]
rubriek (de)	rubrică (f)	['rubrikə]
artikel (het)	articol (n)	[ar'tikol]
pagina (de)	pagină (f)	['padʒinə]

reportage (de)	reportaj (n)	[repor'taʒ]
gebeurtenis (de)	eveniment (n)	[eveni'ment]
sensatie (de)	senzaţie (f)	[sen'zatsie]
schandaal (het)	scandal (n)	[skan'dal]
schandalig (bn)	scandalos	[skanda'los]
groot (~ schandaal, enz.)	zgomotos	[zgomo'tos]

programma (het)	emisiune (f)	[emisi'une]
interview (het)	interviu (n)	[inter'vju]
live uitzending (de)	în direct (m)	[in di'rekt]
kanaal (het)	post (n)	[post]

120. Landbouw

landbouw (de)	agricultură (f)	[agrikul'turə]
boer (de)	ţăran (m)	[tsə'ran]
boerin (de)	ţărancă (f)	[tsə'rankə]
landbouwer (de)	fermier (m)	[fer'mjer]
tractor (de)	tractor (n)	[trak'tor]
maaidorser (de)	combină (f)	[kom'binə]
ploeg (de)	plug (n)	[plug]
ploegen (ww)	a ara	[a a'ra]
akkerland (het)	ogor (n)	[o'gor]
voor (de)	brazdă (f)	['brazdə]
zaaien (ww)	a semăna	[a semə'na]
zaaimachine (de)	semănătoare (f)	[semənəto'are]
zaaien (het)	semănare (f)	[semə'nare]
zeis (de)	coasă (f)	[ko'asə]
maaien (ww)	a cosi	[a ko'si]
schop (de)	hârleţ (n)	[hir'lets]
spitten (ww)	a săpa	[a sə'pa]
schoffel (de)	sapă (f)	['sapə]
wieden (ww)	a plivi	[a pli'vi]
onkruid (het)	buruiană (f)	[buru'janə]
gieter (de)	stropitoare (f)	[stropito'are]
begieten (water geven)	a uda	[a u'da]
bewatering (de)	irigare (f)	[iri'gare]
riek, hooivork (de)	furcă (f)	['furkə]
hark (de)	greblă (f)	['greblə]
kunstmest (de)	îngrăşământ (n)	[ingrəʃə'mint]
bemesten (ww)	a îngrăşa	[a ingrə'ʃa]
mest (de)	gunoi (n) de grajd	[gu'noj de graʒd]
veld (het)	câmp (n)	[kimp]
wei (de)	luncă (f)	['lunkə]
moestuin (de)	grădină (f) de zarzavat	[grə'dinə de zarza'vat]
boomgaard (de)	grădină (f)	[grə'dinə]
weiden (ww)	a paşte	[a 'paʃte]
herder (de)	păstor (m)	[pəs'tor]
weiland (de)	păşune (f)	[pə'ʃune]
veehouderij (de)	zootehnie (f)	[zooteh'nie]
schapenteelt (de)	ovicultură (f)	[ovikul'turə]
plantage (de)	plantaţie (f)	[plan'tatsie]
rijtje (het)	strat (n)	[strat]
broeikas (de)	răsadniţă (f)	[rə'sadnitsə]

droogte (de)	secetă (f)	['setʃetə]
droog (bn)	secetos	[setʃe'tos]

graangewassen (mv.)	cereale (f pl)	[tʃere'ale]
oogsten (ww)	a strânge	[a 'strindʒe]

molenaar (de)	morar (m)	[mo'rar]
molen (de)	moară (f)	[mo'arə]
malen (graan ~)	a măcina grăunțe	[a mətʃi'na grə'untse]
bloem (bijv. tarwebloem)	făină (f)	[fə'inə]
stro (het)	paie (n pl)	['pae]

121. Gebouw. Bouwproces

bouwplaats (de)	șantier (n)	[ʃan'tjer]
bouwen (ww)	a construi	[a konstru'i]
bouwvakker (de)	constructor (m)	[kon'struktor]

project (het)	proiect (n)	[pro'ekt]
architect (de)	arhitect (m)	[arhi'tekt]
arbeider (de)	muncitor (m)	[muntʃi'tor]

fundering (de)	fundament (n)	[funda'ment]
dak (het)	acoperiș (n)	[akope'riʃ]
heipaal (de)	pilon (m)	[pi'lon]
muur (de)	perete (m)	[pe'rete]

betonstaal (het)	armătură (f)	[armə'turə]
steigers (mv.)	schele (f)	['skele]

beton (het)	beton (n)	[be'ton]
graniet (het)	granit (n)	[gra'nit]
steen (de)	piatră (f)	['pjatrə]
baksteen (de)	cărămidă (f)	[kərə'midə]

zand (het)	nisip (n)	[ni'sip]
cement (de/het)	ciment (n)	[tʃi'ment]

pleister (het)	tencuială (f)	[tenku'jalə]
pleisteren (ww)	a tencui	[a tenku'i]

verf (de)	vopsea (f)	[vop'sʲa]
verven (muur ~)	a vopsi	[a vop'si]
ton (de)	butoi (n)	[bu'toj]

kraan (de)	macara (f)	[maka'ra]
heffen, hijsen (ww)	a ridica	[a ridi'ka]
neerlaten (ww)	a coborî	[a kobo'ri]

bulldozer (de)	buldozer (n)	[bul'dozer]
graafmachine (de)	excavator (n)	[ekskava'tor]
graafbak (de)	căuș (n)	[kə'uʃ]
graven (tunnel, enz.)	a săpa	[a sə'pa]
helm (de)	cască (f)	['kaskə]

122. Wetenschap. Onderzoek. Wetenschappers

wetenschap (de)	ştiinţă (f)	[ʃtiˈintsə]
wetenschappelijk (bn)	ştiinţific	[ʃtiinˈtsifik]
wetenschapper (de)	savant (m)	[saˈvant]
theorie (de)	teorie (f)	[teoˈrie]
axioma (het)	axiomă (f)	[aksiˈomə]
analyse (de)	analiză (f)	[anaˈlizə]
analyseren (ww)	a analiza	[a analiˈza]
argument (het)	argument (n)	[arguˈment]
substantie (de)	substanţă (f)	[subˈstantsə]
hypothese (de)	ipoteză (f)	[ipoˈtezə]
dilemma (het)	dilemă (f)	[diˈlemə]
dissertatie (de)	disertaţie (f)	[diserˈtatsie]
dogma (het)	dogmă (f)	[ˈdogmə]
doctrine (de)	doctrină (f)	[dokˈtrinə]
onderzoek (het)	cercetare (f)	[tʃertʃeˈtare]
onderzoeken (ww)	a cerceta	[a tʃertʃeˈta]
toetsing (de)	verificare (f)	[verifiˈkare]
laboratorium (het)	laborator (n)	[laboraˈtor]
methode (de)	metodă (f)	[meˈtodə]
molecule (de/het)	moleculă (f)	[moleˈkulə]
monitoring (de)	monitorizare (n)	[monitoriˈzare]
ontdekking (de)	descoperire (f)	[deskopeˈrire]
postulaat (het)	postulat (n)	[postuˈlat]
principe (het)	principiu (n)	[prinˈtʃipju]
voorspelling (de)	prognoză (f)	[progˈnozə]
een prognose maken	a prognoza	[a prognoˈza]
synthese (de)	sinteză (f)	[sinˈtezə]
tendentie (de)	tendinţă (f)	[tenˈdintsə]
theorema (het)	teoremă (f)	[teoˈremə]
leerstellingen (mv.)	învăţătură (f)	[invətsəˈturə]
feit (het)	fapt (n)	[fapt]
expeditie (de)	expediţie (f)	[ekspeˈditsie]
experiment (het)	experiment (n)	[eksperiˈment]
academicus (de)	academician (m)	[akdemiˈtʃian]
bachelor (bijv. BA, LLB)	bacalaureat (n)	[bakalaureˈat]
doctor (de)	doctor (m)	[ˈdoktor]
universitair docent (de)	docent (m)	[doˈtʃent]
master, magister (de)	magistru (m)	[maˈdʒistru]
professor (de)	profesor (m)	[proˈfesor]

Beroepen en ambachten

123. Zoeken naar werk. Ontslag

baan (de)	serviciu (n)	[ser'vitʃiu]
werknemers (mv.)	cadre (n pl)	['kadre]
carrière (de)	carieră (f)	[ka'rjerə]
vooruitzichten (mv.)	perspectivă (f)	[perspek'tivə]
meesterschap (het)	îndemânare (f)	[ɨndemɨ'nare]
keuze (de)	alegere (f)	[a'ledʒere]
uitzendbureau (het)	agenție (f) de cadre	[adʒen'tsie de 'kadre]
CV, curriculum vitae (het)	CV (n)	[si'vi]
sollicitatiegesprek (het)	interviu (n)	[inter'vju]
vacature (de)	post (n) vacant	['post va'kant]
salaris (het)	salariu (n)	[sa'larju]
vaste salaris (het)	salariu (n)	[sa'larju]
loon (het)	plată (f)	['platə]
betrekking (de)	funcție (f)	['funktsie]
taak, plicht (de)	obligație (f)	[obli'gatsie]
takenpakket (het)	domeniu (n)	[do'menju]
bezig (~ zijn)	ocupat	[oku'pat]
ontslagen (ww)	a concedia	[a kontʃedi'a]
ontslag (het)	concediere (f)	[kontʃe'djere]
werkloosheid (de)	şomaj (n)	[ʃo'maʒ]
werkloze (de)	şomer (m)	[ʃo'mer]
pensioen (het)	pensie (f)	['pensie]
met pensioen gaan	a se pensiona	[a se pensio'na]

124. Zakenmensen

directeur (de)	director (m)	[di'rektor]
beheerder (de)	administrator (m)	[adminis'trator]
hoofd (het)	conducător (m)	[konduke'tor]
baas (de)	şef (m)	[ʃef]
superieuren (mv.)	conducere (f)	[kon'dutʃere]
president (de)	preşedinte (m)	[preʃe'dinte]
voorzitter (de)	preşedinte (m)	[preʃe'dinte]
adjunct (de)	adjunct (m)	[a'dʒunkt]
assistent (de)	asistent (m)	[asis'tent]
secretaris (de)	secretar (m)	[sekre'tar]

111

persoonlijke assistent (de)	secretar (m) personal	[sekre'tar perso'nal]
zakenman (de)	om (m) de afaceri	[om de a'fatʃeri]
ondernemer (de)	întreprinzător (m)	[intreprinzə'tor]
oprichter (de)	fondator (m)	[fonda'tor]
oprichten	a fonda	[a fon'da]
(een nieuw bedrijf ~)		

stichter (de)	fondator (m)	[fonda'tor]
partner (de)	partener (m)	[parte'ner]
aandeelhouder (de)	acționar (m)	[aktsio'nar]

miljonair (de)	milionar (m)	[milio'nar]
miljardair (de)	miliardar (n)	[miliar'dar]
eigenaar (de)	proprietar (m)	[proprie'tar]
landeigenaar (de)	proprietar (m) funciar	[proprie'tar funtʃi'ar]

klant (de)	client (m)	[kli'ent]
vaste klant (de)	client (m) fidel	[kli'ent fi'del]
koper (de)	cumpărător (m)	[kumpərə'tor]
bezoeker (de)	vizitator (m)	[vizita'tor]

professioneel (de)	profesionist (m)	[profesio'nist]
expert (de)	expert (m)	[eks'pert]
specialist (de)	specialist (m)	[spetʃia'list]

| bankier (de) | bancher (m) | [ban'ker] |
| makelaar (de) | broker (m) | ['broker] |

kassier (de)	casier (m)	[ka'sjer]
boekhouder (de)	contabil (f)	[kon'tabil]
bewaker (de)	paznic (m)	['paznik]

investeerder (de)	investitor (m)	[investi'tor]
schuldenaar (de)	datornic (m)	[da'tornik]
crediteur (de)	creditor (m)	[kredi'tor]
lener (de)	datornic (m)	[da'tornik]

| importeur (de) | importator (m) | [importa'tor] |
| exporteur (de) | exportator (m) | [eksporta'tor] |

producent (de)	producător (m)	[produkə'tor]
distributeur (de)	distribuitor (m)	[distribui'tor]
bemiddelaar (de)	intermediar (m)	[intermedi'ar]

adviseur, consulent (de)	consultant (m)	[konsul'tant]
vertegenwoordiger (de)	reprezentant (m)	[reprezen'tant]
agent (de)	agent (m)	[a'dʒent]
verzekeringsagent (de)	agent (m) de asigurare	[a'dʒent de asigu'rare]

125. Dienstverlenende beroepen

kok (de)	bucătar (m)	[bukə'tar]
chef-kok (de)	bucătar-șef (m)	[bukə'tar 'ʃef]
bakker (de)	brutar (m)	[bru'tar]

barman (de)	barman (m)	['barman]
kelner, ober (de)	chelner (m)	['kelner]
serveerster (de)	chelneriță (f)	[kelne'ritsə]

advocaat (de)	avocat (m)	[avo'kat]
jurist (de)	jurist (m)	[ʒu'rist]
notaris (de)	notar (m)	[no'tar]

elektricien (de)	electrician (m)	[elektritʃi'an]
loodgieter (de)	instalator (m)	[instala'tor]
timmerman (de)	dulgher (m)	[dul'ger]

masseur (de)	masor (m)	[ma'sor]
masseuse (de)	masează (f)	[ma'sezə]
dokter, arts (de)	medic (m)	['medik]

taxichauffeur (de)	taximetrist (m)	[taksime'trist]
chauffeur (de)	şofer (m)	[ʃo'fer]
koerier (de)	curier (m)	[ku'rjer]

kamermeisje (het)	femeie (f) de serviciu	[fe'mee de ser'vitʃiu]
bewaker (de)	paznic (m)	['paznik]
stewardess (de)	stewardesă (f)	[stjuar'desə]

meester (de)	profesor (m)	[pro'fesor]
bibliothecaris (de)	bibliotecar (m)	[bibliote'kar]
vertaler (de)	traducător (m)	[tradukə'tor]
tolk (de)	interpret (m)	[inter'pret]
gids (de)	ghid (m)	[gid]

kapper (de)	frizer (m)	[fri'zer]
postbode (de)	poştaş (m)	[poʃ'taʃ]
verkoper (de)	vânzător (m)	[vɨnzə'tor]

tuinman (de)	grădinar (m)	[grədi'nar]
huisbediende (de)	servitor (m)	[servi'tor]
dienstmeisje (het)	servitoare (f)	[servito'are]
schoonmaakster (de)	femeie (f) de serviciu	[fe'mee de ser'vitʃiu]

126. Militaire beroepen en rangen

soldaat (rang)	soldat (m)	[sol'dat]
sergeant (de)	sergent (m)	[ser'dʒent]
luitenant (de)	locotenent (m)	[lokote'nent]
kapitein (de)	căpitan (m)	[kəpi'tan]

majoor (de)	maior (m)	[ma'jor]
kolonel (de)	colonel (m)	[kolo'nel]
generaal (de)	general (m)	[dʒene'ral]
maarschalk (de)	mareşal (m)	[mare'ʃal]
admiraal (de)	amiral (m)	[ami'ral]

| militair (de) | militar (m) | [mili'tar] |
| soldaat (de) | soldat (m) | [sol'dat] |

| officier (de) | ofiţer (m) | [ofi'tser] |
| commandant (de) | comandant (m) | [koman'dant] |

grenswachter (de)	grănicer (m)	[grəni'tʃer]
marconist (de)	radist (m)	[ra'dist]
verkenner (de)	cercetaş (m)	[tʃertʃe'taʃ]
sappeur (de)	genist (m)	[dʒe'nist]
schutter (de)	trăgător (m)	[trəgə'tor]
stuurman (de)	navigator (m)	[naviga'tor]

127. Ambtenaren. Priesters

| koning (de) | rege (m) | ['redʒe] |
| koningin (de) | regină (f) | [re'dʒinə] |

| prins (de) | prinţ (m) | [prints] |
| prinses (de) | prinţesă (f) | [prin'tsesə] |

| tsaar (de) | ţar (m) | [tsar] |
| tsarina (de) | ţarină (f) | [tsa'rinə] |

president (de)	preşedinte (m)	[preʃe'dinte]
minister (de)	ministru (m)	[mi'nistru]
eerste minister (de)	prim-ministru (m)	['prim mi'nistru]
senator (de)	senator (m)	[sena'tor]

diplomaat (de)	diplomat (m)	[diplo'mat]
consul (de)	consul (m)	['konsul]
ambassadeur (de)	ambasador (m)	[ambasa'dor]
adviseur (de)	consilier (m)	[konsi'ljer]

ambtenaar (de)	funcţionar (m)	[funktsio'nar]
prefect (de)	prefect (m)	[pre'fekt]
burgemeester (de)	primar (m)	[pri'mar]

| rechter (de) | judecător (m) | [ʒudekə'tor] |
| aanklager (de) | procuror (m) | [proku'ror] |

missionaris (de)	misionar (m)	[misio'nar]
monnik (de)	călugăr (m)	[kə'lugər]
abt (de)	abate (m)	[a'bate]
rabbi, rabbijn (de)	rabin (m)	[ra'bin]

vizier (de)	vizir (m)	[vi'zir]
sjah (de)	şah (m)	[ʃah]
sjeik (de)	şeic (m)	['ʃejk]

128. Agrarische beroepen

imker (de)	apicultor (m)	[apikul'tor]
herder (de)	păstor (m)	[pəs'tor]
landbouwkundige (de)	agronom (m)	[agro'nom]

| veehouder (de) | zootehnician (m) | [zootehnitʃi'an] |
| dierenarts (de) | veterinar (m) | [veteri'nar] |

landbouwer (de)	fermier (m)	[fer'mjer]
wijnmaker (de)	vinificator (m)	[vinifika'tor]
zoöloog (de)	zoolog (m)	[zoo'log]
cowboy (de)	cowboy (m)	['kauboj]

129. Kunst beroepen

| acteur (de) | actor (m) | [ak'tor] |
| actrice (de) | actriţă (f) | [ak'tritsə] |

| zanger (de) | cântăreţ (m) | [kintə'rets] |
| zangeres (de) | cântăreaţă (f) | [kintə'rʲatsə] |

| danser (de) | dansator (m) | [dansa'tor] |
| danseres (de) | dansatoare (f) | [dansato'are] |

| artiest (mann.) | artist (m) | [ar'tist] |
| artiest (vrouw.) | artistă (f) | [ar'tistə] |

muzikant (de)	muzician (m)	[muzitʃi'an]
pianist (de)	pianist (m)	[pia'nist]
gitarist (de)	chitarist (m)	[kita'rist]

orkestdirigent (de)	dirijor (m)	[diri'ʒor]
componist (de)	compozitor (m)	[kompo'zitor]
impresario (de)	impresar (m)	[impre'sar]

filmregisseur (de)	regizor (m)	[re'dʒizor]
filmproducent (de)	producător (m)	[produkə'tor]
scenarioschrijver (de)	scenarist (m)	[stʃena'rist]
criticus (de)	critic (m)	['kritik]

schrijver (de)	scriitor (m)	[skrii'tor]
dichter (de)	poet (m)	[po'et]
beeldhouwer (de)	sculptor (m)	['skulptor]
kunstenaar (de)	pictor (m)	['piktor]

jongleur (de)	jongler (m)	[ʒon'gler]
clown (de)	clovn (m)	[klovn]
acrobaat (de)	acrobat (m)	[akro'bat]
goochelaar (de)	magician (m)	[madʒitʃi'an]

130. Verschillende beroepen

dokter, arts (de)	medic (m)	['medik]
ziekenzuster (de)	asistentă (f) medicală	[asis'tentə medi'kalə]
psychiater (de)	psihiatru (m)	[psihi'atru]
tandarts (de)	stomatolog (m)	[stomato'log]
chirurg (de)	chirurg (m)	[ki'rurg]

astronaut (de)	astronaut (m)	[astrona'ut]
astronoom (de)	astronom (m)	[astro'nom]
piloot (de)	pilot (m)	[pi'lot]

chauffeur (de)	şofer (m)	[ʃo'fer]
machinist (de)	maşinist (m)	[maʃi'nist]
mecanicien (de)	mecanic (m)	[me'kanik]

mijnwerker (de)	miner (m)	[mi'ner]
arbeider (de)	muncitor (m)	[muntʃi'tor]
bankwerker (de)	lăcătuş (m)	[ləkə'tuʃ]
houtbewerker (de)	tâmplar (m)	[tɨm'plar]
draaier (de)	strungar (m)	[strun'gar]
bouwvakker (de)	constructor (m)	[kon'struktor]
lasser (de)	sudor (m)	[su'dor]

professor (de)	profesor (m)	[pro'fesor]
architect (de)	arhitect (m)	[arhi'tekt]
historicus (de)	istoric (m)	[is'torik]
wetenschapper (de)	savant (m)	[sa'vant]
fysicus (de)	fizician (m)	[fizitʃi'an]
scheikundige (de)	chimist (m)	[ki'mist]

archeoloog (de)	arheolog (m)	[arheo'log]
geoloog (de)	geolog (m)	[dʒeo'log]
onderzoeker (de)	cercetător (m)	[tʃertʃetə'tor]

| babysitter (de) | dădacă (f) | [də'dakə] |
| leraar, pedagoog (de) | pedagog (m) | [peda'gog] |

redacteur (de)	redactor (m)	[re'daktor]
chef-redacteur (de)	redactor-şef (m)	[re'daktor 'ʃef]
correspondent (de)	corespondent (m)	[korespon'dent]
typiste (de)	dactilografă (f)	[daktilo'grafə]

designer (de)	designer (m)	[di'zajner]
computerexpert (de)	operator (m)	[opera'tor]
programmeur (de)	programator (m)	[programa'tor]
ingenieur (de)	inginer (m)	[indʒi'ner]

matroos (de)	marinar (m)	[mari'nar]
zeeman (de)	marinar (m)	[mari'nar]
redder (de)	salvator (m)	[salva'tor]

brandweerman (de)	pompier (m)	[pom'pjer]
politieagent (de)	poliţist (m)	[poli'tsist]
nachtwaker (de)	paznic (m)	['paznik]
detective (de)	detectiv (m)	[detek'tiv]

douanier (de)	vameş (m)	['vameʃ]
lijfwacht (de)	gardă (f) de corp	['gardə de 'korp]
gevangenisbewaker (de)	supraveghetor (m)	[supravege'tor]
inspecteur (de)	inspector (m)	[in'spektor]

| sportman (de) | sportiv (m) | [spor'tiv] |
| trainer (de) | antrenor (m) | [antre'nor] |

slager, beenhouwer (de)	măcelar (m)	[mətʃe'lar]
schoenlapper (de)	cizmar (m)	[tʃiz'mar]
handelaar (de)	comerciant (m)	[komertʃi'ant]
lader (de)	hamal (m)	[ha'mal]

kledingstilist (de)	modelier (n)	[mode'ljer]
model (het)	model (n)	[mo'del]

131. Beroepen. Sociale status

scholier (de)	elev (m)	[e'lev]
student (de)	student (m)	[stu'dent]

filosoof (de)	filozof (m)	[filo'zof]
econoom (de)	economist (m)	[ekono'mist]
uitvinder (de)	inventator (m)	[inventa'tor]

werkloze (de)	şomer (m)	[ʃo'mer]
gepensioneerde (de)	pensionar (m)	[pensio'nar]
spion (de)	spion (m)	[spi'on]

gedetineerde (de)	arestat (m)	[ares'tat]
staker (de)	grevist (m)	[gre'vist]
bureaucraat (de)	birocrat (m)	[biro'krat]
reiziger (de)	călător (m)	[kələ'tor]

homoseksueel (de)	homosexual (m)	[homoseksu'al]
hacker (computerkraker)	hacker (m)	['haker]

bandiet (de)	bandit (m)	[ban'dit]
huurmoordenaar (de)	asasin (m) plătit	[asa'sin plə'tit]
drugsverslaafde (de)	narcoman (m)	[narko'man]
drugshandelaar (de)	vânzător (m) de droguri	[vɨnzə'tor de 'droɡurj]
prostituee (de)	prostituată (f)	[prostitu'atə]
pooier (de)	proxenet (m)	[prokse'net]

tovenaar (de)	vrăjitor (m)	[vrəʒi'tor]
tovenares (de)	vrăjitoare (f)	[vrəʒito'are]
piraat (de)	pirat (m)	[pi'rat]
slaaf (de)	rob (m)	[rob]
samoerai (de)	samurai (m)	[samu'raj]
wilde (de)	sălbatic (m)	[səl'batik]

Sport

132. Soorten sporten. Sporters

sportman (de)	sportiv (m)	[spor'tiv]
soort sport (de/het)	gen (n) de sport	['dʒen de 'sport]
basketbal (het)	baschet (n)	['basket]
basketbalspeler (de)	baschetbalist (m)	[basketba'list]
baseball (het)	base-ball (n)	['bejsbol]
baseballspeler (de)	jucător (m) de base-ball	[ʒukə'tor de 'bejsbol]
voetbal (het)	fotbal (n)	['fotbal]
voetballer (de)	fotbalist (m)	[fotba'list]
doelman (de)	portar (m)	[por'tar]
hockey (het)	hochei (n)	['hokej]
hockeyspeler (de)	hocheist (m)	[hoke'ist]
volleybal (het)	volei (n)	['volej]
volleybalspeler (de)	voleibalist (m)	[volejba'list]
boksen (het)	box (n)	[boks]
bokser (de)	boxer (m)	[bok'ser]
worstelen (het)	luptă (f)	['luptə]
worstelaar (de)	luptător (m)	[luptə'tor]
karate (de)	carate (n)	[ka'rate]
karateka (de)	karatist (m)	[kara'tist]
judo (de)	judo (n)	['dʒudo]
judoka (de)	judocan (m)	[dʒudo'kan]
tennis (het)	tenis (n)	['tenis]
tennisspeler (de)	tenisman (m)	[tenis'man]
zwemmen (het)	înot (n)	[i'not]
zwemmer (de)	înotător (m)	[inotə'tor]
schermen (het)	scrimă (f)	['skrimə]
schermer (de)	jucător (m) de scrimă	[ʒukə'tor de 'skrimə]
schaak (het)	şah (n)	[ʃah]
schaker (de)	şahist (m)	[ʃa'hist]
alpinisme (het)	alpinism (n)	[alpi'nizm]
alpinist (de)	alpinist (m)	[alpi'nist]
hardlopen (het)	alergare (f)	[aler'gare]

renner (de)	alergător (m)	[alergə'tor]
atletiek (de)	atletism (n)	[atle'tizm]
atleet (de)	atlet (m)	[at'let]

| paardensport (de) | hipism (n) | [hi'pism] |
| ruiter (de) | călăreț (m) | [kələ'rets] |

kunstschaatsen (het)	patinaj (n) artistic	[pati'naʒ ar'tistik]
kunstschaatser (de)	patinator (m) artistic	[patina'tor ar'tistik]
kunstschaatsster (de)	patinatore (f) artistică	[patinato'are ar'tistikə]

| gewichtheffen (het) | atletică (f) grea | [at'letikə grʲa] |
| gewichtheffer (de) | halterofil (m) | [haltero'fil] |

| autoraces (mv.) | raliu (n) | [ra'liu] |
| coureur (de) | pilot (m) de curse | [pi'lot de 'kurse] |

| wielersport (de) | ciclism (n) | [tʃi'klizm] |
| wielrenner (de) | ciclist (m) | [tʃi'klist] |

verspringen (het)	sărituri (f pl) în lungime	[səri'turʲ in lun'dʒime]
polsstokspringen (het)	săritură (f) cu prăjina	[səri'turə ku prə'ʒina]
verspringer (de)	săritor (m)	[səri'tor]

133. Soorten sporten. Diversen

Amerikaans voetbal (het)	fotbal (n) american	['fotbal ameri'kan]
badminton (het)	badminton (n)	[bedmin'ton]
biatlon (de)	biatlon (n)	[biat'lon]
biljart (het)	biliard (n)	[bi'ljard]

bobsleeën (het)	bob (n)	[bob]
bodybuilding (de)	culturism (n)	[kultu'rism]
waterpolo (het)	polo (n) pe apă	['polo pe 'apə]
handbal (de)	handbal (n)	['handbal]
golf (het)	golf (n)	[golf]

roeisport (de)	canotaj (n)	[kano'taʒ]
duiken (het)	scufundare (f)	[skufun'dare]
langlaufen (het)	concurs (n) de schi	[ko'nkurs de 'ski]
tafeltennis (het)	tenis (n) de masă	['tenis de 'masə]

zeilen (het)	iahting (n)	['jahting]
rally (de)	raliu (n)	[ra'liu]
rugby (het)	rugby (n)	['regbi]
snowboarden (het)	snowboard (n)	[snou'bord]
boogschieten (het)	tragere (f) cu arcul	['tradʒere 'ku 'arkul]

134. Fitnessruimte

| lange halter (de) | halteră (f) | [hal'terə] |
| halters (mv.) | haltere (f pl) | ['haltere] |

training machine (de)	dispozitiv (n) pentru antrenament	[dispozi'tiv 'pentru antrena'ment]
hometrainer (de)	bicicletă (f)	[biʧi'kletə]
loopband (de)	pistă (f) de alergare	['pistə de aler'gare]

rekstok (de)	bară (f)	['barə]
brug (de) gelijke leggers	bare (f pl)	['bare]
paardsprong (de)	cal (m) de gimnastică	['kal de dʒim'nastikə]
mat (de)	saltea (f)	[sal'tʲa]

| aerobics (de) | aerobică (f) | [ae'robikə] |
| yoga (de) | yoga (f) | ['joga] |

135. Hockey

hockey (het)	hochei (n)	['hokej]
hockeyspeler (de)	hocheist (m)	[hoke'ist]
hockey spelen	a juca hochei	[a ʒu'ka 'hokej]
ijs (het)	gheaţă (f)	['gʲatsə]

puck (de)	puc (n)	[puk]
hockeystick (de)	crosă (f)	['krosə]
schaatsen (mv.)	patine (f pl)	[pa'tine]

| boarding (de) | bandă (f) | ['bandə] |
| schot (het) | lovitură (f) | [lovi'turə] |

doelman (de)	portar (m)	[por'tar]
goal (de)	gol (n)	[gol]
een goal scoren	a marca un gol	[a mar'ka un gol]

| periode (de) | repriză (f) | [re'prizə] |
| reservebank (de) | bancă (f) de rezervă | ['bankə de re'zervə] |

136. Voetbal

voetbal (het)	fotbal (n)	['fotbal]
voetballer (de)	fotbalist (m)	[fotba'list]
voetbal spelen	a juca fotbal	[a ʒu'ka 'fotbal]

eredivisie (de)	ligă (f) superioară	['ligə superio'arə]
voetbalclub (de)	club (n) de fotbal	['klub de 'fotbal]
trainer (de)	antrenor (m)	[antre'nor]
eigenaar (de)	proprietar (m)	[proprie'tar]

team (het)	echipă (f)	[e'kipə]
aanvoerder (de)	căpitanul (m) echipei	[kəpi'tanul e'kipej]
speler (de)	jucător (m)	[ʒukə'tor]
reservespeler (de)	jucător (m) de rezervă	[ʒukə'tor de re'zervə]

| aanvaller (de) | atacant (m) | [ata'kant] |
| centrale aanvaller (de) | atacant (m) la centru | [ata'kant la 'ʧentru] |

doelpuntmaker (de)	golgheter (m)	[gol'geter]
verdediger (de)	apărător (m)	[apərə'tor]
middenvelder (de)	mijlocaş (m)	[miʒlo'kaʃ]

match, wedstrijd (de)	meci (n)	['metʃi]
elkaar ontmoeten (ww)	a se întâlni	[a se întil'ni]
finale (de)	finală (f)	[fi'nalə]
halve finale (de)	semifinală (f)	[semifi'nalə]
kampioenschap (het)	campionat (n)	[kampio'nat]

helft (de)	repriză (f)	[re'prizə]
eerste helft (de)	prima repriză (f)	['prima re'prizə]
pauze (de)	pauză (f)	['pauzə]

doel (het)	poartă (f)	[po'artə]
doelman (de)	portar (m)	[por'tar]
doelpaal (de)	bară (f)	['barə]
lat (de)	bară (f) transversală	['barə transver'salə]
doelnet (het)	plasă (f)	['plasə]
een goal incasseren	a rata gol	[a rə'ta gol]

bal (de)	minge (f)	['mindʒe]
pass (de)	pasă (f)	['pasə]
schot (het), schop (de)	lovitură (f)	[lovi'turə]
schieten (de bal ~)	a da o lovitură	[a da o lovi'turə]
vrije schop (directe ~)	lovitură (f) de pedeapsă	[lovi'turə de pe'dʲapsə]
hoekschop, corner (de)	lovitură (f) de colţ	[lovi'turə de 'kolʦ]

aanval (de)	atac (n)	[a'tak]
tegenaanval (de)	contraatac (n)	[kontraa'tak]
combinatie (de)	combinaţie (f)	[kombi'natsie]

scheidsrechter (de)	arbitru (m)	[ar'bitru]
fluiten (ww)	a fluiera	[a flue'ra]
fluitsignaal (het)	fluier (n)	['flujer]
overtreding (de)	încălcare (f)	[inkəl'kare]
een overtreding maken	a încălca	[a inkəl'ka]
uit het veld te sturen	a elimina de pe teren	[a elimi'na de pe te'ren]

| gele kaart (de) | cartonaş (n) galben | [karto'naʃ 'galben] |
| rode kaart (de) | cartonaş (n) roşu | [karto'naʃ 'roʃu] |

| diskwalificatie (de) | descalificare (f) | [deskalifi'kare] |
| diskwalificeren (ww) | a descalifica | [a deskalifi'ka] |

strafschop, penalty (de)	penalti (n)	[pe'nalti]
muur (de)	perete (m)	[pe'rete]
scoren (ww)	a marca	[a mar'ka]
goal (de), doelpunt (het)	gol (n)	[gol]
een goal scoren	a marca un gol	[a mar'ka un gol]

vervanging (de)	înlocuire (f)	[inloku'ire]
vervangen (ov.ww.)	a înlocui	[a inloku'i]
regels (mv.)	reguli (f pl)	['regulʲ]
tactiek (de)	tactică (f)	['taktikə]
stadion (het)	stadion (n)	[stadi'on]

tribune (de)	tribună (f)	[tri'bunə]
fan, supporter (de)	suporter (m)	[su'porter]
schreeuwen (ww)	a striga	[a stri'ga]

scorebord (het)	tablă (f)	['tablə]
stand (~ is 3-1)	scor (n)	[skor]

nederlaag (de)	înfrângere (f)	[in'frɨndʒere]
verliezen (ww)	a pierde	[a 'pjerde]
gelijkspel (het)	egalitate (f)	[egali'tate]
in gelijk spel eindigen	a juca la egalitate	[a ʒu'ka la egali'tate]

overwinning (de)	victorie (f)	[vik'torie]
overwinnen (ww)	a învinge	[a in'vindʒe]
kampioen (de)	campion (m)	[kampi'on]
best (bn)	cel mai bun	[tʃel maj bun]
feliciteren (ww)	a felicita	[a felitʃi'ta]

commentator (de)	comentator (m)	[komenta'tor]
becommentariëren (ww)	a comenta	[a komen'ta]
uitzending (de)	transmisiune (f)	[trans'misjune]

137. Alpine skiën

ski's (mv.)	schiuri (n)	['skjurʲ]
skiën (ww)	a schia	[a ski'a]
skigebied (het)	stațiune (f) de schi montan	[statsi'une de ski mon'tan]
skilift (de)	ascensor (m)	[astʃen'sor]

skistokken (mv.)	bețe (n pl)	['betse]
helling (de)	pantă (f)	['pantə]
slalom (de)	slalom (n)	['slalom]

138. Tennis. Golf

golf (het)	golf (n)	[golf]
golfclub (de)	club (n) de golf	['klub de 'golf]
golfer (de)	jucător (m) de golf	[ʒuke'tor de 'golf]

hole (de)	gaură (f)	['gaurə]
golfclub (de)	crosă (f)	['krosə]
trolley (de)	cărucior (n) pentru crose	[keru'tʃior 'pentru 'krose]

tennis (het)	tenis (n)	['tenis]
tennisveld (het)	teren (n) de tenis	[te'ren de 'tenis]

opslag (de)	serviciu (n)	[ser'vitʃiu]
serveren, opslaan (ww)	a servi	[a ser'vi]

racket (het)	paletă (f)	[pa'letə]
net (het)	plasă (f)	['plasə]
bal (de)	minge (f)	['mindʒe]

139. Schaken

schaak (het)	şah (n)	[ʃah]
schaakstukken (mv.)	piese (f pl)	['pjese]
schaker (de)	şahist (m)	[ʃa'hist]
schaakbord (het)	tablă (f) de şah	['tablə de ʃah]
schaakstuk (het)	piesă (f)	['pjesə]
witte stukken (mv.)	piese (f pl) albe	['pjese 'albe]
zwarte stukken (mv.)	piese (f pl) negre	['pjese 'negre]
pion (de)	pion (m)	[pi'on]
loper (de)	nebun (m)	[ne'bun]
paard (het)	cal (m)	[kal]
toren (de)	turn (n)	[turn]
dame, koningin (de)	regină (f)	[re'dʒinə]
koning (de)	rege (m)	['redʒe]
zet (de)	mutare (f)	[mu'tare]
zetten (ww)	a muta	[a mu'ta]
opofferen (ww)	a sacrifica	[a sakrifi'ka]
rokade (de)	rocadă (f)	[ro'kadə]
schaak (het)	şah (n)	[ʃah]
schaakmat (het)	mat (n)	[mat]
schaakwedstrijd (de)	turneu (n) de şah	[tur'neu de ʃah]
grootmeester (de)	mare maestru (m)	['mare ma'estru]
combinatie (de)	combinaţie (f)	[kombi'natsie]
partij (de)	partidă (f)	[par'tidə]
dammen (de)	joc (n) de dame	[ʒok de 'dame]

140. Boksen

boksen (het)	box (n)	[boks]
boksgevecht (het)	luptă (f)	['luptə]
bokswedstrijd (de)	duel (n)	[du'el]
ronde (de)	rundă (f)	['rundə]
ring (de)	ring (n)	[ring]
gong (de)	gong (n)	[gong]
stoot (de)	lovitură (f)	[lovi'turə]
knock-down (de)	cnocdaun (n)	['knokdaun]
knock-out (de)	cnocaut (n)	['knokaut]
knock-out slaan (ww)	a face cnocaut	[a 'fatʃe 'knokaut]
bokshandschoen (de)	mănuşă (f) de box	[mə'nuʃə de 'boks]
referee (de)	arbitru (m)	[ar'bitru]
lichtgewicht (het)	categorie (f) uşoară	[katego'rie uʃo'arə]
middengewicht (het)	categorie (f) mijlocie	[katego'rie miʒlo'tʃie]
zwaargewicht (het)	categorie (f) grea	[katego'rie grʲa]

141. Sporten. Diversen

Olympische Spelen (mv.)	Jocuri (n pl) Olimpice	['ʒokurʲ o'limpiʧe]
winnaar (de)	învingător (m)	[invingə'tor]
overwinnen (ww)	a învinge	[a in'vindʒe]
winnen (ww)	a câştiga	[a kiʃti'ga]
leider (de)	lider (m)	['lider]
leiden (ww)	a fi în fruntea	[a fi in 'fruntʲa]
eerste plaats (de)	primul loc (n)	['primul lok]
tweede plaats (de)	al doilea loc (n)	[al 'dojlʲa lok]
derde plaats (de)	al treilea loc (n)	[al 'trejlʲa lok]
medaille (de)	medalie (f)	[me'dalie]
trofee (de)	trofeu (n)	[tro'feu]
beker (de)	cupă (f)	['kupə]
prijs (de)	premiu (n)	['premju]
hoofdprijs (de)	premiul (n) principal	['premjul prinʧi'pal]
record (het)	record (n)	[re'kord]
een record breken	a bate recordul	[a 'bate re'kordul]
finale (de)	finală (f)	[fi'nalə]
finale (bn)	final	[fi'nal]
kampioen (de)	campion (m)	[kampi'on]
kampioenschap (het)	campionat (n)	[kampio'nat]
stadion (het)	stadion (n)	[stadi'on]
tribune (de)	tribună (f)	[tri'bunə]
fan, supporter (de)	suporter (m)	[su'porter]
tegenstander (de)	adversar (m)	[adver'sar]
start (de)	start (n)	[start]
finish (de)	finiş (n)	['finiʃ]
nederlaag (de)	înfrângere (f)	[in'frindʒere]
verliezen (ww)	a pierde	[a 'pjerde]
rechter (de)	arbitru (m)	[ar'bitru]
jury (de)	juriu (n)	['ʒurju]
stand (~ is 3-1)	scor (n)	[skor]
gelijkspel (het)	egalitate (f)	[egali'tate]
in gelijk spel eindigen	a juca la egalitate	[a ʒu'ka la egali'tate]
punt (het)	punct (n)	[punkt]
uitslag (de)	rezultat (n)	[rezul'tat]
pauze (de)	pauză (f)	['pauzə]
doping (de)	dopaj (n)	[do'paʒ]
straffen (ww)	a penaliza	[a penali'za]
diskwalificeren (ww)	a descalifica	[a deskalifi'ka]
toestel (het)	aparat (n)	[apa'rat]
speer (de)	suliţă (f)	['suliʦə]

| kogel (de) | greutate (f) | [greu'tate] |
| bal (de) | bilă (f) | ['bilə] |

doel (het)	țintă (f)	['tsintə]
schietkaart (de)	țintă (f)	['tsintə]
schieten (ww)	a trage	[a 'tradʒə]
precies (bijv. precieze schot)	exact	[e'gzakt]

trainer, coach (de)	antrenor (m)	[antre'nor]
trainen (ww)	a antrena	[a antre'na]
zich trainen (ww)	a se antrena	[a se antre'na]
training (de)	antrenament (n)	[antrena'ment]

gymnastiekzaal (de)	sală (f) de sport	['sale de sport]
oefening (de)	exercițiu (n)	[egzer'tʃitsju]
opwarming (de)	încălzire (f)	[inkəl'zire]

Onderwijs

142. School

school (de)	şcoală (f)	[ʃko'alə]
schooldirecteur (de)	director (m)	[di'rektor]
leerling (de)	elev (m)	[e'lev]
leerlinge (de)	elevă (f)	[e'levə]
scholier (de)	elev (m)	[e'lev]
scholiere (de)	elevă (f)	[e'levə]
leren (lesgeven)	a învăţa	[a invə'tsa]
studeren (bijv. een taal ~)	a învăţa	[a invə'tsa]
van buiten leren	a învăţa pe de rost	[a invə'tsa pe de rost]
leren (bijv. ~ tellen)	a învăţa	[a invə'tsa]
in school zijn	a merge la şcoală	[a 'merdʒe la ʃko'alə]
(schooljongen zijn)		
naar school gaan	a merge la şcoală	[a 'merdʒe la ʃko'alə]
alfabet (het)	alfabet (n)	[alfa'bet]
vak (schoolvak)	disciplină (f)	[distʃi'plinə]
klaslokaal (het)	clasă (f)	['klasə]
les (de)	lecţie (f)	['lektsie]
pauze (de)	recreaţie (f)	[rekre'atsie]
bel (de)	sunet (n)	['sunet]
schooltafel (de)	bancă (f)	['bankə]
schoolbord (het)	tablă (f)	['tablə]
cijfer (het)	notă (f)	['notə]
goed cijfer (het)	notă (f) bună	['notə 'bunə]
slecht cijfer (het)	notă (f) rea	['notə rʲa]
een cijfer geven	a pune notă	[a 'pune 'notə]
fout (de)	greşeală (f)	[gre'ʃalə]
fouten maken	a greşi	[a gre'ʃi]
corrigeren (fouten ~)	a corecta	[a korek'ta]
spiekbriefje (het)	fiţuică (f)	[fi'tsujkə]
huiswerk (het)	temă (f) pentru acasă	['temə 'pentru a'kasə]
oefening (de)	exerciţiu (n)	[egzer'tʃitsju]
aanwezig zijn (ww)	a fi prezent	[a fi pre'zent]
absent zijn (ww)	a lipsi	[a lip'si]
bestraffen (een stout kind ~)	a pedepsi	[a pedep'si]
bestraffing (de)	pedeapsă (f)	[pe'dʲapsə]
gedrag (het)	comportament (n)	[komporta'ment]

cijferlijst (de)	agendă (f)	[a'dʒendə]
potlood (het)	creion (n)	[kre'jon]
gom (de)	radieră (f)	[radi'erə]
krijt (het)	cretă (f)	['kretə]
pennendoos (de)	penar (n)	[pe'nar]
boekentas (de)	ghiozdan (n)	[goz'dan]
pen (de)	pix (n)	[piks]
schrift (de)	caiet (n)	[ka'et]
leerboek (het)	manual (n)	[manu'al]
passer (de)	compas (n)	[kom'pas]
technisch tekenen (ww)	a schiţa	[a ski'tsa]
technische tekening (de)	plan (n)	[plan]
gedicht (het)	poezie (f)	[poe'zie]
van buiten (bw)	pe de rost	[pe de rost]
van buiten leren	a învăţa pe de rost	[a invə'tsa pe de rost]
vakantie (de)	vacanţă (f)	[va'kantsə]
met vakantie zijn	a fi în vacanţă	[a fi in va'kantsə]
toets (schriftelijke ~)	lucrare (f) de control	[lu'krare de kon'trol]
opstel (het)	compunere (f)	[kom'punere]
dictee (het)	dictare (f)	[dik'tare]
examen (het)	examen (n)	[e'gzamen]
examen afleggen	a da examene	[a da e'gzamene]
experiment (het)	experiment (f)	[eksperi'ment]

143. Hogeschool. Universiteit

academie (de)	academie (f)	[akade'mie]
universiteit (de)	universitate (f)	[universi'tate]
faculteit (de)	facultate (f)	[fakul'tate]
student (de)	student (m)	[stu'dent]
studente (de)	studentă (f)	[stu'dentə]
leraar (de)	profesor (m)	[pro'fesor]
collegezaal (de)	aulă (f)	[a'ulə]
afgestudeerde (de)	absolvent (m)	[absol'vent]
diploma (het)	diplomă (f)	['diplomə]
dissertatie (de)	disertaţie (f)	[diser'tatsie]
onderzoek (het)	cercetare (f)	[tʃertʃe'tare]
laboratorium (het)	laborator (n)	[labora'tor]
college (het)	prelegere (f)	[pre'ledʒere]
medestudent (de)	coleg (m) de an	[ko'leg de an]
studiebeurs (de)	bursă (f)	['bursə]
academische graad (de)	titlu (n) ştiinţific	['titlu ʃtiin'tsifik]

144. Wetenschappen. Disciplines

wiskunde (de)	matematică (f)	[mate'matikə]
algebra (de)	algebră (f)	[al'dʒebrə]
meetkunde (de)	geometrie (f)	[dʒeome'trie]
astronomie (de)	astronomie (f)	[astrono'mie]
biologie (de)	biologie (f)	[biolo'dʒie]
geografie (de)	geografie (f)	[dʒeogra'fie]
geologie (de)	geologie (f)	[dʒeolo'dʒie]
geschiedenis (de)	istorie (f)	[is'torie]
geneeskunde (de)	medicină (f)	[medi'tʃinə]
pedagogiek (de)	pedagogie (f)	[pedago'dʒie]
rechten (mv.)	drept (n)	[drept]
fysica, natuurkunde (de)	fizică (f)	['fizikə]
scheikunde (de)	chimie (f)	[ki'mie]
filosofie (de)	filozofie (f)	[filozo'fie]
psychologie (de)	psihologie (f)	[psiholo'dʒie]

145. Schrift. Spelling

grammatica (de)	gramatică (f)	[gra'matikə]
vocabulaire (het)	lexic (n)	['leksik]
fonetiek (de)	fonetică (f)	[fo'netikə]
zelfstandig naamwoord (het)	substantiv (n)	[substan'tiv]
bijvoeglijk naamwoord (het)	adjectiv (n)	[adʒek'tiv]
werkwoord (het)	verb (n)	[verb]
bijwoord (het)	adverb (n)	[ad'verb]
voornaamwoord (het)	pronume (n)	[pro'nume]
tussenwerpsel (het)	interjecție (f)	[inter'ʒektsie]
voorzetsel (het)	prepoziție (f)	[prepo'zitsie]
stam (de)	rădăcina (f) cuvântului	[rədə'tʃina ku'vintuluj]
achtervoegsel (het)	terminație (f)	[termi'natsie]
voorvoegsel (het)	prefix (n)	[pre'fiks]
lettergreep (de)	silabă (f)	[si'labə]
achtervoegsel (het)	sufix (n)	[su'fiks]
nadruk (de)	accent (n)	[ak'tʃent]
afkappingsteken (het)	apostrof (n)	[apo'strof]
punt (de)	punct (n)	[punkt]
komma (de/het)	virgulă (f)	['virgulə]
puntkomma (de)	punct (n) și virgulă	[punkt ʃi 'virgulə]
dubbelpunt (de)	două puncte (n pl)	['dowə 'punkte]
beletselteken (het)	puncte-puncte (n pl)	['punkte 'punkte]
vraagteken (het)	semn (n) de întrebare	[semn de intre'bare]
uitroepteken (het)	semn (n) de exclamare	[semn de ekskla'mare]

aanhalingstekens (mv.)	ghilimele (f pl)	[gili'mele]
tussen aanhalingstekens (bw)	în ghilimele	[ɨn gili'mele]
haakjes (mv.)	paranteze (f pl)	[paran'teze]
tussen haakjes (bw)	în paranteze	[ɨn paran'teze]

streepje (het)	cratimă (f)	['kratimə]
gedachtestreepje (het)	cratimă (f)	['kratimə]
spatie	spaţiu (n) liber	['spatsju 'liber]
(~ tussen twee woorden)		

| letter (de) | literă (f) | ['literə] |
| hoofdletter (de) | majusculă (f) | [ma'ʒuskulʲa] |

| klinker (de) | vocală (f) | [vo'kalə] |
| medeklinker (de) | consoană (f) | [konso'anə] |

zin (de)	prepoziţie (f)	[prepo'zitsie]
onderwerp (het)	subiect (n)	[su'bjekt]
gezegde (het)	predicat (n)	[predi'kat]

regel (in een tekst)	rând (n)	[rɨnd]
op een nieuwe regel (bw)	alineat	[aline'at]
alinea (de)	paragraf (n)	[para'graf]

woord (het)	cuvânt (n)	[ku'vɨnt]
woordgroep (de)	îmbinare (f) de cuvinte	[ɨmbi'nare de ku'vinte]
uitdrukking (de)	expresie (f)	[eks'presie]
synoniem (het)	sinonim (n)	[sino'nim]
antoniem (het)	antonim (n)	[anto'nim]

regel (de)	regulă (f)	['regulə]
uitzondering (de)	excepţie (f)	[eks'tʃeptsie]
correct (bijv. ~e spelling)	corect	[ko'rekt]

vervoeging, conjugatie (de)	conjugare (f)	[konʒu'gare]
verbuiging, declinatie (de)	declinare (f)	[dekli'nare]
naamval (de)	caz (n)	[kaz]
vraag (de)	întrebare (f)	[ɨntre'bare]
onderstrepen (ww)	a sublinia	[a sublini'a]
stippellijn (de)	linie (f) punctată	['linie punk'tatə]

146. Vreemde talen

taal (de)	limbă (f)	['limbə]
vreemd (bn)	străin	[strə'in]
leren (bijv. van buiten ~)	a studia	[a studi'a]
studeren (Nederlands ~)	a învăţa	[a ɨnve'tsa]

lezen (ww)	a citi	[a tʃi'ti]
spreken (ww)	a vorbi	[a vor'bi]
begrijpen (ww)	a înţelege	[a ɨntse'ledʒe]
schrijven (ww)	a scrie	[a 'skrie]
snel (bw)	repede	['repede]
langzaam (bw)	încet	[ɨn'tʃet]

vloeiend (bw)	liber	['liber]
regels (mv.)	reguli (f pl)	['reguli]
grammatica (de)	gramatică (f)	[gra'matikə]
vocabulaire (het)	lexic (n)	['leksik]
fonetiek (de)	fonetică (f)	[fo'netikə]

leerboek (het)	manual (n)	[manu'al]
woordenboek (het)	dicţionar (n)	[diktsio'nar]
leerboek (het) voor zelfstudie	manual (n) autodidactic	[manu'al autodi'daktik]
taalgids (de)	ghid (n) de conversaţie	[gid de konver'satsie]

cassette (de)	casetă (f)	[ka'setə]
videocassette (de)	casetă (f) video	[ka'setə 'video]
CD (de)	CD (n)	[si'di]
DVD (de)	DVD (n)	[divi'di]

alfabet (het)	alfabet (n)	[alfa'bet]
spellen (ww)	a spune pe litere	[a vor'bi pe 'litere]
uitspraak (de)	pronunţie (f)	[pro'nuntsie]

accent (het)	accent (n)	[ak'tʃent]
met een accent (bw)	cu accent	['ku ak'tʃent]
zonder accent (bw)	fără accent	['fərə ak'tʃent]

woord (het)	cuvânt (n)	[ku'vint]
betekenis (de)	sens (n)	[sens]

cursus (de)	cursuri (n)	['kursuri]
zich inschrijven (ww)	a se înscrie	[a se in'skrie]
leraar (de)	profesor (m)	[pro'fesor]

vertaling (een ~ maken)	traducere (f)	[tra'dutʃere]
vertaling (tekst)	traducere (f)	[tra'dutʃere]
vertaler (de)	traducător (m)	[tradukə'tor]
tolk (de)	translator (m)	[trans'lator]

polyglot (de)	poliglot (m)	[poli'glot]
geheugen (het)	memorie (f)	[me'morie]

147. Sprookjesfiguren

Sinterklaas (de)	Santa Claus (m)	['santa 'klaus]
zeemeermin (de)	sirenă (f)	[si'renə]

magiër, tovenaar (de)	vrăjitor (m)	[vrəʒi'tor]
goede heks (de)	vrăjitoare (f)	[vrəʒito'are]
magisch (bn)	miraculos	[miraku'los]
toverstokje (het)	baghetă (f) magică	[ba'getə 'madʒikə]

sprookje (het)	poveste (f)	[po'veste]
wonder (het)	minune (f)	[mi'nune]
dwerg (de)	gnom (m)	[gnom]
veranderen in ...	a se preface în ...	[a se pre'fatʃe in]
(anders worden)		

geest (de)	stafie (f)	[sta'fie]
spook (het)	fantomă (f)	[fan'tomə]
monster (het)	monstru (m)	['monstru]
draak (de)	dragon (m)	[dra'gon]
reus (de)	uriaş (m)	[uri'aʃ]

148. Dierenriem

Ram (de)	Berbec (m)	[ber'bek]
Stier (de)	Taur (m)	['taur]
Tweelingen (mv.)	Gemeni (m pl)	['dʒemenʲ]
Kreeft (de)	Rac (m)	[rak]
Leeuw (de)	Leu (m)	['leu]
Maagd (de)	Fecioară (f)	[fetʃio'arə]

Weegschaal (de)	Balanţă (f)	[ba'lantsə]
Schorpioen (de)	Scorpion (m)	[skorpi'on]
Boogschutter (de)	Săgetător (m)	[sədʒetə'tor]
Steenbok (de)	Capricorn (m)	[kapri'korn]
Waterman (de)	Vărsător (m)	[vərsə'tor]
Vissen (mv.)	Peşti (m pl)	[peʃtʲ]

karakter (het)	caracter (m)	[karak'ter]
karaktertrekken (mv.)	trăsături (f pl) de caracter	[trəsə'turʲ de karak'ter]
gedrag (het)	comportament (n)	[komporta'ment]
waarzeggen (ww)	a prezice	[a pre'zitʃe]
waarzegster (de)	prezicătoare (f)	[prezikəto'are]
horoscoop (de)	horoscop (n)	[horo'skop]

Kunst

149. Theater

theater (het)	teatru (n)	[te'atru]
opera (de)	operă (f)	['operə]
operette (de)	operetă (f)	[ope'retə]
ballet (het)	balet (n)	[ba'let]
affiche (de/het)	afiş (n)	[a'fiʃ]
theatergezelschap (het)	trupă (f)	['trupə]
tournee (de)	turneu (n)	[tur'neu]
op tournee zijn	a juca în turneu	[a ʒu'ka ɨn tur'neu]
repeteren (ww)	a repeta	[a repe'ta]
repetitie (de)	repetiţie (f)	[repe'titsie]
repertoire (het)	repertoriu (n)	[reper'torju]
voorstelling (de)	reprezentaţie (f)	[rəprəzən'tatje]
spektakel (het)	spectacol (n)	[spekta'kol]
toneelstuk (het)	piesă (f) de teatru	['pjesə de te'atru]
biljet (het)	bilet (n)	[bi'let]
kassa (de)	casă (f) de bilete	['kasə de bi'lete]
foyer (de)	hol (n)	[hol]
garderobe (de)	garderobă (f)	[garde'robə]
garderobe nummer (het)	număr (n)	['numər]
verrekijker (de)	binoclu (n)	[bi'noklu]
plaatsaanwijzer (de)	controlor (m)	[kontro'lor]
parterre (de)	parter (n)	[par'ter]
balkon (het)	balcon (n)	[bal'kon]
gouden rang (de)	mezanin (n)	[meza'nin]
loge (de)	lojă (f)	['loʒə]
rij (de)	rând (n)	[rɨnd]
plaats (de)	loc (n)	[lok]
publiek (het)	public (n)	['publik]
kijker (de)	spectator (m)	[spekta'tor]
klappen (ww)	a aplauda	[a aplau'da]
applaus (het)	aplauze (f pl)	[ap'lauze]
ovatie (de)	ovaţii (f pl)	[o'vatsij]
toneel (op het ~ staan)	scenă (f)	['stʃenə]
gordijn, doek (het)	cortină (f)	[kor'tinə]
toneeldecor (het)	decor (n)	[de'kor]
backstage (de)	culise (f)	[ku'lise]
scène (de)	scenă (f)	['stʃenə]
bedrijf (het)	act (n)	[akt]
pauze (de)	antract (n)	[an'trakt]

150. Bioscoop

acteur (de)	actor (m)	[ak'tor]
actrice (de)	actriţă (f)	[ak'tritsə]
bioscoop (de)	cinema (n)	[ʧine'ma]
speelfilm (de)	film (n)	[film]
aflevering (de)	serie (f)	['serie]
detectivefilm (de)	detectiv (n)	[detek'tiv]
actiefilm (de)	film (n) de acţiune	['film de aktsi'une]
avonturenfilm (de)	film (n) de aventură	['film de aven'turə]
sciencefictionfilm (de)	film (n) fantastic	['film fan'tastik]
griezelfilm (de)	film (m) de groază	['film de gro'azə]
komedie (de)	comedie (f)	[kome'die]
melodrama (het)	melodramă (f)	[melo'dramə]
drama (het)	dramă (f)	['dramə]
speelfilm (de)	film (n) artistic	[film ar'tistik]
documentaire (de)	film (n) documentar	[film dokumen'tar]
tekenfilm (de)	desene (n) animate	[de'sene ani'mate]
stomme film (de)	film (n) mut	[film mut]
rol (de)	rol (n)	[rol]
hoofdrol (de)	rolul (n) principal	['rolul prinʧi'pal]
spelen (ww)	a juca	[a ʒu'ka]
filmster (de)	stea (f) de cinema	[st'a de ʧine'ma]
bekend (bn)	cunoscut	[kunos'kut]
beroemd (bn)	vestit	[ves'tit]
populair (bn)	popular	[popu'lar]
scenario (het)	scenariu (n)	[sʧe'narju]
scenarioschrijver (de)	scenarist (m)	[sʧena'rist]
regisseur (de)	regizor (m)	[re'dʒizor]
filmproducent (de)	producător (m)	[produkə'tor]
assistent (de)	asistent (m)	[asis'tent]
cameraman (de)	operator (m)	[opera'tor]
stuntman (de)	cascador (m)	[kaska'dor]
een film maken	a turna un film	[a tur'na un film]
auditie (de)	probe (f pl)	['probe]
opnamen (mv.)	filmări (f pl)	[filmərj]
filmploeg (de)	echipă (f) de filmare	[e'kipə de fil'mare]
filmset (de)	teren (n) de filmare	[te'ren de fil'mare]
filmcamera (de)	cameră (f) de luat vederi	['kamerə de lu'at ve'derj]
bioscoop (de)	cinematograf (n)	[ʧinemato'graf]
scherm (het)	ecran (n)	[e'kran]
een film vertonen	a prezenta un film	[a prezen'ta 'un 'film]
geluidsspoor (de)	linie (f) sonoră	['linie so'norə]
speciale effecten (mv.)	efecte (n pl) speciale	[e'fekte spetʃi'ale]
ondertiteling (de)	subtitluri (n pl)	[sub'titlurj]

| voortiteling, aftiteling (de) | titrări (f pl) | [tit'rərʲ] |
| vertaling (de) | traducere (f) | [tra'dut͡ʃere] |

151. Schilderij

kunst (de)	artă (f)	['artə]
schone kunsten (mv.)	arte (f pl) frumoase	['arte frumo'ase]
kunstgalerie (de)	galerie (f)	[gale'rie]
kunsttentoonstelling (de)	expoziţie (f) de tablouri	[ekspo'zit͡sie de tab'lourʲ]

schilderkunst (de)	pictură (f)	[pik'turə]
grafiek (de)	grafică (f)	['grafikə]
abstracte kunst (de)	abstracţionism (n)	[abstrakt͡sio'nism]
impressionisme (het)	impresionism (n)	[impresio'nism]

schilderij (het)	tablou (n)	[tab'lou]
tekening (de)	desen (n)	[de'sen]
poster (de)	afiş (n)	[a'fiʃ]

illustratie (de)	ilustraţie (f)	[ilus'trat͡sie]
miniatuur (de)	miniatură (f)	[minia'turə]
kopie (de)	copie (f)	['kopie]
reproductie (de)	reproducere (f)	[repro'dut͡ʃere]

mozaïek (het)	mozaic (n)	[moza'ik]
gebrandschilderd glas (het)	vitraliu (n)	[vi'tralju]
fresco (het)	frescă (f)	['freskə]
gravure (de)	gravură (f)	[gra'vurə]

buste (de)	bust (n)	[bust]
beeldhouwwerk (het)	sculptură (f)	[skulp'turə]
beeld (bronzen ~)	statuie (f)	[sta'tue]
gips (het)	ghips (n)	[gips]
gipsen (bn)	de, din ghips	[de, din gips]

portret (het)	portret (n)	[por'tret]
zelfportret (het)	autoportret (n)	[autopor'tret]
landschap (het)	peisaj (n)	[pej'saʒ]
stilleven (het)	natură (f) moartă	[na'ture mo'arte]
karikatuur (de)	caricatură (f)	[karika'turə]

verf (de)	vopsea (f)	[vop's ʲa]
aquarel (de)	acuarelă (f)	[akua'relə]
olieverf (de)	ulei (n)	[u'lej]
potlood (het)	creion (n)	[kre'jon]
Oost-Indische inkt (de)	tuş (n)	[tuʃ]
houtskool (de)	cărbune (m)	[kər'bune]

tekenen (met krijt)	a schiţa	[a ski't͡sa]
poseren (ww)	a poza	[a po'za]
naaktmodel (man)	naturist (m)	[natu'rist]
naaktmodel (vrouw)	naturistă (f)	[natu'ristə]
kunstenaar (de)	pictor (m)	['piktor]
kunstwerk (het)	operă (f)	['operə]

| meesterwerk (het) | capodoperă (f) | [kapo'doperə] |
| studio, werkruimte (de) | atelier (n) | [ate'ljer] |

schildersdoek (het)	pânză (f)	['pïnzə]
schildersezel (de)	şevalet (n)	[ʃəva'let]
palet (het)	paletă (f)	[pa'letə]

lijst (een verguide ~)	ramă (f)	['ramə]
restauratie (de)	restaurare (f)	[restau'rare]
restaureren (ww)	a restaura	[a restau'ra]

152. Literatuur & Poëzie

literatuur (de)	literatură (f)	[litera'turə]
auteur (de)	autor (m)	[au'tor]
pseudoniem (het)	pseudonim (n)	[pseudo'nim]

boek (het)	carte (f)	['karte]
boekdeel (het)	volum (n)	[vo'lum]
inhoudsopgave (de)	cuprins (n)	[ku'prins]
pagina (de)	pagină (f)	['padʒinə]
hoofdpersoon (de)	erou (m) principal	[e'rou prinʧi'pal]
handtekening (de)	autograf (n)	[auto'graf]

verhaal (het)	povestire (f)	[poves'tire]
novelle (de)	nuvelă (f)	[nu'velə]
roman (de)	roman (n)	[ro'man]
werk (literatuur)	compunere (f)	[kom'punere]
fabel (de)	fabulă (f)	['fabulə]
detectiveroman (de)	detectiv (m)	[detek'tiv]

gedicht (het)	poezie (f)	[poe'zie]
poëzie (de)	poezie (f)	[poe'zie]
epos (het)	poem (n)	[po'em]
dichter (de)	poet (m)	[po'et]

fictie (de)	literatură (f) artistică	[litera'turə ar'tistikə]
sciencefiction (de)	science fiction (n)	['saens 'fikʃn]
avonturenroman (de)	aventură (f)	[aven'turə]
opvoedkundige literatuur (de)	literatură (f) ştiinţifică	[litera'turə ʃtiin'tsifikə]
kinderliteratuur (de)	literatură (f) pentru copii	[litera'turə 'pentru ko'pij]

153. Circus

circus (de/het)	circ (n)	[ʧirk]
chapiteau circus (de/het)	circ (n) pe roţi	[ʧirk pe 'rots]
programma (het)	program (n)	[pro'gram]
voorstelling (de)	spectacol (n)	[spekta'kol]

nummer (circus ~)	număr (n)	['numər]
arena (de)	arenă (f)	[a'renə]
pantomime (de)	pantomimă (f)	[panto'mimə]

clown (de)	clovn (m)	[klovn]
acrobaat (de)	acrobat (m)	[akro'bat]
acrobatiek (de)	acrobatică (f)	[akro'batikə]
gymnast (de)	gimnast (m)	[dʒim'nast]
gymnastiek (de)	gimnastică (f)	[dʒim'nastikə]
salto (de)	tumbă (f)	['tumbə]

sterke man (de)	atlet (m)	[at'let]
temmer (de)	îmblânzitor (m)	[imblinzi'tor]
ruiter (de)	călăreț (m)	[kələ'rets]
assistent (de)	asistent (m)	[asis'tent]

stunt (de)	truc (n)	[truk]
goocheltruc (de)	scamatorie (f)	[skama'torie]
goochelaar (de)	scamator (m)	[skama'tor]

jongleur (de)	jongler (m)	[ʒon'gler]
jongleren (ww)	a jongla	[a ʒon'gla]
dierentrainer (de)	dresor (m)	[dre'sor]
dressuur (de)	dresare (f)	[dre'sare]
dresseren (ww)	a dresa	[a dre'sa]

154. Muziek. Popmuziek

muziek (de)	muzică (f)	['muzikə]
muzikant (de)	muzician (m)	[muzitʃi'an]
muziekinstrument (het)	instrument (n) muzical	[instru'ment muzi'kal]
spelen (bijv. gitaar ~)	a cânta la ...	[a kin'ta 'la]

gitaar (de)	chitară (f)	[ki'tarə]
viool (de)	vioară (f)	[vio'arə]
cello (de)	violoncel (n)	[violon'tʃel]
contrabas (de)	contrabas (n)	[kontra'bas]
harp (de)	harpă (f)	['harpə]

piano (de)	pianină (f)	[pia'nino]
vleugel (de)	pian (n) cu coadă	['pjan ku ku'ado]
orgel (het)	orgă (f)	['orgə]

blaasinstrumenten (mv.)	instrumente (n pl) de suflat	[instru'mente de suf'lat]
hobo (de)	oboi (m)	[o'boj]
saxofoon (de)	saxofon (n)	[sakso'fon]
klarinet (de)	clarinet (n)	[klari'net]
fluit (de)	flaut (n)	['flaut]
trompet (de)	trompetă (f)	[trom'petə]

accordeon (de/het)	acordeon (n)	[akorde'on]
trommel (de)	tobă (f)	['tobə]

duet (het)	duet (n)	[du'et]
trio (het)	trio (n)	['trio]
kwartet (het)	cvartet (n)	[kvar'tet]
koor (het)	cor (n)	[kor]
orkest (het)	orchestră (f)	[or'kestrə]

popmuziek (de)	muzică (f) pop	['muzikə pop]
rockmuziek (de)	muzică (f) rock	['muzikə rok]
rockgroep (de)	formaţie (n) rock	[for'matsie rok]
jazz (de)	jazz (n)	[ʤaz]

| idool (het) | idol (m) | ['idol] |
| bewonderaar (de) | fan (m) | [fan] |

concert (het)	concert (n)	[kon'tʃert]
symfonie (de)	simfonie (f)	[simfo'nie]
compositie (de)	operă (f)	['operə]
componeren (muziek ~)	a compune	[a kom'pune]

zang (de)	cântare (f)	[kɨn'tare]
lied (het)	cântec (n)	['kɨntek]
melodie (de)	melodie (f)	[melo'die]
ritme (het)	ritm (n)	[ritm]
blues (de)	blues (n)	[bluz]

bladmuziek (de)	note (f pl)	['note]
dirigeerstok (baton)	baghetă (f)	[ba'getə]
strijkstok (de)	arcuş (n)	[ar'kuʃ]
snaar (de)	coardă (f)	[ko'ardə]
koffer (de)	husă (f)	['husə]

Rusten. Entertainment. Reizen

155. Trip. Reizen

toerisme (het)	turism (n)	[tu'rism]
toerist (de)	turist (m)	[tu'rist]
reis (de)	călătorie (f)	[kələto'rie]
avontuur (het)	aventură (f)	[aven'turə]
tocht (de)	voiaj (n)	[vo'jaʒ]
vakantie (de)	concediu (n)	[kon'ʧedju]
met vakantie zijn	a fi în concediu	[a fi in kon'ʧedju]
rust (de)	odihnă (f)	[o'dihnə]
trein (de)	tren (n)	[tren]
met de trein	cu trenul	[ku 'trenul]
vliegtuig (het)	avion (n)	[a'vjon]
met het vliegtuig	cu avionul	[ku a'vjonul]
met de auto	cu automobilul	[ku automo'bilul]
per schip (bw)	cu vaporul	[ku va'porul]
bagage (de)	bagaj (n)	[ba'gaʒ]
valies (de)	valiză (f)	[va'lizə]
bagagekarretje (het)	cărucior (n) pentru bagaj	[kəru'ʧior 'pentru ba'gaʒ]
paspoort (het)	pașaport (n)	[paʃa'port]
visum (het)	viză (f)	['vizə]
kaartje (het)	bilet (n)	[bi'let]
vliegticket (het)	bilet (n) de avion	[bi'let de a'vjon]
reisgids (de)	ghid (m)	[gid]
kaart (de)	hartă (f)	['hartə]
gebied (landelijk ~)	localitate (f)	[lokali'tate]
plaats (de)	loc (n)	[lok]
exotische bestemming (de)	exotism (n)	[egzo'tism]
exotisch (bn)	exotic	[e'gzotik]
verwonderlijk (bn)	uimitor	[ujmi'tor]
groep (de)	grup (n)	[grup]
rondleiding (de)	excursie (f)	[eks'kursie]
gids (de)	ghid (m)	[gid]

156. Hotel

hotel (het)	hotel (n)	[ho'tel]
motel (het)	motel (n)	[mo'tel]
3-sterren	trei stele	[trej 'stele]

5-sterren	cinci stele	[ʧinʧ 'stele]
overnachten (ww)	a se opri	[a se o'pri]
kamer (de)	cameră (f)	['kamerə]
eenpersoonskamer (de)	cameră pentru o persoană (n)	['kamerə 'pentru o perso'anə]
tweepersoonskamer (de)	cameră pentru două persoane (n)	['kamerə 'pentru 'dowə perso'ane]
een kamer reserveren	a rezerva o cameră	[a rezer'va o 'kamerə]
halfpension (het)	demipensiune (f)	[demipensi'une]
volpension (het)	pensiune (f)	[pensi'une]
met badkamer	cu baie	[ku 'bae]
met douche	cu duş	[ku duʃ]
satelliet-tv (de)	televiziune (f) prin satelit	[televizi'une 'prin sate'lit]
airconditioner (de)	aer (n) condiţionat	['aer kondiʦio'nat]
handdoek (de)	prosop (n)	[pro'sop]
sleutel (de)	cheie (f)	['kee]
administrateur (de)	administrator (m)	[adminis'trator]
kamermeisje (het)	femeie (f) de serviciu	[fe'mee de ser'viʧiu]
piccolo (de)	hamal (m)	[ha'mal]
portier (de)	portar (m)	[por'tar]
restaurant (het)	restaurant (n)	[restau'rant]
bar (de)	bar (n)	[bar]
ontbijt (het)	micul dejun (n)	['mikul de'ʒun]
avondeten (het)	cină (f)	['ʧinə]
buffet (het)	masă suedeză (f)	['masə sue'dezə]
hal (de)	vestibul (n)	[vesti'bul]
lift (de)	lift (n)	[lift]
NIET STOREN	NU DERANJAŢI!	[nu deran'ʒaʦ]
VERBODEN TE ROKEN!	NU FUMAŢI!	[nu fu'maʦ]

157. Boeken. Lezen

boek (het)	carte (f)	['karte]
auteur (de)	autor (m)	[au'tor]
schrijver (de)	scriitor (m)	[skrii'tor]
schrijven (een boek)	a scrie	[a 'skrie]
lezer (de)	cititor (m)	[ʧiti'tor]
lezen (ww)	a citi	[a ʧi'ti]
lezen (het)	lectură (f)	[lek'turə]
stil (~ lezen)	în gând	[in gind]
hardop (~ lezen)	cu voce tare	[ku 'voʧe 'tare]
uitgeven (boek ~)	a publica	[a publi'ka]
uitgeven (het)	ediţie (f)	[e'diʦie]
uitgever (de)	editor (m)	[edi'tor]

uitgeverij (de)	editură (f)	[edi'turə]
verschijnen (bijv. boek)	a apărea	[a ape'rʲa]
verschijnen (het)	publicare (f)	[publi'kare]
oplage (de)	tiraj (n)	[ti'raʒ]
boekhandel (de)	librărie (f)	[librə'rie]
bibliotheek (de)	bibliotecă (f)	[biblio'tekə]
novelle (de)	nuvelă (f)	[nu'velə]
verhaal (het)	povestire (f)	[poves'tire]
roman (de)	roman (n)	[ro'man]
detectiveroman (de)	detectiv (n)	[detek'tiv]
memoires (mv.)	memorii (n pl)	[me'morij]
legende (de)	legendă (f)	[le'dʒendə]
mythe (de)	mit (n)	[mit]
gedichten (mv.)	versuri (n pl)	['versurʲ]
autobiografie (de)	autobiografie (f)	[autobiogra'fie]
bloemlezing (de)	opere (f pl) alese	['opere a'lese]
sciencefiction (de)	fantastică (f)	[fan'tastikə]
naam (de)	denumire (f)	[denu'mire]
inleiding (de)	prefață (f)	[pre'fatsə]
voorblad (het)	foaie (f) de titlu	[fo'ae de 'titlu]
hoofdstuk (het)	capitol (n)	[ka'pitol]
fragment (het)	fragment (n)	[frag'ment]
episode (de)	episod (n)	[epi'zod]
intrige (de)	subiect (n)	[su'bjekt]
inhoud (de)	cuprins (n)	[ku'prins]
inhoudsopgave (de)	cuprins (n)	[ku'prins]
hoofdpersonage (het)	erou (m) principal	[e'rou printʃi'pal]
boekdeel (het)	volum (n)	[vo'lum]
omslag (de/het)	copertă (f)	[ko'pertə]
boekband (de)	copertă (f)	[ko'pertə]
bladwijzer (de)	semn (n) de carte	[semn de 'karte]
pagina (de)	pagină (f)	['padʒinə]
bladeren (ww)	a răsfoi	[a rəsfo'i]
marges (mv.)	margine (f)	['mardʒine]
annotatie (de)	notă (f) marginală	['notə mardʒi'nalə]
opmerking (de)	însemnare (f)	[însem'nare]
tekst (de)	text (n)	[tekst]
lettertype (het)	caracter (n)	[karak'ter]
drukfout (de)	greșeală (f) de tipar	[gre'ʃalə de ti'par]
vertaling (de)	traducere (f)	[tra'dutʃere]
vertalen (ww)	a traduce	[a tra'dutʃe]
origineel (het)	original (n)	[oridʒi'nal]
beroemd (bn)	vestit	[ves'tit]
onbekend (bn)	necunoscut	[nekunos'kut]

| interessant (bn) | interesant | [intere'sant] |
| bestseller (de) | best seller (n) | [best 'seler] |

woordenboek (het)	dicţionar (n)	[dik tsio'nar]
leerboek (het)	manual (n)	[manu'al]
encyclopedie (de)	enciclopedie (f)	[entʃiklope'die]

158. Jacht. Vissen

jacht (de)	vânătoare (f)	[vɨneto'are]
jagen (ww)	a vâna	[a vɨ'na]
jager (de)	vânător (m)	[vɨne'tor]

schieten (ww)	a trage	[a 'tradʒe]
geweer (het)	armă (f)	['arme]
patroon (de)	cartuş (n)	[kar'tuʃ]
hagel (de)	alice (f)	[a'litʃe]

val (de)	capcană (f)	[kap'kane]
valstrik (de)	cursă (f)	['kurse]
een val zetten	a pune capcană	[a 'pune kap'kane]

stroper (de)	braconier (m)	[brako'njer]
wild (het)	vânat (n)	[vɨ'nat]
jachthond (de)	câine (m) de vânătoare	['kɨne de vɨneto'are]
safari (de)	safari (n)	[sa'fari]
opgezet dier (het)	animal (n) împăiat	[ani'mal ɨmpe'jat]

visser (de)	pescar (m)	[pes'kar]
visvangst (de)	pescuit (n)	[pesku'it]
vissen (ww)	a pescui	[a pesku'i]

hengel (de)	undiţă (f)	['unditse]
vislijn (de)	sfoara (f) undiţei	[sfo'ara 'unditsej]
haak (de)	cârlig (n)	[kɨr'lig]
dobber (de)	plută (f)	['plute]
aas (het)	momeală (f)	[mo'mʲale]

| de hengel uitwerpen | a arunca undiţa | [a arun'ka 'unditsa] |
| bijten (ov. de vissen) | a trage la undiţă | [a 'tradʒe la 'unditse] |

| vangst (de) | pescuit (n) | [pesku'it] |
| wak (het) | copcă (f) | ['kopke] |

| net (het) | plasă (f) | ['plase] |
| boot (de) | barcă (f) | ['barke] |

vissen met netten	a prinde cu plasa	[a 'prinde 'ku 'plasa]
het net uitwerpen	a arunca plasa	[a arun'ka 'plasa]
het net binnenhalen	a scoate plasa	[a sko'ate 'plasa]

walvisvangst (de)	vânător (m) de balene	[vane'tor de 'balene]
walvisvaarder (de)	balenieră (f)	[bale'njere]
harpoen (de)	harpon (n)	[har'pon]

159. Spellen. Biljart

biljart (het)	biliard (n)	[bi'ljard]
biljartzaal (de)	sală (f) de biliard	['salə de bi'ljard]
biljartbal (de)	bilă (f)	['bilə]
een bal in het gat jagen	a băga bila	[a bə'ga 'bila]
keu (de)	tac (n)	[tak]
gat (het)	gaură (f) de biliard	['gaurə de bi'ljard]

160. Spellen. Speelkaarten

ruiten (mv.)	tobă (f)	['tobə]
schoppen (mv.)	pică (f)	['pikə]
klaveren (mv.)	cupă (f)	['kupə]
harten (mv.)	treflă (f)	['treflə]
aas (de)	as (m)	[as]
koning (de)	rege (m)	['redʒe]
dame (de)	damă (f)	['damə]
boer (de)	valet (m)	[va'let]
speelkaart (de)	carte (f) de joc	['karte de ʒok]
kaarten (mv.)	cărţi (f pl) de joc	[kərts⋅ de ʒok]
troef (de)	atu (n)	[a'tu]
pak (het) kaarten	pachet (n) de cărţi de joc	[pa'ket de kərts de ʒok]
uitdelen (kaarten ~)	a împărţi	[a impər'tsi]
schudden (de kaarten ~)	a amesteca	[a ameste'ka]
beurt (de)	rând (n)	[rind]
valsspeler (de)	trişor (m)	[tri'ʃor]

161. Casino. Roulette

casino (het)	cazinou (n)	[kazi'nou]
roulette (de)	ruletă (f)	[ru'letə]
inzet (de)	miză (f)	['mizə]
een bod doen	a miza	[a mi'za]
rood (de)	roşu (m)	['roʃu]
zwart (de)	negru (m)	['negru]
inzetten op rood	a miza pe roşu	[a mi'za pe 'roʃu]
inzetten op zwart	a miza pe negru	[a mi'za pe 'negru]
croupier (de)	crupier (m)	[kru'pjer]
de cilinder draaien	a învârti ruleta	[a invir'ti ru'leta]
spelregels (mv.)	reguli (f pl) de joc	['regul⋅ de ʒok]
fiche (pokerfiche, etc.)	fisă (f)	['fisə]
winnen (ww)	a câştiga	[a kiʃti'ga]
winst (de)	câştig (n)	[kiʃ'tig]

| verliezen (ww) | a pierde | [a 'pjerde] |
| verlies (het) | pierdere (f) | ['perdere] |

speler (de)	jucător (m)	[ʒuke'tor]
blackjack (kaartspel)	Black Jack (m)	[blək dʒek]
dobbelspel (het)	table (f pl)	['table]
speelautomaat (de)	joc (n) mecanic	[ʒok me'kanik]

162. Rusten. Spellen. Diversen

wandelen (on.ww.)	a se plimba	[a se plim'ba]
wandeling (de)	plimbare (f)	[plim'bare]
trip (per auto)	excursie (f)	[eks'kursie]
avontuur (het)	aventură (f)	[aven'turə]
picknick (de)	picnic (n)	['piknik]

spel (het)	joc (n)	[ʒok]
speler (de)	jucător (m)	[ʒuke'tor]
partij (de)	partidă (f)	[par'tidə]

collectioneur (de)	colecționar (m)	[kolektsio'nar]
collectioneren (ww)	a colecționa	[a kolektsio'na]
collectie (de)	colecție (f)	[ko'lektsie]

kruiswoordraadsel (het)	rebus (n)	['rebus]
hippodroom (de)	hipodrom (n)	[hipo'drom]
discotheek (de)	discotecă (f)	[disko'tekə]

| sauna (de) | saună (f) | ['saunə] |
| loterij (de) | loterie (f) | [lote'rie] |

trektocht (kampeertocht)	camping (n)	['kemping]
kamp (het)	tabără (f)	['tabərə]
tent (de)	cort (n)	[kort]
kompas (het)	busolă (f)	[bu'solə]
rugzaktoerist (de)	turist (m)	[tu'rist]

bekijken (een film ~)	a se uita	[a se uj'ta]
kijker (televisie~)	telespectator (m)	[telespekta'tor]
televisie-uitzending (de)	emisiune (f) televizată	[emisi'une televi'zatə]

163. Fotografie

| fotocamera (de) | aparat (n) foto | [apa'rat 'foto] |
| foto (de) | fotografie (f) | [fotogra'fie] |

fotograaf (de)	fotograf (m)	[foto'graf]
fotostudio (de)	studio (n) foto	[stu'djo 'foto]
fotoalbum (het)	album (n) foto	[al'bum 'foto]

| lens (de), objectief (het) | obiectiv (n) | [objek'tiv] |
| telelens (de) | teleobiectiv (n) | [teleobjek'tiv] |

| filter (de/het) | filtru (n) | ['filtru] |
| lens (de) | lentilă (f) | [len'tilə] |

optiek (de)	optică (f)	['optikə]
diafragma (het)	diafragmă (f)	[dia'fragmə]
belichtingstijd (de)	timp (m) de expunere	['timp de eks'punere]
zoeker (de)	vizor (n)	[vi'zor]

digitale camera (de)	cameră (f) digitală	['kamerə didʒi'talə]
statief (het)	suport (n)	[su'port]
flits (de)	blitz (n)	[blits]

fotograferen (ww)	a fotografia	[a fotografi'ja]
foto's maken	a fotografia	[a fotografi'ja]
zich laten fotograferen	a se fotografia	[a se fotografi'ja]

focus (de)	claritate (f)	[klari'tate]
scherpstellen (ww)	a îndrepta	[a indrep'ta]
scherp (bn)	clar	[klar]
scherpte (de)	claritatea (f) imaginii	[klari'tat'a i'madʒinij]

| contrast (het) | contrast (n) | [kon'trast] |
| contrastrijk (bn) | de contrast | [de kon'trast] |

kiekje (het)	fotografie (f)	[fotogra'fie]
negatief (het)	negativ (n)	[nega'tiv]
filmpje (het)	film (n)	[film]
beeld (frame)	cadru (n)	['kadru]
afdrukken (foto's ~)	a tipări	[a tipə'ri]

164. Strand. Zwemmen

strand (het)	plajă (f)	['plaʒə]
zand (het)	nisip (n)	[ni'sip]
leeg (~ strand)	pustiu	[pus'tiu]

bruine kleur (de)	bronz (n)	[bronz]
zonnebaden (ww)	a se bronza	[a se bron'za]
gebruind (bn)	bronzat	[bron'zat]
zonnecrème (de)	cremă (f) pentru bronzat	['kremə 'pentru bron'zat]

bikini (de)	bikini (n)	[bi'kini]
badpak (het)	costum (n) de baie	[kos'tum de 'bae]
zwembroek (de)	slipi (m pl)	[slip']

zwembad (het)	bazin (n)	[ba'zin]
zwemmen (ww)	a înota	[a ino'ta]
douche (de)	duş (n)	[duʃ]
zich omkleden (ww)	a se schimba	[a se skim'ba]
handdoek (de)	prosop (n)	[pro'sop]

boot (de)	barcă (f)	['barkə]
motorboot (de)	cuter (n)	['kuter]
waterski's (mv.)	schiuri (n pl) pe apă	['skjur' pe 'apə]

waterfiets (de)	bicicletă (f) pe apă	[bitʃi'kletə pe 'apə]
surfen (het)	surfing (n)	['serfing]
surfer (de)	surfer (m)	['serfer]

scuba, aqualong (de)	acvalang (n)	[akva'lang]
zwemvliezen (mv.)	labe (f pl) de înot	['labe de i'not]
duikmasker (het)	mască (f)	['maskə]
duiker (de)	scufundător (m)	[skufundə'tor]
duiken (ww)	a se scufunda	[a se skufun'da]
onder water (bw)	sub apă	[sub 'apə]

parasol (de)	umbrelă (f)	[um'brelə]
ligstoel (de)	şezlong (n)	[ʃez'long]
zonnebril (de)	ochelari (m pl)	[oke'larʲ]
luchtmatras (de/het)	saltea (f) de înot	[sal'tʲa de iʲnot]

| spelen (ww) | a juca | [a ʒu'ka] |
| gaan zwemmen (ww) | a se scălda | [a se skəl'da] |

bal (de)	minge (f)	['mindʒe]
opblazen (oppompen)	a umfla	[a um'fla]
lucht-, opblaasbare (bn)	pneumatic	[pneu'matik]

golf (hoge ~)	val (n)	[val]
boei (de)	baliză (f)	[ba'lizə]
verdrinken (ww)	a se îneca	[a se ine'ka]

redden (ww)	a salva	[a sal'va]
reddingsvest (de)	vestă (f) de salvare	['vestə de sal'vare]
waarnemen (ww)	a observa	[a obser'va]
redder (de)	salvator (m)	[salva'tor]

TECHNISCHE APPARATUUR. VERVOER

Technische apparatuur

165. Computer

computer (de)	calculator (n)	[kalkula'tor]
laptop (de)	laptop (n)	[ləp'top]
aanzetten (ww)	a deschide	[a des'kide]
uitzetten (ww)	a închide	[a i'nkide]
toetsenbord (het)	tastatură (f)	[tasta'turə]
toets (enter~)	tastă (f)	['tastə]
muis (de)	mouse (n)	['maus]
muismat (de)	mousepad (n)	[maus'pad]
knopje (het)	tastă (f)	['tastə]
cursor (de)	cursor (m)	[kur'sor]
monitor (de)	monitor (n)	[moni'tor]
scherm (het)	ecran (n)	[e'kran]
harde schijf (de)	hard disc (n)	[hard disk]
volume (het) van de harde schijf	capacitatea (f) hard discului	[kapatʃi'tat'a 'hard 'diskuluj]
geheugen (het)	memorie (f)	[me'morie]
RAM-geheugen (het)	memorie (f) operativă	[me'morie opera'tivə]
bestand (het)	fişier (n)	[fiʃi'er]
folder (de)	document (n)	[doku'ment]
openen (ww)	a deschide	[a des'kide]
sluiten (ww)	a închide	[a i'nkide]
opslaan (ww)	a păstra	[a pəs'tra]
verwijderen (wissen)	a şterge	[a 'ʃterdʒe]
kopiëren (ww)	a copia	[a kopi'ja]
sorteren (ww)	a sorta	[a sor'ta]
overplaatsen (ww)	a copia	[a kopi'ja]
programma (het)	program (n)	[pro'gram]
software (de)	programe (n) de aplicaţie	[pro'grame de apli'katsie]
programmeur (de)	programator (m)	[programa'tor]
programmeren (ww)	a programa	[a progra'ma]
hacker (computerkraker)	hacker (m)	['haker]
wachtwoord (het)	parolă (f)	[pa'rolə]
virus (het)	virus (m)	['virus]
ontdekken (virus ~)	a găsi	[a gə'si]

| byte (de) | bait (m) | [bajt] |
| megabyte (de) | megabyte (m) | [mega'bajt] |

| data (de) | date (f pl) | ['date] |
| databank (de) | bază (f) de date | ['bazə de 'date] |

kabel (USB-~, enz.)	cablu (n)	['kablu]
afsluiten (ww)	a deconecta	[a dekonek'ta]
aansluiten op (ww)	a conecta	[a konek'ta]

166. Internet. E-mail

internet (het)	internet (n)	[inter'net]
browser (de)	browser (n)	['brauzer]
zoekmachine (de)	motor (n) de căutare	[mo'tor de kəu'tare]
internetprovider (de)	cablu (n)	['kablu]

webmaster (de)	web master (m)	[web 'master]
website (de)	web site (n)	[web 'sajt]
webpagina (de)	pagină (f) web	['padʒinə web]

| adres (het) | adresă (f) | [a'dresə] |
| adresboek (het) | registru (n) de adrese | [re'dʒistru de a'drese] |

| postvak (het) | cutie (f) poştală | [ku'tie poʃ'talə] |
| post (de) | corespondenţă (f) | [korespon'dentsə] |

bericht (het)	mesaj (n)	[me'saʒ]
verzender (de)	expeditor (m)	[ekspedi'tor]
verzenden (ww)	a expedia	[a ekspedi'ja]
verzending (de)	expediere (f)	[ekspe'djere]

| ontvanger (de) | destinatar (m) | [destina'tar] |
| ontvangen (ww) | a primi | [a pri'mi] |

| correspondentie (de) | corespondenţă (f) | [korespon'dentsə] |
| corresponderen (met ...) | a coresponda | [a korespon'da] |

bestand (het)	fişier (n)	[fiʃi'er]
downloaden (ww)	a copia	[a kopi'ja]
creëren (ww)	a crea	[a 'krʲa]
verwijderen (een bestand ~)	a şterge	[a 'ʃterdʒe]
verwijderd (bn)	şters	[ʃters]

verbinding (de)	conexiune (f)	[koneksi'une]
snelheid (de)	viteză (f)	[vi'tezə]
modem (de)	modem (n)	[mo'dem]
toegang (de)	acces (n)	[ak'tʃes]
poort (de)	port (n)	[port]

aansluiting (de)	conectare (f)	[konek'tare]
zich aansluiten (ww)	a se conecta	[a se konek'ta]
selecteren (ww)	a alege	[a a'ledʒe]
zoeken (ww)	a căuta	[a kəu'ta]

167. Elektriciteit

elektriciteit (de)	electricitate (f)	[elektritʃi'tate]
elektrisch (bn)	electric	[e'lektrik]
elektriciteitscentrale (de)	centrală (f) electrică	[tʃen'trale e'lektrike]
energie (de)	energie (f)	[ener'dʒie]
elektrisch vermogen (het)	energie (f) electrică	[ener'dʒie e'lektrike]

lamp (de)	bec (n)	[bek]
zaklamp (de)	lanternă (f)	[lan'terne]
straatlantaarn (de)	felinar (n)	[feli'nar]

licht (elektriciteit)	lumină (f)	[lu'mine]
aandoen (ww)	a aprinde	[a a'prinde]
uitdoen (ww)	a stinge	[a 'stindʒe]
het licht uitdoen	a stinge lumina	[a 'stindʒe lu'mina]

doorbranden (gloeilamp)	a arde	[a 'arde]
kortsluiting (de)	scurtcircuit (n)	['skurtʃirku'it]
onderbreking (de)	ruptură (f)	[rup'ture]
contact (het)	contact (n)	[kon'takt]

schakelaar (de)	întrerupător (n)	[intrerupe'tor]
stopcontact (het)	priză (f)	['prize]
stekker (de)	furcă (f)	['furke]
verlengsnoer (de)	prelungitor (n)	[prelundʒi'tor]

zekering (de)	siguranţă (f)	[sigu'rantse]
kabel (de)	fir (n) electric	[fir e'lektrik]
bedrading (de)	instalaţie (f) electrică	[insta'latsie e'lektrike]

ampère (de)	amper (m)	[am'per]
stroomsterkte (de)	intensitatea (f) curentului	[intensi'tat'a ku'rentuluj]
volt (de)	volt (m)	[volt]
spanning (de)	tensiune (f)	[tensi'une]

elektrisch toestel (het)	aparat (n) electric	[apa'rat e'lektrik]
indicator (de)	indicator (n)	[indika'tor]

elektricien (de)	electrician (m)	[elektritʃi'an]
solderen (ww)	a lipi	[a li'pi]
soldeerbout (de)	ciocan (n) de lipit	[tʃio'kan de li'pit]
stroom (de)	curent (m)	[ku'rent]

168. Gereedschappen

werktuig (stuk gereedschap)	instrument (n)	[instru'ment]
gereedschap (het)	instrumente (n pl)	[instru'mente]
uitrusting (de)	utilaj (n)	[uti'laʒ]

hamer (de)	ciocan (n)	[tʃio'kan]
schroevendraaier (de)	şurubelniţă (f)	[ʃuru'belnitse]
bijl (de)	topor (n)	[to'por]

zaag (de)	ferăstrău (n)	[ferəstrəu]
zagen (ww)	a tăia cu ferăstrăul	[a tə'ja 'ku ferəstrəul]
schaaf (de)	rindea (f)	[rin'dʲa]
schaven (ww)	a gelui	[a dʒelu'i]
soldeerbout (de)	ciocan (n) de lipit	[tʃio'kan de li'pit]
solderen (ww)	a lipi	[a li'pi]

vijl (de)	pilă (f)	['pilə]
nijptang (de)	cleşte (m)	['kleʃte]
combinatietang (de)	cleşte (m) patent	['kleʃte pa'tent]
beitel (de)	daltă (f) de tâmplărie	['daltə de timplə'rie]

boorkop (de)	burghiu (n)	[bur'gju]
boormachine (de)	sfredel (n)	['sfredel]
boren (ww)	a sfredeli	[a sfrede'li]

mes (het)	cuţit (n)	[ku'tsit]
lemmet (het)	lamă (f)	['lamə]

scherp (bijv. ~ mes)	ascuţit	[asku'tsit]
bot (bn)	tocit	[to'tʃit]
bot raken (ww)	a se toci	[a se to'tʃi]
slijpen (een mes ~)	a ascuţi	[a asku'tsi]

bout (de)	şurub (n)	[ʃu'rub]
moer (de)	piuliţă (f)	[pju'litsə]
schroefdraad (de)	filet (n)	[fi'let]
houtschroef (de)	şurub (n)	[ʃu'rub]

spijker (de)	cui (n)	[kuj]
kop (de)	bont (n)	[bont]

liniaal (de/het)	linie (f)	['linie]
rolmeter (de)	ruletă (f)	[ru'letə]
waterpas (de/het)	nivelă (f)	[ni'vela]
loep (de)	lupă (f)	['lupə]

meetinstrument (het)	aparat (n) de măsurat	[apa'rat de məsu'rat]
opmeten (ww)	a măsura	[a məsu'ra]
schaal (meetschaal)	scală (f)	['skalə]
gegevens (mv.)	indicaţii (f pl)	[indi'katsij]

compressor (de)	compresor (n)	[kompre'sor]
microscoop (de)	microscop (n)	[mikro'skop]

pomp (de)	pompă (f)	['pompə]
robot (de)	robot (m)	[ro'bot]
laser (de)	laser (n)	['laser]

moersleutel (de)	cheie (f) franceză	['kee fran'tʃezə]
plakband (de)	bandă (f) izolatoare	['bandə izolato'are]
lijm (de)	clei (n)	[klej]

schuurpapier (het)	hârtie (f) abrazivă	[hir'tie abra'zivə]
veer (de)	arc (n)	[ark]
magneet (de)	magnet (m)	[mag'net]

handschoenen (mv.)	mănuşi (f pl)	[mə'nuʃ]
touw (bijv. henneptouw)	funie (f)	['funie]
snoer (het)	şnur (n)	[ʃnur]
draad (de)	fir (n) electric	[fir e'lektrik]
kabel (de)	cablu (n)	['kablu]

moker (de)	baros (m)	[ba'ros]
breekijzer (het)	rangă (f)	['rangə]
ladder (de)	scară (f)	['skarə]
trapje (inklapbaar ~)	scară (f) de frânghie	['skarə de frin'gie]

aanschroeven (ww)	a înşuruba	[a inʃuru'ba]
losschroeven (ww)	a deşuruba	[a deʃuru'ba]
dichtpersen (ww)	a strânge	[a 'strindʒe]
vastlijmen (ww)	a lipi	[a li'pi]
snijden (ww)	a tăia	[a tə'ja]

defect (het)	deranjament (n)	[deranʒa'ment]
reparatie (de)	reparaţie (f)	[repa'ratsie]
repareren (ww)	a repara	[a repa'ra]
regelen (een machine ~)	a regla	[a re'gla]

checken (ww)	a verifica	[a verifi'ka]
controle (de)	verificare (f)	[verifi'kare]
gegevens (mv.)	indicaţie (f)	[indi'katsie]

| degelijk (bijv. ~ machine) | sigur | ['sigur] |
| ingewikkeld (bn) | complex | [kom'pleks] |

roesten (ww)	a rugini	[a rudʒi'ni]
roestig (bn)	ruginit	[rudʒi'nit]
roest (de/het)	rugină (f)	[ru'dʒinə]

Vervoer

169. Vliegtuig

vliegtuig (het)	avion (n)	[a'vjon]
vliegticket (het)	bilet (n) de avion	[bi'let de a'vjon]
luchtvaartmaatschappij (de)	companie (f) aeriană	[kompa'nie aeri'anə]
luchthaven (de)	aeroport (n)	[aero'port]
supersonisch (bn)	supersonic	[super'sonik]
gezagvoerder (de)	comandant (m) de navă	[koman'dant de 'navə]
bemanning (de)	echipaj (n)	[eki'paʒ]
piloot (de)	pilot (m)	[pi'lot]
stewardess (de)	stewardesă (f)	[stjuar'desə]
stuurman (de)	navigator (m)	[naviga'tor]
vleugels (mv.)	aripi (f pl)	[a'ripʲ]
staart (de)	coadă (f)	[ko'adə]
cabine (de)	cabină (f)	[ka'binə]
motor (de)	motor (n)	[mo'tor]
landingsgestel (het)	tren (n) de aterizare	[tren de ateri'zare]
turbine (de)	turbină (f)	[tur'binə]
propeller (de)	elice (f)	[e'litʃe]
zwarte doos (de)	cutie (f) neagră	[ku'tie 'nʲagrə]
stuur (het)	manşă (f)	['manʃə]
brandstof (de)	combustibil (m)	[kombus'tibil]
veiligheidskaart (de)	instrucţiune (f)	[instrukʦi'une]
zuurstofmasker (het)	mască (f) cu oxigen	['maskə 'ku oksi'dʒen]
uniform (het)	uniformă (f)	[uni'formə]
reddingsvest (de)	vestă (f) de salvare	['vestə de sal'vare]
parachute (de)	paraşută (f)	[para'ʃutə]
opstijgen (het)	decolare (f)	[deko'lare]
opstijgen (ww)	a decola	[a deko'la]
startbaan (de)	pistă (f) de decolare	['pistə de deko'lare]
zicht (het)	vizibilitate (f)	[vizibili'tate]
vlucht (de)	zbor (n)	[zbor]
hoogte (de)	înălţime (f)	[inəl'ʦime]
luchtzak (de)	gol de aer (n)	[gol de 'aer]
plaats (de)	loc (n)	[lok]
koptelefoon (de)	căşti (f pl)	[kəʃtʲ]
tafeltje (het)	măsuţă (f) rabatabilă	[mə'suʦə raba'tabilə]
venster (het)	hublou (n)	[hu'blou]
gangpad (het)	trecere (f)	['tretʃere]

170. Trein

trein (de)	tren (n)	[tren]
elektrische trein (de)	tren (n) electric	['tren e'lektrik]
sneltrein (de)	tren (n) accelerat	['tren aktʃele'rat]
diesellocomotief (de)	locomotivă (f) cu motor diesel	[lokomo'tivə ku mo'tor 'dizel]
stoomlocomotief (de)	locomotivă (f)	[lokomo'tivə]
rijtuig (het)	vagon (n)	[va'gon]
restauratierijtuig (het)	vagon-restaurant (n)	[va'gon restau'rant]
rails (mv.)	şine (f pl)	['ʃine]
spoorweg (de)	cale (f) ferată	['kale fe'ratə]
dwarsligger (de)	traversă (f)	[tra'versə]
perron (het)	peron (n)	[pe'ron]
spoor (het)	linie (f)	['linie]
semafoor (de)	semafor (n)	[sema'for]
halte (bijv. kleine treinhalte)	staţie (f)	['statsie]
machinist (de)	maşinist (m)	[maʃi'nist]
kruier (de)	hamal (m)	[ha'mal]
conducteur (de)	însoţitor (m)	[însotsi'tor]
passagier (de)	pasager (m)	[pasa'dʒer]
controleur (de)	controlor (m)	[kontro'lor]
gang (in een trein)	coridor (n)	[kori'dor]
noodrem (de)	semnal (n) de alarmă	[sem'nal de a'larmə]
coupé (de)	compartiment (n)	[komparti'ment]
bed (slaapplaats)	cuşetă (f)	[ku'ʃetə]
bovenste bed (het)	patul (n) de sus	['patuɫ de sus]
onderste bed (het)	patul (n) de jos	['patul de ʒos]
beddengoed (het)	lenjerie (f) de pat	[lenʒe'rie de pat]
kaartje (het)	bilet (n)	[bi'let]
dienstregeling (de)	orar (n)	[o'rar]
informatiebord (het)	panou (n)	[pa'nou]
vertrekken (De trein vertrekt …)	a pleca	[a ple'ka]
vertrek (ov. een trein)	plecare (f)	[ple'kare]
aankomen (ov. de treinen)	a sosi	[a so'si]
aankomst (de)	sosire (f)	[so'sire]
aankomen per trein	a veni cu trenul	[a ve'ni ku 'trenul]
in de trein stappen	a se aşeza în tren	[a se aʃe'za în tren]
uit de trein stappen	a coborî din tren	[a kobo'rî din tren]
treinwrak (het)	accident (n) de tren	[aktʃi'dent de tren]
stoomlocomotief (de)	locomotivă (f)	[lokomo'tivə]
stoker (de)	fochist (m)	[fo'kist]
stookplaats (de)	focar (n)	[fo'kar]
steenkool (de)	cărbune (m)	[kər'bune]

171. Schip

schip (het)	corabie (f)	[ko'rabie]
vaartuig (het)	navă (f)	['navə]
stoomboot (de)	vapor (n)	[va'por]
motorschip (het)	motonavă (f)	[moto'navə]
lijnschip (het)	vas (n) de croazieră	[vas de kroa'zjerə]
kruiser (de)	crucişător (n)	[krutʃiʃə'tor]
jacht (het)	iaht (n)	[jaht]
sleepboot (de)	remorcher (n)	[remor'ker]
duwbak (de)	şlep (n)	[ʃlep]
ferryboot (de)	bac (n)	[bak]
zeilboot (de)	velier (n)	[ve'ljer]
brigantijn (de)	brigantină (f)	[brigan'tinə]
ijsbreker (de)	spărgător (n) de gheaţă	[spərge'tor de 'gjatsə]
duikboot (de)	submarin (n)	[subma'rin]
boot (de)	barcă (f)	['barkə]
sloep (de)	şalupă (f)	[ʃa'lupə]
reddingssloep (de)	şalupă (f) de salvare	[ʃa'lupə de sal'vare]
motorboot (de)	cuter (n)	['kuter]
kapitein (de)	căpitan (m)	[kəpi'tan]
zeeman (de)	marinar (m)	[mari'nar]
matroos (de)	marinar (m)	[mari'nar]
bemanning (de)	echipaj (n)	[eki'paʒ]
bootsman (de)	şef (m) de echipaj	[ʃef de eki'paʒ]
scheepsjongen (de)	mus (m)	[mus]
kok (de)	bucătar (m)	[bukə'tar]
scheepsarts (de)	medic (m) pe navă	['medik pe 'navə]
dek (het)	teugă (f)	[te'ugə]
mast (de)	catarg (n)	[ka'targ]
zeil (het)	velă (f)	['velə]
ruim (het)	cală (f)	['kalə]
voorsteven (de)	proră (f)	['prorə]
achtersteven (de)	pupă (f)	['pupə]
roeispaan (de)	vâslă (f)	['vislə]
schroef (de)	elice (f)	[e'litʃe]
kajuit (de)	cabină (f)	[ka'binə]
officierskamer (de)	salonul (n) ofiţerilor	[sa'lonul ofi'tserilor]
machinekamer (de)	sala (f) maşinilor	['sala ma'ʃinilor]
brug (de)	punte (f) de comandă	['punte de ko'mandə]
radiokamer (de)	staţie (f) de radio	['statsie de 'radio]
radiogolf (de)	undă (f)	['undə]
logboek (het)	jurnal (n) de bord	[ʒur'nal de bord]
verrekijker (de)	lunetă (f)	[lu'netə]
klok (de)	clopot (n)	['klopot]

vlag (de)	steag (n)	['stʲag]
kabel (de)	parâmă (f)	[pa'rimə]
knoop (de)	nod (n)	[nod]

| leuning (de) | bară (f) | ['barə] |
| trap (de) | pasarelă (f) | [pasa'relə] |

anker (het)	ancoră (f)	['ankorə]
het anker lichten	a ridica ancora	[a ridi'ka 'ankora]
het anker neerlaten	a ancora	[a anko'ra]
ankerketting (de)	lanţ (n) de ancoră	[lanʦ de 'ankorə]

haven (bijv. containerhaven)	port (n)	[port]
kaai (de)	acostare (f)	[akos'tare]
aanleggen (ww)	a acosta	[a akos'ta]
wegvaren (ww)	a demara	[a dema'ra]

reis (de)	călătorie (f)	[kələto'rie]
cruise (de)	croazieră (f)	[kroa'zjerə]
koers (de)	direcţie (f)	[di'rekʦie]
route (de)	rută (f)	['rutə]

vaarwater (het)	cale (f) navigabilă	['kale navi'gabilə]
zandbank (de)	banc (n) de nisip	[bank de ni'sip]
stranden (ww)	a se împotmoli	[a se impotmo'li]

storm (de)	furtună (f)	[fur'tunə]
signaal (het)	semnal (n)	[sem'nal]
zinken (ov. een boot)	a se scufunda	[a se skufun'da]
SOS (noodsignaal)	SOS	[sos]
reddingsboei (de)	colac (m) de salvare	[ko'lak de sal'vare]

172. Vliegveld

luchthaven (de)	aeroport (n)	[aero'port]
vliegtuig (het)	avion (n)	[a'vjon]
luchtvaartmaatschappij (de)	companie (f) aeriană	[kompa'nie aeri'anə]
luchtverkeersleider (de)	dispecer (n)	[dis'peʧer]

vertrek (het)	decolare (f)	[deko'lare]
aankomst (de)	aterizare (f)	[ateri'zare]
aankomen (per vliegtuig)	a ateriza	[a ateri'za]

| vertrektijd (de) | ora (f) decolării | ['ora dekolərij] |
| aankomstuur (het) | ora (f) aterizării | ['ora aterizərij] |

| vertraagd zijn (ww) | a întârzia | [a intir'zija] |
| vluchtvertraging (de) | întârzierea (f) zborului | [intirzjerʲa 'zboruluj] |

informatiebord (het)	panou (n)	[pa'nou]
informatie (de)	informaţie (f)	[infor'maʦie]
aankondigen (ww)	a anunţa	[a anun'ʦa]
vlucht (bijv. KLM ~)	cursă (f)	['kursə]
douane (de)	vamă (f)	['vamə]

douanier (de)	vameş (m)	['vameʃ]
douaneaangifte (de)	declaraţie (f)	[dekla'ratsie]
een douaneaangifte invullen	a completa declaraţia	[a komple'ta dekla'ratsija]
paspoortcontrole (de)	controlul (n) paşapoartelor	[kon'trolul paʃapo'artelor]

bagage (de)	bagaj (n)	[ba'gaʒ]
handbagage (de)	bagaj (n) de mână	[ba'gaʒ de 'minə]
bagagekarretje (het)	cărucior (n) pentru bagaj	[kəru'tʃior 'pentru ba'gaʒ]

landing (de)	aterizare (f)	[ateri'zare]
landingsbaan (de)	pistă (f) de aterizare	['pistə de ateri'zare]
landen (ww)	a ateriza	[a ateri'za]
vliegtuigtrap (de)	scară (f)	['skarə]

inchecken (het)	înregistrare (f)	[inredʒis'trare]
incheckbalie (de)	birou (n) de înregistrare	[bi'rou de inredʒis'trare]
inchecken (ww)	a se înregistra	[a se inredʒis'tra]
instapkaart (de)	număr (n) de bord	['numər de bord]
gate (de)	debarcare (f)	[debar'kare]

transit (de)	tranzit (n)	['tranzit]
wachten (ww)	a aştepta	[a aʃtep'ta]
wachtzaal (de)	sală (f) de aşteptare	['salə de aʃtep'tare]
begeleiden (uitwuiven)	a conduce	[a kon'dutʃe]
afscheid nemen (ww)	a-şi lua rămas bun	[aʃ lu'a rə'mas bun]

173. Fiets. Motorfiets

fiets (de)	bicicletă (f)	[bitʃi'kletə]
bromfiets (de)	scuter (n)	['skuter]
motorfiets (de)	motocicletă (f)	[mototʃi'kletə]

met de fiets rijden	a merge cu bicicleta	[a 'merdʒe ku bitʃik'leta]
stuur (het)	ghidon (n)	[gi'don]
pedaal (de/het)	pedală (f)	[pe'dalə]
remmen (mv.)	frână (f)	['frinə]
fietszadel (de/het)	şa (f)	[ʃa]

pomp (de)	pompă (f)	['pompə]
bagagedrager (de)	portbagaj (n)	[portba'gaʒ]
fietslicht (het)	felinar (n)	[feli'nar]
helm (de)	cască (f)	['kaskə]

wiel (het)	roată (f)	[ro'atə]
spatbord (het)	aripă (f)	[a'ripə]
velg (de)	obada (f) roţii	[o'bada 'rotsij]
spaak (de)	spiţă (f)	['spitsə]

Auto's

174. Soorten auto's

auto (de)	automobil (n)	[automo'bil]
sportauto (de)	automobil (n) sport	[automo'bil 'sport]
limousine (de)	limuzină (f)	[limu'zinə]
terreinwagen (de)	vehicul (n) de teren (n)	[ve'hikul de te'ren]
cabriolet (de)	cabrioletă (f)	[kabrio'letə]
minibus (de)	microbuz (n)	[mikro'buz]
ambulance (de)	ambulanţă (f)	[ambu'lantsə]
sneeuwruimer (de)	maşină (f) de deszăpezire	[ma'ʃinə de deszəpe'zire]
vrachtwagen (de)	autocamion (n)	[autoka'mjon]
tankwagen (de)	autocisternă (f) pentru combustibil	[autotʃis'ternə 'pentru kombus'tibil]
bestelwagen (de)	furgon (n)	[fur'gon]
trekker (de)	remorcher (n)	[remor'ker]
aanhangwagen (de)	remorcă (f)	[re'morkə]
comfortabel (bn)	confortabil	[konfor'tabil]
tweedehands (bn)	uzat	[u'zat]

175. Auto's. Carrosserie

motorkap (de)	capotă (f)	[ka'potə]
spatbord (het)	aripă (f)	[a'ripə]
dak (het)	acoperiş (n)	[akope'riʃ]
voorruit (de)	parbriz (n)	[par'briz]
achterruit (de)	oglindă (f) retrovizoare	[og'lində retrovizo'are]
ruitensproeier (de)	ştergător (n)	[ʃtergə'tor]
wisserbladen (mv.)	ştergător (n) de parbriz	[ʃtergə'tor de par'briz]
zijruit (de)	fereastră (f) laterală	[fe'rʲastrə late'ralə]
raamlift (de)	macara (f) de geam	[maka'ra de dʒʲam]
antenne (de)	antenă (f)	[an'tenə]
zonnedak (het)	trapă (f)	['trapə]
bumper (de)	amortizor (n)	[amorti'zor]
koffer (de)	portbagaj (n)	[portba'gaʒ]
portier (het)	portieră (f)	[por'tjerə]
handvat (het)	mâner (n)	[mɨ'ner]
slot (het)	încuietoare (f)	[inkueto'are]
nummerplaat (de)	număr (n)	['numər]
knalpot (de)	tobă (f)	['tobə]

| benzinetank (de) | rezervor (n) de benzină | [rezer'vor de ben'zinə] |
| uitlaatpijp (de) | ţeavă (f) de eşapament | ['tsʲavə de eʃapa'ment] |

gas (het)	gaz (n)	[gaz]
pedaal (de/het)	pedală (f)	[pe'dalə]
gaspedaal (de/het)	pedală (f) de acceleraţie	[pe'dalə de aktʃele'ratsie]

rem (de)	frână (f)	['frinə]
rempedaal (de/het)	pedală (f) de frână	[pe'dalə de 'frinə]
remmen (ww)	a frâna	[a fri'na]
handrem (de)	frână (f) de staţionare	['frinə de statsio'nare]

koppeling (de)	ambreiaj (n)	[ambre'jaʒ]
koppelingspedaal (de/het)	pedală (f) de ambreiaj	[pe'dalə de ambre'jaʒ]
koppelingsschijf (de)	disc (n) de ambreiaj	['disk de ambre'jaʒ]
schokdemper (de)	amortizor (n)	[amorti'zor]

wiel (het)	roată (f)	[ro'atə]
reservewiel (het)	roată (f) de rezervă	[ro'atə de re'zervə]
wieldop (de)	capac (n)	[ka'pak]

aandrijfwielen (mv.)	roţi (f pl) de tracţiune	['rotsʲ de traktsi'une]
met voorwielaandrijving	tracţiune (f) frontală	[traktsi'une fron'talə]
met achterwielaandrijving	tracţiune (f) spate	[traktsi'une 'spate]
met vierwielaandrijving	tracţiune (f) integrală	[traktsi'une inte'gralə]

versnellingsbak (de)	cutie (f) de viteză	[ku'tie de vi'tezə]
automatisch (bn)	automat	[auto'mat]
mechanisch (bn)	mecanic	[me'kanik]
versnellingspook (de)	manetă (f) de viteze	[ma'netə de vi'teze]

| voorlicht (het) | far (n) | [far] |
| voorlichten (mv.) | faruri (n pl) | ['farurʲ] |

dimlicht (het)	fază (f) mică	['fazə 'mikə]
grootlicht (het)	fază (f) mare	['fazə 'mare]
stoplicht (het)	semnal (n) de oprire	[sem'nal de o'prire]

standlichten (mv.)	semn (n) de gabarit	[semn de gaba'rit]
noodverlichting (de)	lumini (f) de avarie	[lu'minʲ de a'varie]
mistlichten (mv.)	faruri (n pl) anticeaţă	['farurʲ anti'tʃatsə]
pinker (de)	mecanism (n) de direcţie	[meka'nism de di'rektsie]
achteruitrijdlicht (het)	marşarier (n)	[marʃari'er]

176. Auto's. Passagiersruimte

interieur (het)	interior (n)	[inte'rjor]
leren (van leer gemaak)	de piele	[de 'pjele]
fluwelen (abn)	de catifea	[de kati'fʲa]
bekleding (de)	tapiţare (f)	[tapi'tsare]

toestel (het)	dispozitiv (n)	[dispozi'tiv]
instrumentenbord (het)	panou (n) de comandă	[pa'nou de ko'mandə]
snelheidsmeter (de)	vitezometru (n)	[vitezo'metru]

pijltje (het)	ac (n)	[ak]
kilometerteller (de)	contor (n)	[kon'tor]
sensor (de)	indicator (n)	[indika'tor]
niveau (het)	nivel (n)	[ni'vel]
controlelampje (het)	bec (n)	[bek]

stuur (het)	volan (n)	[vo'lan]
toeter (de)	claxon (n)	[klak'son]
knopje (het)	buton (n)	[bu'ton]
schakelaar (de)	schimbător (n) de viteză	[skimbe'tor de vi'tezə]

stoel (bestuurders~)	scaun (n)	['skaun]
rugleuning (de)	spătar (n)	[spə'tar]
hoofdsteun (de)	tetieră (f)	[te'tjerə]
veiligheidsgordel (de)	centură (f) de siguranță	[tʃen'turə de sigu'rantsə]
de gordel aandoen	a pune centura de siguranță	[a 'pune tʃen'tura de sigu'rantsə]
regeling (de)	reglare (f)	[re'glare]

| airbag (de) | airbag (n) | ['erbeg] |
| airconditioner (de) | aer (n) condiționat | ['aer konditsio'nat] |

radio (de)	radio (n)	['radio]
CD-speler (de)	CD player (n)	[si'di 'pleer]
aanzetten (bijv. radio ~)	a deschide	[a des'kide]
antenne (de)	antenă (f)	[an'tenə]
handschoenenkastje (het)	torpedou (m)	[torpe'dou]
asbak (de)	scrumieră (f)	[skru'mjerə]

177. Auto's. Motor

motor (de)	motor (n)	[mo'tor]
diesel- (abn)	diesel	['dizel]
benzine- (~motor)	pe benzină	[pe ben'zinə]

motorinhoud (de)	capacitatea (n) motorului	[kapatʃi'tatia mo'toruluj]
vermogen (het)	putere (f)	[pu'tere]
paardenkracht (de)	cal-putere (m)	[kal pu'tere]
zuiger (de)	piston (m)	[pis'ton]
cilinder (de)	cilindru (m)	[tʃi'lindru]
klep (de)	supapă (f)	[su'papə]

injectie (de)	injector (n)	[inʒek'tor]
generator (de)	generator (n)	[dʒenera'tor]
carburator (de)	carburator (n)	[karbura'tor]
motorolie (de)	ulei (n) pentru motor	[u'lej 'pentru mo'tor]

radiator (de)	radiator (n)	[radia'tor]
koelvloeistof (de)	antigel (n)	[anti'dʒel]
ventilator (de)	ventilator (n)	[ventila'tor]

accu (de)	acumulator (n)	[akumula'tor]
starter (de)	demaror (n)	[dema'ror]
contact (ontsteking)	aprindere (f)	[a'prindere]

bougie (de)	bujie (f) de aprindere	[bu'ʒie de a'prindere]
pool (de)	bornă (f)	['bornə]
positieve pool (de)	plus (n)	[plus]
negatieve pool (de)	minus (m)	['minus]
zekering (de)	siguranţă (f)	[sigu'rantsə]

luchtfilter (de)	filtru (n) de aer	['filtru de 'aer]
oliefilter (de)	filtru (n) pentru ulei	['filtru 'pentru u'lej]
benzinefilter (de)	filtru (n) pentru combustibil	['filtru 'pentru kombus'tibil]

178. Auto's. Botsing. Reparatie

auto-ongeval (het)	accident (n)	[aktʃi'dent]
verkeersongeluk (het)	accident (n) rutier	[aktʃi'dent ru'tjer]
aanrijden (tegen een boom, enz.)	a se tampona	[a se tampo'na]

verongelukken (ww)	a se sparge	[a se 'spardʒe]
beschadiging (de)	avariere (f)	[ava'rjere]
heelhuids (bn)	întreg	[ɨn'treg]

pech (de)	pană (f)	['panə]
kapot gaan (zijn gebroken)	a se strica	[a se stri'ka]
sleeptouw (het)	cablu (n) de remorcaj	['kablu de remor'kaʒ]

lek (het)	găurire (f)	[gəu'rire]
lekke krijgen (band)	a se dezumfla	[a se dezum'fla]
oppompen (ww)	a pompa	[a pom'pa]
druk (de)	presiune (f)	[presi'une]
checken (ww)	a verifica	[a verifi'ka]

reparatie (de)	reparaţie (f)	[repa'ratsie]
garage (de)	service (n) auto	['servis 'auto]
wisselstuk (het)	detalii (f pl)	[de'talij]
onderdeel (het)	detaliu (n)	[de'talju]

bout (de)	şurub (n)	[ʃu'rub]
schroef (de)	şurub (n)	[ʃu'rub]
moer (de)	piuliţă (f)	[pju'litsə]
sluitring (de)	şaibă (f)	['ʃajbə]
kogellager (de/het)	rulment (m)	[rul'ment]

pijp (de)	tub (n)	[tub]
pakking (de)	garnitură (f)	[garni'turə]
kabel (de)	cablu (n)	['kablu]

dommekracht (de)	cric (n)	[krik]
moersleutel (de)	cheie (f) fixă	['kee 'fiksə]
hamer (de)	ciocan (n)	[tʃio'kan]
pomp (de)	pompă (f)	['pompə]
schroevendraaier (de)	şurubelniţă (f)	[ʃuru'belnitsə]
brandblusser (de)	stingător (n)	[stingə'tor]
gevarendriehoek (de)	semn (n) de avarie	[semn de a'varie]
afslaan (ophouden te werken)	a se opri	[a se o'pri]

uitvallen (het)	oprire (f)	[o'prire]
zijn gebroken	a fi stricat	[a fi stri'kat]

oververhitten (ww)	a se încălzi	[a se inkəl'zi]
verstopt raken (ww)	a se înfunda	[a se infun'da]
bevriezen (autodeur, enz.)	a îngheţa	[a inge'tsa]
barsten (leidingen, enz.)	a crăpa	[a krə'pa]

druk (de)	presiune (f)	[presi'une]
niveau (bijv. olieniveau)	nivel (n)	[ni'vel]
slap (de drijfriem is ~)	scăzut	[skə'zut]

deuk (de)	îndoitură (f)	[indoi'turə]
geklop (vreemde geluiden)	lovitură (f)	[lovi'turə]
barst (de)	crăpătură (f)	[krəpə'turə]
kras (de)	zgârietură (f)	[zgirie'turə]

179. Auto's. Weg

weg (de)	drum (n)	[drum]
snelweg (de)	autostradă (f)	[auto'stradə]
autoweg (de)	şosea (f)	[ʃo'sʲa]
richting (de)	direcţie (f)	[di'rektsie]
afstand (de)	distanţă (f)	[dis'tantsə]

brug (de)	pod (n)	[pod]
parking (de)	loc (n) de parcare	[lok de par'kare]
plein (het)	piaţă (f)	['pjatsə]
verkeersknooppunt (het)	răscruce (f)	[rəs'krutʃe]
tunnel (de)	tunel (n)	[tu'nel]

benzinestation (het)	benzinărie (f)	[benzinə'rie]
parking (de)	parcare (f)	[par'kare]
benzinepomp (de)	staţie (f) de benzină	['statsie de ben'zinə]
garage (de)	garaj (n)	[ga'raʒ]
tanken (ww)	a alimenta	[a alimen'ta]
brandstof (de)	combustibil (m)	[kombus'tibil]
jerrycan (de)	canistră (f)	[ka'nistrə]

asfalt (het)	asfalt (n)	[as'falt]
markering (de)	marcare (f)	[mar'kare]
trottoirband (de)	bordură (f)	[bor'durə]
geleiderail (de)	îngrădire (f)	[ingrə'dire]
greppel (de)	şanţ (n) de scurgere	[ʃants de 'skurdʒere]
vluchtstrook (de)	margine (f)	['mardʒine]
lichtmast (de)	stâlp (m)	[stilp]

besturen (een auto ~)	a conduce	[a kon'dutʃe]
afslaan (naar rechts ~)	a întoarce	[a into'artʃe]
U-bocht maken (ww)	a vira	[a vi'ra]
achteruit (de)	mers (n) înapoi	['mers ina'poj]

toeteren (ww)	a semnaliza	[a semnali'za]
toeter (de)	semnal (n) acustic	[sem'nal a'kustik]

vastzitten (in modder)	a se împotmoli	[a se împotmo'li]
spinnen (wielen gaan ~)	a remorca	[a remor'ka]
uitzetten (ww)	a opri	[a op'ri]

snelheid (de)	viteză (f)	[vi'tezə]
een snelheidsovertreding maken	a depăşi viteza	[a depə'ʃi vi'teza]
bekeuren (ww)	a amenda	[a amen'da]
verkeerslicht (het)	semafor (n)	[sema'for]
rijbewijs (het)	permis (n) de conducere	[per'mis de kon'dutʃere]

overgang (de)	traversare (f)	[traver'sare]
kruispunt (het)	intersecţie (f)	[inter'sektsie]
zebrapad (oversteekplaats)	trecere (f) de pietoni	['tretʃere de pie'tonʲ]
bocht (de)	curbă (f)	['kurbə]
voetgangerszone (de)	zonă (f) pentru pietoni	['zonə 'pentru pie'tonʲ]

180. Verkeersborden

verkeersregels (mv.)	reguli (f pl) de circulaţie	['regulʲ de tʃirku'latsie]
verkeersbord (het)	semn (n)	[semn]
inhalen (het)	întrecere (f)	[in'tretʃere]
bocht (de)	viraj (n)	[vi'raʒ]
U-bocht, kering (de)	întoarcere (f)	[intu'artʃere]
Rotonde (de)	mişcare (f) circulară	[miʃ'kare tʃiru'larə]

Verboden richting	intrarea interzisă	[in'trarʲa inter'zisə]
Verboden toegang	circulaţia interzisă	[tʃirku'latsia inter'zisə]
Inhalen verboden	depăşirea interzisă	[depə'ʃirʲa inter'zisə]
Parkeerverbod	parcarea interzisă	[par'karʲa inter'zisə]
Verbod stil te staan	oprirea interzisă	[o'prirʲa inter'zisə]

Gevaarlijke bocht	curbă (f) periculoasă	['kurbə perikulo'asə]
Gevaarlijke daling	pantă (f) abruptă	['pantə a'bruptə]
Eenrichtingsweg	într-o singură direcţie (f)	['intro 'singurə dirʲektsie]
Voetgangers	trecere (f) de pietoni	['tretʃere de pie'tonʲ]
Slipgevaar	drum (n) alunecos	[drum alune'kos]
Voorrang verlenen	cedează trecerea	[tʃe'dʲazə 'tretʃerʲa]

MENSEN. GEBEURTENISSEN IN HET LEVEN

Gebeurtenissen in het leven

181. Vakanties. Evenement

feest (het)	sărbătoare (f)	[sərbəto'are]
nationale feestdag (de)	sărbătoare (f) naţională	[sərbəto'are natsio'nalə]
feestdag (de)	zi (f) de sărbătoare	[zi de sərbəto'are]
herdenken (ww)	a sărbători	[a sərbəto'ri]
gebeurtenis (de)	eveniment (n)	[eveni'ment]
evenement (het)	manifestare (f)	[manifes'tare]
banket (het)	banchet (n)	[ban'ket]
receptie (de)	recepţie (f)	[re'ʧeptsie]
feestmaal (het)	ospăţ (n)	[os'pəts]
verjaardag (de)	aniversare (f)	[aniver'sare]
jubileum (het)	jubileu (n)	[ʒubi'leu]
vieren (ww)	a sărbători	[a sərbəto'ri]
Nieuwjaar (het)	Anul (m) Nou	['anul 'nou]
Gelukkig Nieuwjaar!	La Mulţi Ani!	[la 'mults' an']
Kerstfeest (het)	Crăciun (n)	[krə'ʧiun]
Vrolijk kerstfeest!	Crăciun Fericit!	[krə'ʧiun feri'ʧit]
kerstboom (de)	pom (m) de Crăciun	[pom de krə'ʧiun]
vuurwerk (het)	artificii (n)	[arti'fiʧij]
bruiloft (de)	nuntă (f)	['nuntə]
bruidegom (de)	mire (m)	['mire]
bruid (de)	mireasă (f)	[mi'r'asə]
uitnodigen (ww)	a invita	[a invi'ta]
uitnodigingskaart (de)	invitaţie (f)	[invi'tatsie]
gast (de)	oaspete (m)	[o'aspete]
op bezoek gaan	a merge în ospeţie	[a 'merdʒe in ospe'tsie]
gasten verwelkomen	a întâmpina oaspeţii	[a intimpi'na o'aspetsij]
geschenk, cadeau (het)	cadou (n)	[ka'dou]
geven (iets cadeau ~)	a dărui	[a dəru'i]
geschenken ontvangen	a primi cadouri	[a pri'mi ka'dour']
boeket (het)	buchet (n)	[bu'ket]
felicitaties (mv.)	urare (f)	[u'rare]
feliciteren (ww)	a felicita	[a feliʧi'ta]
wenskaart (de)	felicitare (f)	[feliʧi'tare]
een kaartje versturen	a expedia o felicitare	[a ekspedi'ja o feliʧi'tare]

een kaartje ontvangen	a primi o felicitare	[a pri'mi o felitʃi'tare]
toast (de)	toast (n)	[tost]
aanbieden (een drankje ~)	a servi	[a ser'vi]
champagne (de)	şampanie (f)	[ʃam'panie]

plezier hebben (ww)	a se veseli	[a se vese'li]
plezier (het)	veselie (f)	[vese'lie]
vreugde (de)	bucurie (f)	[buku'rie]

dans (de)	dans (n)	[dans]
dansen (ww)	a dansa	[a dan'sa]

wals (de)	vals (n)	[vals]
tango (de)	tangou (n)	[tan'gou]

182. Begrafenissen. Begrafenis

kerkhof (het)	cimitir (n)	[ʧimi'tir]
graf (het)	mormânt (n)	[mor'mint]
kruis (het)	cruce (f)	['kruʧe]
grafsteen (de)	piatră funerară (n)	['pjatre fune'rare]
omheining (de)	gard (n)	[gard]
kapel (de)	capelă (f)	[ka'pele]

dood (de)	moarte (f)	[mo'arte]
sterven (ww)	a muri	[a mu'ri]
overledene (de)	mort (m)	[mort]
rouw (de)	doliu (n)	['dolju]

begraven (ww)	a îngropa	[a ingro'pa]
begrafenisonderneming (de)	pompe (f pl) funebre	['pompe fu'nebre]
begrafenis (de)	înmormântare (f)	[inmormin'tare]

krans (de)	cunună (f)	[ku'nune]
doodskist (de)	sicriu (n)	[si'kriu]
lijkwagen (de)	dric (n)	[drik]
lijkkleed (de)	giulgiu (n)	['dʒiuldʒiu]

urn (de)	urnă (f) funerară	['urne fune'rare]
crematorium (het)	crematoriu (n)	[krema'torju]

overlijdensbericht (het)	necrolog (m)	[nekro'log]
huilen (wenen)	a plânge	[a 'plindʒe]
snikken (huilen)	a plânge în hohote	[a 'plindʒe in 'hohote]

183. Oorlog. Soldaten

peloton (het)	pluton (n)	[plu'ton]
compagnie (de)	companie (f)	[kompa'nie]
regiment (het)	regiment (n)	[redʒi'ment]
leger (armee)	armată (f)	[ar'mate]
divisie (de)	divizie (f)	[di'vizie]

| sectie (de) | detaşament (n) | [detaʃa'ment] |
| troep (de) | armată (f) | [ar'matə] |

| soldaat (militair) | soldat (m) | [sol'dat] |
| officier (de) | ofiţer (m) | [ofi'tser] |

soldaat (rang)	soldat (m)	[sol'dat]
sergeant (de)	sergent (m)	[ser'dʒent]
luitenant (de)	locotenent (m)	[lokote'nent]
kapitein (de)	căpitan (m)	[kəpi'tan]
majoor (de)	maior (m)	[ma'jor]
kolonel (de)	colonel (m)	[kolo'nel]
generaal (de)	general (m)	[dʒene'ral]

matroos (de)	marinar (m)	[mari'nar]
kapitein (de)	căpitan (m)	[kəpi'tan]
bootsman (de)	şef (m) de echipaj	[ʃef de eki'paʒ]

artillerist (de)	artilerist (m)	[artile'rist]
valschermjager (de)	paraşutist (m)	[paraʃu'tist]
piloot (de)	pilot (m)	[pi'lot]
stuurman (de)	navigator (m)	[naviga'tor]
mecanicien (de)	mecanic (m)	[me'kanik]

sappeur (de)	genist (m)	[dʒe'nist]
parachutist (de)	paraşutist (m)	[paraʃu'tist]
verkenner (de)	cercetaş (m)	[tʃertʃe'taʃ]
scherpschutter (de)	lunetist (m)	[lune'tist]

patrouille (de)	patrulă (f)	[pa'trulə]
patrouilleren (ww)	a patrula	[a patru'la]
wacht (de)	santinelă (f)	[santi'nelə]

krijger (de)	ostaş (m)	[os'taʃ]
patriot (de)	patriot (m)	[patri'ot]
held (de)	erou (m)	[e'rou]
heldin (de)	eroină (f)	[ero'inə]

verrader (de)	trădător (m)	[trəde'tor]
deserteur (de)	dezertor (m)	[dezer'tor]
deserteren (ww)	a dezerta	[a dezer'ta]

huurling (de)	mercenar (m)	[mertʃe'nar]
rekruut (de)	recrut (m)	[re'krut]
vrijwilliger (de)	voluntar (m)	[volun'tar]

gedode (de)	ucis (m)	[u'tʃis]
gewonde (de)	rănit (m)	[rə'nit]
krijgsgevangene (de)	prizonier (m)	[prizo'njer]

184. Oorlog. Militaire acties. Deel 1

| oorlog (de) | război (n) | [rəz'boj] |
| oorlog voeren (ww) | a lupta | [a lup'ta] |

burgeroorlog (de)	război (n) civil	[rəz'boj ʧi'vil]
achterbaks (bw)	în mod perfid	[in mod per'fid]
oorlogsverklaring (de)	declarare (f)	[dekla'rare]
verklaren (de oorlog ~)	a declara	[a dekla'ra]
agressie (de)	agresiune (f)	[agresi'une]
aanvallen (binnenvallen)	a ataca	[a ata'ka]

binnenvallen (ww)	a captura	[a kaptu'ra]
invaller (de)	cotropitor (m)	[kotropi'tor]
veroveraar (de)	cuceritor (m)	[kuʧeri'tor]

verdediging (de)	apărare (f)	[apə'rare]
verdedigen (je land ~)	a apăra	[a apə'ra]
zich verdedigen (ww)	a se apăra	[a se apə'ra]

vijand (de)	duşman (m)	[duʃ'man]
tegenstander (de)	adversar (m)	[adver'sar]
vijandelijk (bn)	duşmănos	[duʃmə'nos]

| strategie (de) | strategie (f) | [strate'dʒie] |
| tactiek (de) | tactică (f) | ['taktikə] |

order (de)	ordin (n)	['ordin]
bevel (het)	comandă (f)	[ko'mandə]
bevelen (ww)	a ordona	[a ordo'na]
opdracht (de)	misiune (f)	[misi'une]
geheim (bn)	secret	[se'kret]

| veldslag (de) | bătălie (f) | [bətə'lie] |
| strijd (de) | luptă (f) | ['luptə] |

aanval (de)	atac (n)	[a'tak]
bestorming (de)	asalt (n)	[a'salt]
bestormen (ww)	a asalta	[a asal'ta]
bezetting (de)	asediu (n)	[a'sedju]

| aanval (de) | atac (n) | [a'tak] |
| in het offensief te gaan | a ataca | [a ata'ka] |

| terugtrekking (de) | retragere (f) | [re'tradʒere] |
| zich terugtrekken (ww) | a se retrage | [a se re'tradʒe] |

| omsingeling (de) | încercuire (f) | [inʧerku'ire] |
| omsingelen (ww) | a încercui | [a inʧerku'i] |

bombardement (het)	bombardament (n)	[bombarda'ment]
een bom gooien	a arunca o bombă	[a arun'ka o 'bombə]
bombarderen (ww)	a bombarda	[a bombar'da]
ontploffing (de)	explozie (f)	[eks'plozie]

schot (het)	împuşcătură (f)	[impuʃkə'turə]
een schot lossen	a împuşca	[a impuʃ'ka]
schieten (het)	foc (n)	[fok]

| mikken op (ww) | a ţinti | [a tsin'ti] |
| aanleggen (een wapen ~) | a îndrepta | [a indrep'ta] |

treffen (doelwit ~)	a nimeri	[a nime'ri]
zinken (tot zinken brengen)	a scufunda	[a skufun'da]
kogelgat (het)	gaură (f)	['gaurə]
zinken (gezonken zijn)	a se scufunda	[a se skufun'da]

front (het)	front (n)	[front]
evacuatie (de)	evacuare (f)	[evaku'are]
evacueren (ww)	a evacua	[a evaku'a]

loopgraaf (de)	tranşee (f)	[tran'ʃee]
prikkeldraad (de)	sârmă (f) ghimpată	['sirmə gim'patə]
verdedigingsobstakel (het)	îngrădire (f)	[ingrə'dire]
wachttoren (de)	turlă (f)	['turlə]

hospitaal (het)	spital (n)	[spi'tal]
verwonden (ww)	a răni	[a rə'ni]
wond (de)	rană (f)	['ranə]
gewonde (de)	rănit (m)	[rə'nit]
gewond raken (ww)	a fi rănit	[a fi rə'nit]
ernstig (~e wond)	serios	[se'rjos]

185. Oorlog. Militaire acties. Deel 2

krijgsgevangenschap (de)	prizonierat (n)	[prizonie'rat]
krijgsgevangen nemen	a lua prizonier	[a lu'a prizo'njer]
krijgsgevangene zijn	a fi prizonier	[a fi prizo'njer]
krijgsgevangen genomen worden	a cădea prizonier	[a kə'd'a prizo'njer]

concentratiekamp (het)	lagăr (n) de concentrare	['lagər de kontʃen'trare]
krijgsgevangene (de)	prizonier (m)	[prizo'njer]
vluchten (ww)	a evada	[a eva'da]

verraden (ww)	a trăda	[a trə'da]
verrader (de)	trădător (m)	[trədə'tor]
verraad (het)	trădare (f)	[trə'dare]

| fusilleren (executeren) | a împuşca | [a impuʃ'ka] |
| executie (de) | împuşcare (f) | [impuʃ'kare] |

uitrusting (de)	echipare (f)	[eki'pare]
schouderstuk (het)	epolet (m)	[epo'let]
gasmasker (het)	mască (f) de gaze	['maskə de 'gaze]

portofoon (de)	staţie (f) de radio	['statsie de 'radio]
geheime code (de)	cifru (n)	['tʃifru]
samenzwering (de)	conspiraţie (f)	[konspi'ratsie]
wachtwoord (het)	parolă (f)	[pa'rolə]

mijn (landmijn)	mină (f)	['minə]
ondermijnen (legden mijnen)	a mina	[a mi'na]
mijnenveld (het)	câmp (n) minat	[kimp mi'nat]
luchtalarm (het)	alarmă (f) aeriană	[a'larmə aeri'anə]
alarm (het)	alarmă (f)	[a'larmə]

signaal (het)	semnal (n)	[sem'nal]
vuurpijl (de)	rachetă (f) de semnalizare	[ra'ketə de semnali'zare]

staf (generale ~)	stat-major (n)	[stat ma'ʒor]
verkenning (de)	cercetare (f)	[ʧerʧe'tare]
toestand (de)	condiții (f pl)	[kon'diʦij]
rapport (het)	raport (n)	[ra'port]
hinderlaag (de)	ambuscadă (f)	[ambus'kadə]
versterking (de)	întărire (f)	[intə'rire]

doel (bewegend ~)	țintă (f)	['ʦintə]
proefterrein (het)	poligon (n)	[poli'gon]
manoeuvres (mv.)	manevre (f pl)	[ma'nevre]

paniek (de)	panică (f)	['panikə]
verwoesting (de)	ruină (f)	[ru'inə]
verwoestingen (mv.)	distrugere (f)	[dis'truʤere]
verwoesten (ww)	a distruge	[a dis'truʤe]

overleven (ww)	a scăpa cu viață	[a skə'pa ku 'vjaʦə]
ontwapenen (ww)	a dezarma	[a dezar'ma]
behandelen (een pistool ~)	a mânui	[a minu'i]

Geeft acht!	Drepți!	[drepʦ]
Op de plaats rust!	Pe loc repaus!	[pe lok re'paus]

heldendaad (de)	faptă (f) eroică	['faptə ero'ikə]
eed (de)	jurământ (n)	[ʒurə'mint]
zweren (een eed doen)	a jura	[a ʒu'ra]

decoratie (de)	premiu (n)	['premju]
onderscheiden (een ereteken geven)	a premia	[a premi'ja]
medaille (de)	medalie (f)	[me'dalie]
orde (de)	ordin (n)	['ordin]

overwinning (de)	victorie (f)	[vik'torie]
verlies (het)	înfrângere (f)	[in'frinʤere]
wapenstilstand (de)	armistițiu (n)	[armis'tiʦju]

wimpel (vaandel)	drapel (n)	[dra'pel]
roem (de)	glorie (f)	['glorie]
parade (de)	paradă (f)	[pa'radə]
marcheren (ww)	a mărșălui	[a mərʃəlu'i]

186. Wapens

wapens (mv.)	armă (f)	['armə]
vuurwapens (mv.)	armă (f) de foc	['armə de fok]
koude wapens (mv.)	armă (f) albă	['armə 'albə]

chemische wapens (mv.)	armă (f) chimică	['armə 'kimikə]
kern-, nucleair (bn)	nuclear	[nukle'ar]
kernwapens (mv.)	armă (f) nucleară	['armə nukle'arə]

| bom (de) | bombă (f) | ['bombə] |
| atoombom (de) | bombă (f) atomică | ['bombə a'tomikə] |

pistool (het)	pistol (n)	[pis'tol]
geweer (het)	armă (f)	['armə]
machinepistool (het)	automat (n)	[auto'mat]
machinegeweer (het)	mitralieră (f)	[mitra'ljerə]

loop (schietbuis)	gură (f)	['gurə]
loop (bijv. geweer met kortere ~)	ţeavă (f)	['tsʲavə]
kaliber (het)	calibru (n)	[ka'libru]

trekker (de)	cocoş (m)	[ko'koʃ]
korrel (de)	înălţător (n)	[inəltsə'tor]
magazijn (het)	magazie (f)	[maga'zie]
geweerkolf (de)	patul (n) de puşcă	['patul de 'puʃka]

| granaat (handgranaat) | grenadă (f) | [gre'nadə] |
| explosieven (mv.) | exploziv (n) | [eksplo'ziv] |

kogel (de)	glonţ (n)	[glonts]
patroon (de)	cartuş (n)	[kar'tuʃ]
lading (de)	încărcătură (f)	[inkərkə'turə]
ammunitie (de)	muniţii (f pl)	[mu'nitsij]

bommenwerper (de)	bombardier (n)	[bombar'djer]
straaljager (de)	distrugător (n)	[distrugə'tor]
helikopter (de)	elicopter (n)	[elikop'ter]

afweergeschut (het)	tun (n) antiaerian	[tun antiaeri'an]
tank (de)	tanc (n)	[tank]
kanon (tank met een ~ van 76 mm)	tun (n)	[tun]

| artillerie (de) | artilerie (f) | [artile'rie] |
| aanleggen (een wapen ~) | a îndrepta | [a indrep'ta] |

projectiel (het)	proiectil (n)	[proek'til]
mortiergranaat (de)	mină (f)	['minə]
mortier (de)	aruncător (n) de mine	[arunkə'tor de 'mine]
granaatscherf (de)	schijă (f)	['skiʒə]

duikboot (de)	submarin (n)	[subma'rin]
torpedo (de)	torpilă (f)	[tor'pilə]
raket (de)	rachetă (f)	[ra'ketə]

laden (geweer, kanon)	a încărca	[a inkər'ka]
schieten (ww)	a trage	[a 'tradʒə]
richten op (mikken)	a ţinti	[a tsin'ti]
bajonet (de)	baionetă (f)	[bajo'netə]

degen (de)	spadă (f)	['spadə]
sabel (de)	sabie (f)	['sabie]
speer (de)	suliţă (f)	['sulitsə]
boog (de)	arc (n)	[ark]

pijl (de)	săgeată (f)	[sə'dʒʲatə]
musket (de)	flintă (f)	['flintə]
kruisboog (de)	arbaletă (f)	[arba'letə]

187. Oude mensen

primitief (bn)	primitiv	[primi'tiv]
voorhistorisch (bn)	preistoric	[preis'torik]
eeuwenoude (~ beschaving)	străvechi	[strə'veki]

Steentijd (de)	Epoca (f) de piatră	['epoka de 'pjatrə]
Bronstijd (de)	Epoca (f) de bronz	['epoka de 'bronz]
IJstijd (de)	Epoca (f) glaciară	['epoka glatʃi'arə]

stam (de)	trib (n)	[trib]
menseneter (de)	canibal (m)	[kani'bal]
jager (de)	vânător (m)	[vinə'tor]
jagen (ww)	a vâna	[a vi'na]
mammoet (de)	mamut (m)	[ma'mut]

grot (de)	peşteră (f)	['peʃterə]
vuur (het)	foc (n)	[fok]
kampvuur (het)	foc (n) de tabără	[fok də ta'bərə]
rotstekening (de)	desen (n) pe piatră	[de'sen pe 'pjatrə]

werkinstrument (het)	unealtă (f)	[u'nʲaltə]
speer (de)	suliţă (f)	['sulitsə]
stenen bijl (de)	topor (n) de piatră	[to'por din 'pjatrə]
oorlog voeren (ww)	a lupta	[a lup'ta]
temmen (bijv. wolf ~)	a domestici	[a domesti'tʃi]
idool (het)	idol (m)	['idol]
aanbidden (ww)	a se închina	[a se inki'na]
bijgeloof (het)	superstiţie (f)	[supers'titsie]

evolutie (de)	evoluţie (f)	[evo'lutsie]
ontwikkeling (de)	dezvoltare (f)	[dezvol'tare]
verdwijning (de)	dispariţie (f)	[dispa'ritsie]
zich aanpassen (ww)	a se acomoda	[a se akomo'da]

archeologie (de)	arheologie (f)	[arheolo'dʒie]
archeoloog (de)	arheolog (m)	[arheo'log]
archeologisch (bn)	arheologic	[arheo'lodʒik]

opgravingsplaats (de)	săpături (f pl)	[səpə'turʲ]
opgravingen (mv.)	săpături (f pl)	[səpə'turʲ]
vondst (de)	descoperire (f)	[deskope'rire]
fragment (het)	fragment (n)	[frag'ment]

188. Middeleeuwen

volk (het)	popor (n)	[po'por]
volkeren (mv.)	popoare (n pl)	[popo'are]

stam (de)	trib (n)	[trib]
stammen (mv.)	triburi (n pl)	['tribur']

barbaren (mv.)	barbari (m pl)	[bar'bar']
Galliërs (mv.)	gali (m pl)	[gal']
Goten (mv.)	goţi (m pl)	[gots']
Slaven (mv.)	slavi (m pl)	[slav']
Vikings (mv.)	vikingi (m pl)	['vikindʒ']

Romeinen (mv.)	romani (m pl)	[ro'man']
Romeins (bn)	roman	[ro'man]

Byzantijnen (mv.)	bizantinieni (m pl)	[bizantini'en']
Byzantium (het)	Imperiul (n) Bizantin	[im'perjul bizan'tin]
Byzantijns (bn)	bizantin	[bizan'tin]

keizer (bijv. Romeinse ~)	împărat (m)	[impe'rat]
opperhoofd (het)	căpetenie (f)	[kepe'tenie]
machtig (bn)	puternic	[pu'ternik]
koning (de)	rege (m)	['redʒe]
heerser (de)	conducător (m)	[konduke'tor]

ridder (de)	cavaler (m)	[kava'ler]
feodaal (de)	feudal (m)	[feu'dal]
feodaal (bn)	feudal	[feu'dal]
vazal (de)	vasal (m)	[va'sal]

hertog (de)	duce (m)	['dutʃe]
graaf (de)	conte (m)	['konte]
baron (de)	baron (m)	[ba'ron]
bisschop (de)	episcop (m)	[e'piskop]

harnas (het)	armură (f)	[ar'mure]
schild (het)	scut (n)	[skut]
zwaard (het)	sabie (f)	['sabie]
vizier (het)	vizieră (f)	[vi'zjere]
maliënkolder (de)	zale (f pl)	['zale]

kruistocht (de)	cruciadă (f)	[krutʃi'ade]
kruisvaarder (de)	cruciat (m)	[krutʃi'at]

gebied (bijv. bezette ~en)	teritoriu (n)	[teri'torju]
aanvallen (binnenvallen)	a ataca	[a ata'ka]
veroveren (ww)	a cuceri	[a kutʃe'ri]
innemen (binnenvallen)	a cotropi	[a kotro'pi]

bezetting (de)	asediu (n)	[a'sedju]
belegerd (bn)	asediat (m)	[asedi'at]
belegeren (ww)	a asedia	[a asedi'a]

inquisitie (de)	inchiziţie (f)	[inki'zitsie]
inquisiteur (de)	inchizitor (m)	[inkizi'tor]
foltering (de)	tortură (f)	[tor'ture]
wreed (bn)	crud	[krud]
ketter (de)	eretic (m)	[e'retik]
ketterij (de)	erezie (f)	[ere'zie]

zeevaart (de)	navigaţie (f) maritimă	[navi'gatsie ma'ritime]
piraat (de)	pirat (m)	[pi'rat]
piraterij (de)	piraterie (f)	[pirate'rie]
enteren (het)	abordaj (n)	[abor'daʒ]
buit (de)	captură (f)	[kap'turə]
schatten (mv.)	comoară (f)	[komo'arə]

ontdekking (de)	descoperire (f)	[deskope'rire]
ontdekken (bijv. nieuw land)	a descoperi	[a deskope'ri]
expeditie (de)	expediţie (f)	[ekspe'ditsie]

musketier (de)	muşchetar (m)	[muʃke'tar]
kardinaal (de)	cardinal (m)	[kardi'nal]
heraldiek (de)	heraldică (f)	[he'raldikə]
heraldisch (bn)	heraldic	[he'raldik]

189. Leider. Baas. Autoriteiten

koning (de)	rege (m)	['redʒe]
koningin (de)	regină (f)	[re'dʒinə]
koninklijk (bn)	regal	[re'gal]
koninkrijk (het)	regat (n)	[re'gat]

prins (de)	prinţ (m)	[prints]
prinses (de)	prinţesă (f)	[prin'tsesə]

president (de)	preşedinte (m)	[preʃe'dinte]
vicepresident (de)	vice-preşedinte (m)	['vitʃe preʃe'dinte]
senator (de)	senator (m)	[sena'tor]

monarch (de)	monarh (m)	[mo'narh]
heerser (de)	conducător (m)	[konduke'tor]
dictator (de)	dictator (m)	[dikta'tor]
tiran (de)	tiran (m)	[ti'ran]
magnaat (de)	magnat (m)	[mag'nat]

directeur (de)	director (m)	[di'rektor]
chef (de)	şef (m)	[ʃef]
beheerder (de)	manager (m)	['menedʒe]
baas (de)	boss (m)	[bos]
eigenaar (de)	patron (m)	[pa'tron]

hoofd (bijv. ~ van de delegatie)	şef (m)	[ʃef]
autoriteiten (mv.)	autorităţi (f pl)	[autoritetsʲ]
superieuren (mv.)	conducere (f)	[kon'dutʃere]

gouverneur (de)	guvernator (m)	[guverna'tor]
consul (de)	consul (m)	['konsul]
diplomaat (de)	diplomat (m)	[diplo'mat]
burgemeester (de)	primar (m)	[pri'mar]
sheriff (de)	şerif (m)	[ʃe'rif]
keizer (bijv. Romeinse ~)	împărat (m)	[impe'rat]
tsaar (de)	ţar (m)	[tsar]

| farao (de) | faraon (m) | [fara'on] |
| kan (de) | han (m) | [han] |

190. Weg. Weg. Routebeschrijving

| weg (de) | drum (n) | [drum] |
| route (de kortste ~) | cale (f) | ['kale] |

autoweg (de)	şosea (f)	[ʃo'sʲa]
snelweg (de)	autostradă (f)	[auto'stradə]
rijksweg (de)	drum (n) naţional	['drum natsio'nal]

| hoofdweg (de) | drumul (n) principal | ['drumul printʃi'pal] |
| landweg (de) | drum (n) vicinal | ['drum vitʃi'nal] |

| pad (het) | potecă (f) | [po'təkə] |
| paadje (het) | cărare (f) | [kə'rare] |

Waar?	Unde?	['unde]
Waarheen?	Unde?	['unde]
Waarvandaan?	De unde?	[de 'unde]

| richting (de) | direcţie (f) | [di'rektsie] |
| aanwijzen (de weg ~) | a arăta | [a arə'ta] |

naar links (bw)	la stânga	[la 'stinga]
naar rechts (bw)	la dreapta	[la 'drʲapta]
rechtdoor (bw)	înainte	[ina'inte]
terug (bijv. ~ keren)	înapoi	[ina'poj]

bocht (de)	curbă (f)	['kurbə]
afslaan (naar rechts ~)	a vira	[a vi'ra]
U-bocht maken (ww)	a întoarce	[a into'artʃe]

| zichtbaar worden (ww) | a se zări | [a se zə'ri] |
| verschijnen (in zicht komen) | a se arăta | [a se arə'ta] |

stop (korte onderbreking)	oprire (f)	[o'prire]
zich verpozen (uitrusten)	a se odihni	[a se odih'ni]
rust (de)	odihnă (f)	[o'dihnə]

verdwalen (de weg kwijt zijn)	a se rătăci	[a se rətə'tʃi]
leiden naar ... (de weg)	a duce spre ...	[a 'dutʃe spre]
bereiken (ergens aankomen)	a ieşi la ...	[a e'ʃi la]
deel (~ van de weg)	porţiune (f)	[portsi'une]

asfalt (het)	asfalt (n)	[as'falt]
trottoirband (de)	bordură (f)	[bor'durə]
greppel (de)	şanţ (n)	[ʃants]
putdeksel (het)	capac (n) de canalizare	[ka'pak de kanali'zare]
vluchtstrook (de)	margine (f)	['mardʒine]
kuil (de)	groapă (f)	[gro'apə]
gaan (te voet)	a merge	[a 'merdʒe]
inhalen (voorbijgaan)	a depăşi	[a depə'ʃi]

| stap (de) | pas (m) | [pas] |
| te voet (bw) | pe jos | [pe ʒos] |

blokkeren (de weg ~)	a despărți	[a despər'tsi]
slagboom (de)	barieră (f)	[ba'rjerə]
doodlopende straat (de)	fundătură (f)	[fundə'turə]

191. De wet overtreden. Criminelen. Deel 1

bandiet (de)	bandit (m)	[ban'dit]
misdaad (de)	crimă (f)	['krimə]
misdadiger (de)	criminal (m)	[krimi'nal]

dief (de)	hoț (m)	[hots]
stelen (ww)	a fura	[a fu'ra]
stelen (de)	hoție (f)	[ho'tsie]
diefstal (de)	furt (n)	[furt]

kidnappen (ww)	a răpi	[a rə'pi]
kidnapping (de)	răpire (f)	[rə'pire]
kidnapper (de)	răpitor (m)	[rəpi'tor]

| losgeld (het) | răscumpărare (f) | [rəskumpe'rare] |
| eisen losgeld (ww) | a cere răscumpărare | [a 'tʃere rəskumpe'rare] |

overvallen (ww)	a jefui	[a ʒefu'i]
overval (de)	jaf (n)	[ʒaf]
overvaller (de)	jefuitor (m)	[ʒefui'tor]

afpersen (ww)	a escroca	[a eskro'ka]
afperser (de)	escroc (m)	[es'krok]
afpersing (de)	escrocherie (f)	[eskroke'rie]

vermoorden (ww)	a ucide	[a u'tʃide]
moord (de)	asasinat (n)	[asasi'nat]
moordenaar (de)	asasin (m)	[asa'sin]

schot (het)	împușcătură (f)	[împuʃkə'turə]
een schot lossen	a împușca	[a împuʃ'ka]
neerschieten (ww)	a împușca	[a împuʃ'ka]
schieten (ww)	a trage	[a 'tradʒə]
schieten (het)	focuri (n) de armă	['fokurʲ de 'armə]

ongeluk (gevecht, enz.)	întâmplare (f)	[întîm'plare]
gevecht (het)	bătaie (f)	[bə'tae]
slachtoffer (het)	jertfă (f)	['ʒertfə]

beschadigen (ww)	a prejudicia	[a preʒuditʃi'a]
schade (de)	daună (f)	['daunə]
lijk (het)	cadavru (n)	[ka'davru]
zwaar (~ misdrijf)	grav	[grav]

| aanvallen (ww) | a ataca | [a ata'ka] |
| slaan (iemand ~) | a bate | [a 'bate] |

in elkaar slaan (toetakelen)	a snopi în bătăi	[a sno'pi în bətəj]
ontnemen (beroven)	a lua	[a lu'a]
steken (met een mes)	a înjunghia	[a inʒungi'ja]
verminken (ww)	a schilodi	[a skilo'di]
verwonden (ww)	a răni	[a rə'ni]

chantage (de)	şantaj (n)	[ʃan'taʒ]
chanteren (ww)	a şantaja	[a ʃanta'ʒa]
chanteur (de)	şantajist (m)	[ʃanta'ʒist]

afpersing (de)	banditism (n)	[bandi'tizm]
afperser (de)	bandit (m)	[ban'dit]
gangster (de)	gangster (m)	['gangster]
maffia (de)	mafie (f)	['mafie]

kruimeldief (de)	hoţ (m) de buzunare	[hoţs de buzu'nare]
inbreker (de)	spărgător (m)	[spərgə'tor]
smokkelen (het)	contrabandă (f)	[kontra'bandə]
smokkelaar (de)	contrabandist (m)	[kontraban'dist]

namaak (de)	falsificare (f)	[falsifi'kare]
namaken (ww)	a falsifica	[a falsifi'ka]
namaak-, vals (bn)	fals	[fals]

192. De wet overtreden. Criminelen. Deel 2

verkrachting (de)	viol (n)	[vi'ol]
verkrachten (ww)	a viola	[a vio'la]
verkrachter (de)	violator (m)	[viola'tor]
maniak (de)	maniac (m)	[mani'ak]

prostituee (de)	prostituată (f)	[prostitu'atə]
prostitutie (de)	prostituţie (f)	[prosti'tuţsie]
pooier (de)	proxenet (m)	[prokse'net]

drugsverslaafde (de)	narcoman (m)	[narko'man]
drugshandelaar (de)	vânzător (m) de droguri	[vînzə'tor de 'drogurʲ]

opblazen (ww)	a arunca în aer	[a arun'ka in 'aer]
explosie (de)	explozie (f)	[eks'plozie]
in brand steken (ww)	a incendia	[a intʃendi'a]
brandstichter (de)	incendiator (m)	[intʃendia'tor]

terrorisme (het)	terorism (n)	[tero'rism]
terrorist (de)	terorist (m)	[tero'rist]
gijzelaar (de)	ostatic (m)	[os'tatik]

bedriegen (ww)	a înşela	[a inʃə'la]
bedrog (het)	înşelăciune (f)	[inʃələ'tʃiune]
oplichter (de)	şarlatan (m)	[ʃarla'tan]

omkopen (ww)	a mitui	[a mitu'i]
omkoperij (de)	mituire (f)	[mitu'ire]
smeergeld (het)	mită (f)	['mitə]

vergif (het)	otravă (f)	[o'travə]
vergiftigen (ww)	a otrăvi	[a otrə'vi]
vergif innemen (ww)	a se otrăvi	[a se otrə'vi]

zelfmoord (de)	sinucidere (f)	[sinu'ʧidere]
zelfmoordenaar (de)	sinucigaş (m)	[sinuʧi'gaʃ]

bedreigen (bijv. met een pistool)	a ameninţa	[a amenin'ʦa]
bedreiging (de)	ameninţare (f)	[amenin'ʦare]
een aanslag plegen	a atenta la	[a aten'ta la]
aanslag (de)	atentat (n)	[aten'tat]

stelen (een auto)	a goni	[a go'ni]
kapen (een vliegtuig)	a goni	[a go'ni]

wraak (de)	răzbunare (f)	[rəzbu'nare]
wreken (ww)	a răzbuna	[a rəzbu'na]

martelen (gevangenen)	a tortura	[a tortu'ra]
foltering (de)	tortură (f)	[tor'turə]
folteren (ww)	a chinui	[a kinu'i]

piraat (de)	pirat (m)	[pi'rat]
straatschender (de)	huligan (m)	[huli'gan]
gewapend (bn)	înarmat	[inar'mat]
geweld (het)	violenţă (f)	[vio'lenʦə]

spionage (de)	spionaj (n)	[spio'naʒ]
spioneren (ww)	a spiona	[a spio'na]

193. Politie. Wet. Deel 1

justitie (de)	justiţie (f)	[ʒus'tiʦie]
gerechtshof (het)	curte (f)	['kurte]

rechter (de)	judecător (m)	[ʒudekə'tor]
jury (de)	juraţi (m pl)	[ʒu'ratsʲ]
juryrechtspraak (de)	curte (f) de juraţi	['kurte de ʒu'ratsʲ]
berechten (ww)	a judeca	[a ʒude'ka]

advocaat (de)	avocat (m)	[avo'kat]
beklaagde (de)	acuzat (m)	[aku'zat]
beklaagdenbank (de)	banca (f) acuzaţilor	['banka aku'zaʦilor]

beschuldiging (de)	învinuire (f)	[invinu'ire]
beschuldigde (de)	învinuit (m)	[invinu'it]

vonnis (het)	verdict (n)	[ver'dikt]
veroordelen (in een rechtszaak)	a condamna	[a kondam'na]

schuldige (de)	vinovat (m)	[vino'vat]
straffen (ww)	a pedepsi	[a pedep'si]

bestraffing (de)	pedeapsă (f)	[pe'd'apsə]
boete (de)	amendă (f)	[a'mendə]
levenslange opsluiting (de)	închisoare (f) pe viață	[inkiso'are pe 'vjatsə]
doodstraf (de)	pedeapsă (f) capitală	[pe'd'apsə kapi'talə]
elektrische stoel (de)	scaun (n) electric	['skaun e'lektrik]
schavot (het)	spânzurătoare (f)	[spinzurəto'are]
executeren (ww)	a executa	[a egzeku'ta]
executie (de)	execuție (f)	[egze'kutsie]
gevangenis (de)	închisoare (f)	[inkiso'are]
cel (de)	cameră (f)	['kamerə]
konvooi (het)	convoi (n)	[kon'voj]
gevangenisbewaker (de)	paznic (m)	['paznik]
gedetineerde (de)	arestat (m)	[ares'tat]
handboeien (mv.)	cătuşe (f pl)	[kə'tuʃə]
handboeien omdoen	a pune cătuşele	[a 'pune kə'tuʃələ]
ontsnapping (de)	evadare (f)	[eva'dare]
ontsnappen (ww)	a evada	[a eva'da]
verdwijnen (ww)	a dispărea	[a dispə'r'a]
vrijlaten (uit de gevangenis)	a elibera	[a elibe'ra]
amnestie (de)	amnistie (f)	[am'nistie]
politie (de)	poliție (f)	[po'litsie]
politieagent (de)	polițist (m)	[poli'tsist]
politiebureau (het)	secție (f) de poliție	['sektsie de po'litsie]
knuppel (de)	baston (n) de cauciuc	[bas'ton de kau'tʃiuk]
megafoon (de)	portavoce (f)	[porta'votʃe]
patrouilleerwagen (de)	maşină (f) de patrulă	[ma'ʃine de pa'trulə]
sirene (de)	sirenă (f)	[si'renə]
de sirene aansteken	a conecta sirena	[a konek'ta si'rena]
geloei (het) van de sirene	alarma (f) sirenei	[a'larma si'renej]
plaats delict (de)	locul (n) faptei	['lokul 'faptej]
getuige (de)	martor (m)	['martor]
vrijheid (de)	libertate (f)	[liber'tate]
handlanger (de)	complice (m)	[kom'plitʃe]
ontvluchten (ww)	a se ascunde	[a se as'kunde]
spoor (het)	urmă (f)	['urmə]

194. Politie. Wet. Deel 2

opsporing (de)	investigație (f)	[investi'gatsie]
opsporen (ww)	a căuta	[a kəu'ta]
verdenking (de)	suspiciune (f)	[suspitʃi'une]
verdacht (bn)	suspect	[sus'pekt]
aanhouden (stoppen)	a opri	[a op'ri]
tegenhouden (ww)	a reține	[a re'tsine]
strafzaak (de)	dosar (n)	[do'sar]
onderzoek (het)	anchetă (f)	[an'ketə]

detective (de)	detectiv (m)	[detek'tiv]
onderzoeksrechter (de)	anchetator (m)	[anketa'tor]
versie (de)	versiune (f)	[versi'une]

motief (het)	motiv (n)	[mo'tiv]
verhoor (het)	interogatoriu (n)	[interoga'torju]
ondervragen (door de politie)	a interoga	[a intero'ga]
ondervragen (omstanders ~)	a audia	[a audi'a]
controle (de)	verificare (f)	[verifi'kare]

razzia (de)	razie (f)	['razie]
huiszoeking (de)	percheziție (f)	[perke'zitsie]
achtervolging (de)	urmărire (f)	[urmə'rire]
achtervolgen (ww)	a urmări	[a urmə'ri]
opsporen (ww)	a urmări	[a urmə'ri]

arrest (het)	arestare (f)	[ares'tare]
arresteren (ww)	a aresta	[a ares'ta]
vangen, aanhouden (een dief, enz.)	a prinde	[a 'prinde]
aanhouding (de)	prindere (f)	['prindere]

document (het)	act (n)	[akt]
bewijs (het)	dovadă (f)	[do'vadə]
bewijzen (ww)	a dovedi	[a dove'di]
voetspoor (het)	amprentă (f)	[am'prentə]
vingerafdrukken (mv.)	amprente (f pl) digitale	[am'prente didʒi'tale]
bewijs (het)	probă (f)	['probə]

alibi (het)	alibi (n)	['alibi]
onschuldig (bn)	nevinovat (m)	[nevino'vat]
onrecht (het)	nedreptate (f)	[nedrep'tate]
onrechtvaardig (bn)	nedrept	[ne'drept]

crimineel (bn)	criminal (m)	[krimi'nal]
confisqueren (in beslag nemen)	a confisca	[a konfis'ka]
drug (de)	narcotic (n)	[nar'kotik]
wapen (het)	armă (f)	['armə]
ontwapenen (ww)	a dezarma	[a dezar'ma]
bevelen (ww)	a ordona	[a ordo'na]
verdwijnen (ww)	a dispărea	[a dispe'r'a]

wet (de)	lege (f)	['ledʒe]
wettelijk (bn)	legal	[le'gal]
onwettelijk (bn)	ilegal	[ile'gal]

verantwoordelijkheid (de)	responsabilitate (f)	[responsabili'tate]
verantwoordelijk (bn)	responsabil	[respon'sabil]

NATUUR

De Aarde. Deel 1

195. De kosmische ruimte

kosmos (de)	cosmos (n)	['kosmos]
kosmisch (bn)	cosmic	['kosmik]
kosmische ruimte (de)	spaţiu (n) cosmic	['spatsju 'kosmik]
sterrenstelsel (het)	galaxie (f)	[galak'sie]
ster (de)	stea (f)	[st'a]
sterrenbeeld (het)	constelaţie (f)	[konste'latsie]
planeet (de)	planetă (f)	[pla'netə]
satelliet (de)	satelit (m)	[sate'lit]
meteoriet (de)	meteorit (m)	[meteo'rit]
komeet (de)	cometă (f)	[ko'metə]
asteroïde (de)	asteroid (m)	[astero'id]
baan (de)	orbită (f)	[or'bitə]
draaien (om de zon, enz.)	a se roti	[a se ro'ti]
atmosfeer (de)	atmosferă (f)	[atmos'ferə]
Zon (de)	soare (n)	[so'are]
zonnestelsel (het)	sistem (n) solar	[sis'tem so'lar]
zonsverduistering (de)	eclipsă (f) de soare	[ek'lipsə de so'are]
Aarde (de)	Pământ (n)	[pə'mint]
Maan (de)	Lună (f)	['lunə]
Mars (de)	Marte (m)	['marte]
Venus (de)	Venus (f)	['venus]
Jupiter (de)	Jupiter (m)	['ʒupiter]
Saturnus (de)	Saturn (m)	[sa'turn]
Mercurius (de)	Mercur (m)	[mer'kur]
Uranus (de)	Uranus (m)	[u'ranus]
Neptunus (de)	Neptun (m)	[nep'tun]
Pluto (de)	Pluto (m)	['pluto]
Melkweg (de)	Calea (f) Lactee	['kal'a lak'tee]
Grote Beer (de)	Ursa (f) mare	['ursa 'mare]
Poolster (de)	Steaua (f) polară	['st'awa po'larə]
marsmannetje (het)	marţian (m)	[mart'si'an]
buitenaards wezen (het)	extraterestru (m)	[ekstrate'restru]
bovenaards (het)	extraterestru (m)	[ekstrate'restru]

vliegende schotel (de)	farfurie (f) zburătoare	[farfu'rie zburəto'are]
ruimtevaartuig (het)	navă (f) spaţială	['navə spatsi'alə]
ruimtestation (het)	staţie (f) orbitală	['statsie orbi'talə]
start (de)	start (n)	[start]
motor (de)	motor (n)	[mo'tor]
straalpijp (de)	ajutaj (n)	[aʒu'taʒ]
brandstof (de)	combustibil (m)	[kombus'tibil]
cabine (de)	cabină (f)	[ka'binə]
antenne (de)	antenă (f)	[an'tenə]
patrijspoort (de)	hublou (n)	[hu'blou]
zonnebatterij (de)	baterie (f) solară	[bate'rie so'larə]
ruimtepak (het)	scafandru (m)	[ska'fandru]
gewichtloosheid (de)	imponderabilitate (f)	[imponderabili'tate]
zuurstof (de)	oxigen (n)	[oksi'dʒen]
koppeling (de)	unire (f)	[u'nire]
koppeling maken	a uni	[a u'ni]
observatorium (het)	observator (n) astronomic	[observa'tor astro'nomik]
telescoop (de)	telescop (n)	[tele'skop]
waarnemen (ww)	a observa	[a obser'va]
exploreren (ww)	a cerceta	[a tʃertʃe'ta]

196. De Aarde

Aarde (de)	Pământ (n)	[pə'mɨnt]
aardbol (de)	globul (n) pământesc	['globul pəmɨn'tesk]
planeet (de)	planetă (f)	[pla'netə]
atmosfeer (de)	atmosferă (f)	[atmos'ferə]
aardrijkskunde (de)	geografie (f)	[dʒeogra'fie]
natuur (de)	natură (f)	[na'turə]
wereldbol (de)	glob (n)	[glob]
kaart (de)	hartă (f)	['hartə]
atlas (de)	atlas (n)	[at'las]
Europa (het)	Europa (f)	[eu'ropa]
Azië (het)	Asia (f)	['asia]
Afrika (het)	Africa (f)	['afrika]
Australië (het)	Australia (f)	[au'stralia]
Amerika (het)	America (f)	[a'merika]
Noord-Amerika (het)	America (f) de Nord	[a'merika de nord]
Zuid-Amerika (het)	America (f) de Sud	[a'merika de sud]
Antarctica (het)	Antarctida (f)	[antark'tida]
Arctis (de)	Arctica (f)	['arktika]

197. Windrichtingen

noorden (het)	nord (n)	[nord]
naar het noorden	la nord	[la nord]
in het noorden	la nord	[la nord]
noordelijk (bn)	de nord	[de nord]
zuiden (het)	sud (n)	[sud]
naar het zuiden	la sud	[la sud]
in het zuiden	la sud	[la sud]
zuidelijk (bn)	de sud	[de sud]
westen (het)	vest (n)	[vest]
naar het westen	la vest	[la vest]
in het westen	la vest	[la vest]
westelijk (bn)	de vest	[de vest]
oosten (het)	est (n)	[est]
naar het oosten	la est	[la est]
in het oosten	la est	[la est]
oostelijk (bn)	de est	[de est]

198. Zee. Oceaan

zee (de)	mare (f)	['mare]
oceaan (de)	ocean (n)	[oʧe'an]
golf (baai)	golf (n)	[golf]
straat (de)	strâmtoare (f)	[strimto'are]
continent (het)	continent (n)	[konti'nent]
eiland (het)	insulă (f)	['insulə]
schiereiland (het)	peninsulă (f)	[pe'ninsulə]
archipel (de)	arhipelag (n)	[arhipe'lag]
baai, bocht (de)	golf (n)	[golf]
haven (de)	port (n)	[port]
lagune (de)	lagună (f)	[la'gunə]
kaap (de)	cap (n)	[kap]
atol (de)	atol (m)	[a'tol]
rif (het)	recif (m)	[re'ʧif]
koraal (het)	coral (m)	[ko'ral]
koraalrif (het)	recif (m) de corali	[re'ʧif de ko'ralʲ]
diep (bn)	adânc	[a'dink]
diepte (de)	adâncime (f)	[adin'ʧime]
diepzee (de)	abis (n)	[a'bis]
trog (bijv. Marianentrog)	groapă (f)	[gro'apə]
stroming (de)	curent (n)	[ku'rent]
omspoelen (ww)	a spăla	[a spə'la]
oever (de)	mal (n)	[mal]
kust (de)	litoral (n)	[lito'ral]

vloed (de)	flux (n)	[fluks]
eb (de)	reflux (n)	[re'fluks]
ondiepte (ondiep water)	banc (n) de nisip	[bank de ni'sip]
bodem (de)	fund (n)	[fund]

golf (hoge ~)	val (n)	[val]
golfkam (de)	creasta (f) valului	['kr'asta 'valuluj]
schuim (het)	spumă (f)	['spumə]

orkaan (de)	uragan (m)	[ura'gan]
tsunami (de)	tsunami (n)	[tsu'nami]
windstilte (de)	timp (n) calm	[timp kalm]
kalm (bijv. ~e zee)	liniştit	[liniʃ'tit]

pool (de)	pol (n)	[pol]
polair (bn)	polar	[po'lar]

breedtegraad (de)	longitudine (f)	[londʒi'tudine]
lengtegraad (de)	latitudine (f)	[lati'tudine]
parallel (de)	paralelă (f)	[para'lelə]
evenaar (de)	ecuator (n)	[ekua'tor]

hemel (de)	cer (n)	[tʃer]
horizon (de)	orizont (n)	[ori'zont]
lucht (de)	aer (n)	['aer]

vuurtoren (de)	far (n)	[far]
duiken (ww)	a se scufunda	[a se skufun'da]
zinken (ov. een boot)	a se duce la fund	[a se dutʃe l'a fund]
schatten (mv.)	comoară (f)	[komo'arə]

199. Namen van zeeën en oceanen

Atlantische Oceaan (de)	Oceanul (n) Atlantic	[otʃe'anul at'lantik]
Indische Oceaan (de)	Oceanul (n) Indian	[otʃe'anul indi'an]
Stille Oceaan (de)	Oceanul (n) Pacific	[otʃe'anul pa'tʃifik]
Noordelijke IJszee (de)	Oceanul (n) Îngheţat de Nord	[otʃe'anul inge'tsat de nord]

Zwarte Zee (de)	Marea (f) Neagră	['mar'a 'n'agrə]
Rode Zee (de)	Marea (f) Roşie	['mar'a 'roʃie]
Gele Zee (de)	Marea (f) Galbenă	['mar'a 'galbenə]
Witte Zee (de)	Marea (f) Albă	['mar'a 'albə]

Kaspische Zee (de)	Marea (f) Caspică	['mar'a 'kaspikə]
Dode Zee (de)	Marea (f) Moartă	['mar'a mo'artə]
Middellandse Zee (de)	Marea (f) Mediterană	['mar'a medite'ranə]

Egeïsche Zee (de)	Marea (f) Egee	['mar'a e'dʒee]
Adriatische Zee (de)	Marea (f) Adriatică	['mar'a adri'atikə]

Arabische Zee (de)	Marea (f) Arabiei	['mar'a a'rabiej]
Japanse Zee (de)	Marea (f) Japoneză	['mar'a ʒapo'nezə]
Beringzee (de)	Marea (f) Bering	['mar'a 'bering]

Zuid-Chinese Zee (de)	Marea (f) Chinei de Sud	['marⁱa 'kinej de sud]
Koraalzee (de)	Marea (f) Coral	['marⁱa ko'ral]
Tasmanzee (de)	Marea (f) Tasmaniei	['marⁱa tas'maniej]
Caribische Zee (de)	Marea (f) Caraibelor	['marⁱa kara'ibelor]

Barentszzee (de)	Marea (f) Barents	['marⁱa ba'rents]
Karische Zee (de)	Marea (f) Kara	['marⁱa 'kara]

Noordzee (de)	Marea (f) Nordului	['marⁱa 'norduluj]
Baltische Zee (de)	Marea (f) Baltică	['marⁱa 'baltikə]
Noorse Zee (de)	Marea (f) Norvegiei	['marⁱa nor'veʤiej]

200. Bergen

berg (de)	munte (m)	['munte]
bergketen (de)	lanţ (n) muntos	[lants mun'tos]
gebergte (het)	lanţ (n) de munţi	[lants de munts]

bergtop (de)	vârf (n)	[vɨrf]
bergpiek (de)	culme (f)	['kulmə]
voet (ov. de berg)	poale (f pl)	[po'ale]
helling (de)	pantă (f)	['pantə]

vulkaan (de)	vulcan (n)	[vul'kan]
actieve vulkaan (de)	vulcan (n) activ	[vul'kan ak'tiv]
uitgedoofde vulkaan (de)	vulcan (n) stins	[vul'kan stins]

uitbarsting (de)	erupţie (f)	[e'ruptsie]
krater (de)	crater (n)	['krater]
magma (het)	magmă (f)	['magmə]
lava (de)	lavă (f)	['lavə]
gloeiend (~e lava)	încins	[ɨn'tʃins]
kloof (canyon)	canion (n)	[kani'on]
bergkloof (de)	defileu (n)	[defi'leu]
spleet (de)	pas (n)	[pas]

bergpas (de)	trecătoare (f)	[trekəto'are]
plateau (het)	podiş (n)	[po'diʃ]
klip (de)	stâncă (f)	['stɨnkə]
heuvel (de)	deal (n)	['dʲal]

gletsjer (de)	gheţar (m)	[ge'tsar]
waterval (de)	cascadă (f)	[kas'kadə]
geiser (de)	gheizer (m)	['gejzer]
meer (het)	lac (n)	[lak]

vlakte (de)	şes (n)	[ʃes]
landschap (het)	peisaj (n)	[pej'saʒ]
echo (de)	ecou (n)	[e'kou]

alpinist (de)	alpinist (m)	[alpi'nist]
bergbeklimmer (de)	căţărător (m)	[kətsərə'tor]
trotseren (berg ~)	a cuceri	[a kutʃe'ri]
beklimming (de)	ascensiune (f)	[astʃensi'une]

201. Bergen namen

Alpen (de)	Alpi (m pl)	['alpʲ]
Mont Blanc (de)	Mont Blanc (m)	[mon 'blan]
Pyreneeën (de)	Pirinei (m)	[piri'nej]

Karpaten (de)	Carpaţi (m pl)	[kar'patsʲ]
Oeralgebergte (het)	Munţii (m pl) Ural	['muntsij u'ral]
Kaukasus (de)	Caucaz (m)	[kau'kaz]
Elbroes (de)	Elbrus (m)	['elbrus]

Altaj (de)	Altai (m)	[al'taj]
Tiensjan (de)	Tian-Şan (m)	['tjan 'ʃan]
Pamir (de)	Pamir (m)	[pa'mir]
Himalaya (de)	Himalaya	[hima'laja]
Everest (de)	Everest (m)	[eve'rest]

| Andes (de) | Anzi | ['anzʲ] |
| Kilimanjaro (de) | Kilimanjaro (m) | [kiliman'ʒaro] |

202. Rivieren

rivier (de)	râu (n)	['riu]
bron (~ van een rivier)	izvor (n)	[iz'vor]
rivierbedding (de)	matcă (f)	['matkə]
rivierbekken (het)	bazin (n)	[ba'zin]
uitmonden in ...	a se vărsa	[a se vər'sa]

| zijrivier (de) | afluent (m) | [aflu'ent] |
| oever (de) | mal (n) | [mal] |

stroming (de)	curs (n)	[kurs]
stroomafwaarts (bw)	în josul apei	[ɨn 'ʒosul 'apej]
stroomopwaarts (bw)	în susul apei	[ɨn 'susul 'apej]

overstroming (de)	inundaţie (f)	[inun'datsie]
overstroming (de)	revărsare (f) a apelor	[revər'sare a 'apelor]
buiten zijn oevers treden	a se revărsa	[a se rever'sa]
overstromen (ww)	a inunda	[a inun'da]

| zandbank (de) | banc (n) de nisip | [bank de ni'sip] |
| stroomversnelling (de) | prag (n) | [prag] |

dam (de)	baraj (n)	[ba'raʒ]
kanaal (het)	canal (n)	[ka'nal]
spaarbekken (het)	bazin (n)	[ba'zin]
sluis (de)	ecluză (f)	[e'kluzə]

waterlichaam (het)	bazin (n)	[ba'zin]
moeras (het)	mlaştină (f)	['mlaʃtinə]
broek (het)	mlaştină (f), smârc (n)	['mlaʃtinə], [smɨrk]
draaikolk (de)	vârtej (n) de apă	[vɨr'teʒ de 'apə]
stroom (de)	pârâu (n)	[pɨ'riu]

| drink- (abn) | potabil | [po'tabil] |
| zoet (~ water) | nesărat | [nesə'rat] |

| ijs (het) | gheaţă (f) | ['gⁱatsə] |
| bevriezen (rivier, enz.) | a îngheţa | [a inge'tsa] |

203. Namen van rivieren

| Seine (de) | Sena (f) | ['sena] |
| Loire (de) | Loara (f) | [lo'ara] |

Theems (de)	Tamisa (f)	[ta'misa]
Rijn (de)	Rin (m)	[rin]
Donau (de)	Dunăre (f)	['dunəre]

Wolga (de)	Volga (f)	['volga]
Don (de)	Don (m)	[don]
Lena (de)	Lena (f)	['lena]

Gele Rivier (de)	Huang He (m)	[huan 'he]
Blauwe Rivier (de)	Yangtze (m)	[jants'zi]
Mekong (de)	Mekong (m)	[me'kong]
Ganges (de)	Gang (m)	[gang]

Nijl (de)	Nil (m)	[nil]
Kongo (de)	Congo (m)	['kongo]
Okavango (de)	Okavango (m)	[oka'vango]
Zambezi (de)	Zambezi (m)	[zam'bezi]
Limpopo (de)	Limpopo (m)	[limpo'po]
Mississippi (de)	Mississippi (m)	[misi'sipi]

204. Bos

| bos (het) | pădure (f) | [pə'dure] |
| bos- (abn) | de pădure | [de pə'dure] |

oerwoud (dicht bos)	desiş (n)	[de'siʃ]
bosje (klein bos)	pădurice (f)	[pədu'ritʃe]
open plek (de)	poiană (f)	[po'janə]

| struikgewas (het) | tufiş (n) | [tu'fiʃ] |
| struiken (mv.) | arbust (m) | [ar'bust] |

| paadje (het) | cărare (f) | [kə'rare] |
| ravijn (het) | râpă (f) | ['ripə] |

boom (de)	copac (m)	[ko'pak]
blad (het)	frunză (f)	['frunzə]
gebladerte (het)	frunziş (n)	[frun'ziʃ]

| vallende bladeren (mv.) | cădere (f) a frunzelor | [kə'dere a 'frunzelor] |
| vallen (ov. de bladeren) | a cădea | [a kə'dⁱa] |

boomtop (de)	vârf (n)	[vɨrf]
tak (de)	ramură (f)	['ramurə]
ent (de)	creangă (f)	['krʲangə]
knop (de)	mugur (m)	['mugur]
naald (de)	ac (n)	[ak]
dennenappel (de)	con (n)	[kon]

boom holte (de)	scorbură (f)	['skorburə]
nest (het)	cuib (n)	[kujb]
hol (het)	vizuină (f)	[vizu'inə]

stam (de)	trunchi (n)	[trunkʲ]
wortel (bijv. boom~s)	rădăcină (f)	[rədə'tʃinə]
schors (de)	scoarţă (f)	[sko'artsə]
mos (het)	muşchi (m)	[muʃkʲ]

ontwortelen (een boom)	a defrişa	[a defri'ʃa]
kappen (een boom ~)	a tăia	[a tə'ja]
ontbossen (ww)	a doborî	[a dobo'rɨ]
stronk (de)	buturugă (f)	[butu'rugə]

kampvuur (het)	foc (n)	[fok]
bosbrand (de)	incendiu (n)	[in'tʃendju]
blussen (ww)	a stinge	[a 'stindʒe]

boswachter (de)	pădurar (m)	[pədu'rar]
bescherming (de)	protecţie (f)	[pro'tektsie]
beschermen (bijv. de natuur ~)	a ocroti	[a okro'ti]
stroper (de)	braconier (m)	[brako'njer]
val (de)	capcană (f)	[kap'kanə]

plukken (vruchten, enz.)	a strânge	[a 'strɨndʒe]
verdwalen (de weg kwijt zijn)	a se rătăci	[a se rətə'tʃi]

205. Natuurlijke hulpbronnen

natuurlijke rijkdommen (mv.)	resurse (f pl) naturale	[re'surse natu'rale]
delfstoffen (mv.)	bogăţii (f pl) minerale	[bogə'tsij mine'rale]
lagen (mv.)	depozite (n pl)	[de'pozite]
veld (bijv. olie~)	zăcământ (n)	[zəkə'mɨnt]

winnen (uit erts ~)	a extrage	[a eks'tradʒe]
winning (de)	obţinere (f)	[ob'tsinere]
erts (het)	minereu (n)	[mine'reu]
mijn (bijv. kolenmijn)	mină (f)	['minə]
mijnschacht (de)	puţ (n)	['puts]
mijnwerker (de)	miner (m)	[mi'ner]

gas (het)	gaz (n)	[gaz]
gasleiding (de)	conductă (f) de gaze	[kon'duktə de 'gaze]

olie (aardolie)	petrol (n)	[pe'trol]
olieleiding (de)	conductă (f) de petrol	[kon'duktə de pe'trol]

oliebron (de)	sondă (f) de ţiţei (n)	['sondə de ţsi'ţsej]
boortoren (de)	turlă (f) de foraj	['turlə de fo'raʒ]
tanker (de)	tanc (n) petrolier	['tank petro'ljer]
zand (het)	nisip (n)	[ni'sip]
kalksteen (de)	calcar (n)	[kal'kar]
grind (het)	pietriş (n)	[pe'triʃ]
veen (het)	turbă (f)	['turbə]
klei (de)	argilă (f)	[ar'dʒilə]
steenkool (de)	cărbune (m)	[kər'bune]
ijzer (het)	fier (m)	[fier]
goud (het)	aur (n)	['aur]
zilver (het)	argint (n)	[ar'dʒint]
nikkel (het)	nichel (n)	['nikel]
koper (het)	cupru (n)	['kupru]
zink (het)	zinc (n)	[zink]
mangaan (het)	mangan (n)	[man'gan]
kwik (het)	mercur (n)	[mer'kur]
lood (het)	plumb (n)	[plumb]
mineraal (het)	mineral (n)	[mine'ral]
kristal (het)	cristal (n)	[kris'tal]
marmer (het)	marmură (f)	['marmurə]
uraan (het)	uraniu (n)	[u'ranju]

De Aarde. Deel 2

206. Weer

weer (het)	timp (n)	[timp]
weersvoorspelling (de)	prognoză (f) meteo	[prog'nozə 'meteo]
temperatuur (de)	temperatură (f)	[tempera'turə]
thermometer (de)	termometru (n)	[termo'metru]
barometer (de)	barometru (n)	[baro'metru]
vochtigheid (de)	umiditate (f)	[umidi'tate]
hitte (de)	caniculă (f)	[ka'nikulə]
heet (bn)	fierbinte	[fier'binte]
het is heet	e foarte cald	[e fo'arte kald]
het is warm	e cald	[e kald]
warm (bn)	cald	[kald]
het is koud	e frig	[e frig]
koud (bn)	rece	['retʃe]
zon (de)	soare (n)	[so'are]
schijnen (de zon)	a străluci	[a strəlu'tʃi]
zonnig (~e dag)	însorit	[inso'rit]
opgaan (ov. de zon)	a răsări	[a rəsə'ri]
ondergaan (ww)	a apune	[a a'pune]
wolk (de)	nor (m)	[nor]
bewolkt (bn)	înnorat	[inno'rat]
regenwolk (de)	nor (m)	[nor]
somber (bn)	mohorât	[moho'rit]
regen (de)	ploaie (f)	[plo'ae]
het regent	plouă	['plowə]
regenachtig (bn)	ploios	[plo'jos]
motregenen (ww)	a bura	[a bu'ra]
plensbui (de)	ploaie (f) torenţială	[plo'ae toren'tsjalə]
stortbui (de)	rupere (f) de nori	['rupere de 'nori]
hard (bn)	puternic	[pu'ternik]
plas (de)	băltoacă (f)	[bəlto'akə]
nat worden (ww)	a se uda	[a se u'da]
mist (de)	ceaţă (f)	['tʃatsə]
mistig (bn)	ceţos	[tʃe'tsos]
sneeuw (de)	zăpadă (f)	[zə'padə]
het sneeuwt	ninge	['nindʒe]

207. Zwaar weer. Natuurrampen

noodweer (storm)	furtună (f)	[fur'tunə]
bliksem (de)	fulger (n)	['fuldʒer]
flitsen (ww)	a fulgera	[a fuldʒe'ra]

donder (de)	tunet (n)	['tunet]
donderen (ww)	a tuna	[a tu'na]
het dondert	tună	['tunə]

| hagel (de) | grindină (f) | [grin'dinə] |
| het hagelt | plouă cu gheață | ['plowə ku 'gʲatsə] |

| overstromen (ww) | a inunda | [a inun'da] |
| overstroming (de) | inundație (f) | [inun'datsie] |

aardbeving (de)	cutremur (n)	[ku'tremur]
aardschok (de)	zguduire (f)	[zgudu'ire]
epicentrum (het)	epicentru (m)	[epi'tʃentru]

| uitbarsting (de) | erupție (f) | [e'ruptsie] |
| lava (de) | lavă (f) | ['lavə] |

wervelwind (de)	vârtej (n)	[vɨr'teʒ]
windhoos (de)	tornadă (f)	[tor'nadə]
tyfoon (de)	taifun (n)	[taj'fun]

orkaan (de)	uragan (m)	[ura'gan]
storm (de)	furtună (f)	[fur'tunə]
tsunami (de)	tsunami (n)	[tsu'nami]

cycloon (de)	ciclon (m)	[tʃi'klon]
onweer (het)	vreme (f) rea	['vreme rʲa]
brand (de)	incendiu (n)	[in'tʃendju]
ramp (de)	catastrofă (f)	[katas'trofə]
meteoriet (de)	meteorit (m)	[meteo'rit]

lawine (de)	avalanșă (f)	[ava'lanʃə]
sneeuwverschuiving (de)	prăbușire (f)	[prəbu'ʃire]
sneeuwjacht (de)	viscol (n)	['viskol]
sneeuwstorm (de)	viscol (n)	['viskol]

208. Geluiden. Geluiden

stilte (de)	tăcere (f)	[tə'tʃere]
geluid (het)	sunet (n)	['sunet]
lawaai (het)	zgomot (n)	['zgomot]
lawaai maken (ww)	a face zgomot	[a 'fatʃe 'zgomot]
lawaaierig (bn)	zgomotos	[zgomo'tos]

luid (~ spreken)	tare	['tare]
luid (bijv. ~e stem)	tare	['tare]
aanhoudend (voortdurend)	permanent	[perma'nent]

schreeuw (de)	strigăt (n)	['strigət]
schreeuwen (ww)	a striga	[a stri'ga]
gefluister (het)	şoaptă (f)	[ʃo'aptə]
fluisteren (ww)	a şopti	[a ʃop'ti]

| geblaf (het) | lătrat (n) | [lə'trat] |
| blaffen (ww) | a lătra | [a lə'tra] |

gekreun (het)	geamăt (n)	['dʒamət]
kreunen (ww)	a geme	[a 'dʒeme]
hoest (de)	tuse (f)	['tuse]
hoesten (ww)	a tuşi	[a tu'ʃi]

gefluit (het)	fluierat (n)	[flue'rat]
fluiten (op het fluitje blazen)	a fluiera	[a flue'ra]
geklop (het)	lovitură (f)	[lovi'turə]
kloppen (aan een deur)	a bate	[a 'bate]

| kraken (hout, ijs) | a trosni | [a tros'ni] |
| gekraak (het) | trosnitură (f) | [trosni'ture] |

sirene (de)	sirenă (f)	[si'renə]
fluit (stoom ~)	fluier (n)	['flujer]
fluiten (schip, trein)	a vui	[a vu'i]
toeter (de)	claxon (n)	[klak'son]
toeteren (ww)	a semnaliza	[a semnali'za]

209. Winter

winter (de)	iarnă (f)	['jarnə]
winter- (abn)	de iarnă	[de 'jarnə]
in de winter (bw)	iarna	['jarna]

sneeuw (de)	zăpadă (f)	[zə'padə]
het sneeuwt	ninge	['nindʒe]
sneeuwval (de)	ninsoare (f)	[ninso'are]
sneeuwhoop (de)	troian (n)	[tro'jan]

sneeuwvlok (de)	fulg (m) de zăpadă	[fulg de zə'padə]
sneeuwbal (de)	bulgăre (m) de zăpadă	['bulgəre de zə'padə]
sneeuwman (de)	om (m) de zăpadă	[om de zə'padə]
ijspegel (de)	ţurţur (m)	['tsurtsur]

december (de)	decembrie (m)	[de'tʃembrie]
januari (de)	ianuarie (m)	[janu'arie]
februari (de)	februarie (m)	[febru'arie]

| vorst (de) | ger (n) | [dʒer] |
| vries- (abn) | geros | [dʒe'ros] |

onder nul (bw)	sub zero grade	[sub 'zero 'grade]
eerste vorst (de)	îngheţ (n) uşor	[i'ngets u'ʃor]
rijp (de)	brumă (f)	['brume]
koude (de)	frig (n)	[frig]

het is koud	**frig**	[frig]
bontjas (de)	**şubă** (f)	['ʃubə]
wanten (mv.)	**mănuşi** (f pl)	[mə'nuʃ
	cu un singur deget	ku un 'singur 'dedʒet]

ziek worden (ww)	**a se îmbolnăvi**	[a se imbolnə'vi]
verkoudheid (de)	**răceală** (f)	[rə'tʃalə]
verkouden raken (ww)	**a răci**	[a rə'tʃi]

ijs (het)	**gheaţă** (f)	['giatsə]
ijzel (de)	**polei** (n)	[po'lej]
bevriezen (rivier, enz.)	**a îngheţa**	[a inge'tsa]
ijsschol (de)	**sloi** (n)	[sloj]

ski's (mv.)	**schiuri** (n pl)	['skjuri]
skiër (de)	**schior** (m)	['skjor]
skiën (ww)	**a schia**	[a ski'a]
schaatsen (ww)	**a patina**	[a pati'na]

Fauna

210. Zoogdieren. Roofdieren

roofdier (het)	**prădător** (n)	[prədə'tor]
tijger (de)	**tigru** (m)	['tigru]
leeuw (de)	**leu** (m)	['leu]
wolf (de)	**lup** (m)	[lup]
vos (de)	**vulpe** (f)	['vulpe]
jaguar (de)	**jaguar** (m)	[ʒagu'ar]
luipaard (de)	**leopard** (m)	[leo'pard]
jachtluipaard (de)	**ghepard** (m)	[ge'pard]
panter (de)	**panteră** (f)	[pan'terə]
poema (de)	**pumă** (f)	['pumə]
sneeuwluipaard (de)	**ghepard** (m)	[ge'pard]
lynx (de)	**râs** (m)	[ris]
coyote (de)	**coiot** (m)	[ko'jot]
jakhals (de)	**şacal** (m)	[ʃa'kal]
hyena (de)	**hienă** (f)	[hi'enə]

211. Wilde dieren

dier (het)	**animal** (n)	[ani'mal]
beest (het)	**animal** (n) **sălbatic**	[ani'mal səl'batik]
eekhoorn (de)	**veveriţă** (f)	[veve'ritsə]
egel (de)	**arici** (m)	[a'ritʃi]
haas (de)	**iepure** (m)	['jepure]
konijn (het)	**iepure** (m) **de casă**	['jepure de 'kasə]
das (de)	**bursuc** (m)	[bur'suk]
wasbeer (de)	**enot** (m)	[e'not]
hamster (de)	**hârciog** (m)	[hir'tʃiog]
marmot (de)	**marmotă** (f)	[mar'motə]
mol (de)	**cârtiţă** (f)	['kirtitsə]
muis (de)	**şoarece** (m)	[ʃo'aretʃe]
rat (de)	**şobolan** (m)	[ʃobo'lan]
vleermuis (de)	**liliac** (m)	[lili'ak]
hermelijn (de)	**hermină** (f)	[her'minə]
sabeldier (het)	**samur** (m)	[sa'mur]
marter (de)	**jder** (m)	[ʒder]
wezel (de)	**nevăstuică** (f)	[nevəs'tujkə]
nerts (de)	**nurcă** (f)	['nurkə]

| bever (de) | castor (m) | ['kastor] |
| otter (de) | vidră (f) | ['vidrə] |

paard (het)	cal (m)	[kal]
eland (de)	elan (m)	[e'lan]
hert (het)	cerb (m)	[ʧerb]
kameel (de)	cămilă (f)	[kə'milə]

bizon (de)	bizon (m)	[bi'zon]
wisent (de)	zimbru (m)	['zimbru]
buffel (de)	bivol (m)	['bivol]

zebra (de)	zebră (f)	['zebrə]
antilope (de)	antilopă (f)	[anti'lopə]
ree (de)	căprioară (f)	[kəprio'arə]
damhert (het)	ciută (f)	['ʧiutə]
gems (de)	capră (f) neagră	['kaprə 'n'agrə]
everzwijn (het)	mistreț (m)	[mis'treʦ]

walvis (de)	balenă (f)	[ba'lenə]
rob (de)	focă (f)	['fokə]
walrus (de)	morsă (f)	['morsə]
zeebeer (de)	urs (m) de mare	[urs de 'mare]
dolfijn (de)	delfin (m)	[del'fin]

beer (de)	urs (m)	[urs]
ijsbeer (de)	urs (m) polar	[urs po'lar]
panda (de)	panda (m)	['panda]

aap (de)	maimuță (f)	[maj'muʦə]
chimpansee (de)	cimpanzeu (m)	[ʧimpan'zeu]
orang-oetan (de)	urangutan (m)	[urangu'tan]
gorilla (de)	gorilă (f)	[go'rilə]
makaak (de)	macac (m)	[ma'kak]
gibbon (de)	gibon (m)	[dʒi'bon]

olifant (de)	elefant (m)	[ele'fant]
neushoorn (de)	rinocer (m)	[rino'ʧer]
giraffe (de)	girafă (f)	[dʒi'rafə]
nijlpaard (het)	hipopotam (m)	[hipopo'tam]

| kangoeroe (de) | cangur (m) | ['kangur] |
| koala (de) | koala (f) | [ko'ala] |

mangoest (de)	mangustă (f)	[man'gustə]
chinchilla (de)	şinşilă (f)	[ʃin'ʃilə]
stinkdier (het)	sconcs (m)	[skonks]
stekelvarken (het)	porc (m) spinos	[pork spi'nos]

212. Huisdieren

poes (de)	pisică (f)	[pi'sikə]
kater (de)	motan (m)	[mo'tan]
paard (het)	cal (m)	[kal]

| hengst (de) | armăsar (m) | [armə'sar] |
| merrie (de) | iapă (f) | ['japə] |

koe (de)	vacă (f)	['vakə]
bul, stier (de)	taur (m)	['taur]
os (de)	bou (m)	['bou]

schaap (het)	oaie (f)	[o'ae]
ram (de)	berbec (m)	[ber'bek]
geit (de)	capră (f)	['kaprə]
bok (de)	ţap (m)	[ʦap]

| ezel (de) | măgar (m) | [mə'gar] |
| muilezel (de) | catâr (m) | [ka'tir] |

varken (het)	porc (m)	[pork]
biggetje (het)	purcel (m)	[pur'ʧel]
konijn (het)	iepure (m) de casă	['jepure de 'kasə]

| kip (de) | găină (f) | [gə'inə] |
| haan (de) | cocoş (m) | [ko'koʃ] |

eend (de)	raţă (f)	['raʦə]
woerd (de)	răţoi (m)	[rə'ʦoj]
gans (de)	gâscă (f)	['giskə]

| kalkoen haan (de) | curcan (m) | [kur'kan] |
| kalkoen (de) | curcă (f) | ['kurkə] |

huisdieren (mv.)	animale (n pl) domestice	[ani'male do'mestiʧe]
tam (bijv. hamster)	domestic	[do'mestik]
temmen (tam maken)	a domestici	[a domesti'ʧi]
fokken (bijv. paarden ~)	a creşte	[a 'kreʃte]

boerderij (de)	fermă (f)	['fermə]
gevogelte (het)	păsări (f pl) de curte	[pəsərʲ de 'kurte]
rundvee (het)	vite (f pl)	['vite]
kudde (de)	turmă (f)	['turmə]

paardenstal (de)	grajd (n)	[graʒd]
zwijnenstal (de)	cocină (f) de porci	[ko'ʧinə de 'porʧi]
koeienstal (de)	grajd (n) pentru vaci	['graʒd 'pentru 'vaʧi]
konijnenhok (het)	cuşcă (f) pentru iepuri	['kuʃkə 'pentru 'epurʲ]
kippenhok (het)	coteţ (n) de găini	[ko'teʦ de gə'inʲ]

213. Honden. Hondenrassen

hond (de)	câine (m)	['kiĭne]
herdershond (de)	câine (m) ciobănesc	['kiĭne ʧiobə'nesk]
poedel (de)	pudel (m)	[pu'del]
teckel (de)	teckel (m)	['tekel]

| buldog (de) | buldog (m) | [bul'dog] |
| boxer (de) | boxer (m) | [bok'ser] |

mastiff (de)	mastif (m)	[mas'tif]
rottweiler (de)	rottweiler (m)	[rot'wejler]
doberman (de)	doberman (m)	[dober'man]

basset (de)	basset (m)	[ba'set]
bobtail (de)	bobtail (m)	[bob'tejl]
dalmatiër (de)	dalmaţian (m)	[dalmatsi'an]
cockerspaniël (de)	cocker spaniel (m)	['koker spani'el]

Newfoundlander (de)	newfoundland (m)	[nju'faundlend]
sint-bernard (de)	sentbernar (m)	[senber'nar]

husky (de)	huski (m)	['haski]
chowchow (de)	chow chow (m)	['tʃau 'tʃau]
spits (de)	spitz (m)	[ʃpits]
mopshond (de)	mops (m)	[mops]

214. Dierengeluiden

geblaf (het)	lătrat (n)	[le'trat]
blaffen (ww)	a lătra	[a le'tra]
miauwen (ww)	a mieuna	[a meu'na]
spinnen (katten)	a toarce	[a to'artʃe]

loeien (ov. een koe)	a mugi	[a mu'dʒi]
brullen (stier)	a rage	[a 'radʒe]
grommen (ov. de honden)	a mârâi	[a mɨrɨ'i]

gehuil (het)	urlet (n)	['urlet]
huilen (wolf, enz.)	a urla	[a ur'la]
janken (ov. een hond)	a scheuna	[a skeu'na]

mekkeren (schapen)	a behăi	[a behe'i]
knorren (varkens)	a grohăi	[a grohe'i]
gillen (bijv. varken)	a ţipa	[a tsi'pa]

kwaken (kikvorsen)	a orăcăi	[a oreke'i]
zoemen (hommel, enz.)	a bâzâi	[a bɨzɨ'i]
tjirpen (sprinkhanen)	a ţârâi	[a tsɨrɨ'i]

215. Jonge dieren

jong (het)	pui (m) de animal	[puj de ani'mal]
poesje (het)	motănaş (m)	[mote'naʃ]
muisje (het)	şoricel (m)	[ʃori'tʃel]
puppy (de)	căţeluş (m)	[ketse'luʃ]

jonge haas (de)	iepuraş (m)	[jepu'raʃ]
konijntje (het)	iepuraş (m)	[jepu'raʃ]
wolfje (het)	pui (m) de lup	[puj de lup]
vosje (het)	pui (m) de vulpe	[puj de 'vulpe]
beertje (het)	ursuleţ (m)	[ursu'lets]

leeuwenjong (het)	pui (m) de leu	[puj de 'leu]
tijgertje (het)	pui (m) de tigru	[puj de 'tigru]
olifantenjong (het)	pui (m) de elefant	[puj de ele'fant]

biggetje (het)	purcel (m)	[pur'ʧel]
kalf (het)	vițel (m)	[vi'ʦel]
geitje (het)	ied (m)	[jed]
lam (het)	miel (m)	[mjel]
reekalf (het)	pui (m) de cerb	[puj de ʧerb]
jonge kameel (de)	pui (m) de cămilă	[puj de kə'milə]

| slangenjong (het) | pui (m) de șarpe | [puj de 'ʃarpe] |
| kikkertje (het) | broscuță (f) | [bros'kuʦə] |

vogeltje (het)	pui (m) de pasăre	[puj de 'pasəre]
kuiken (het)	pui (m)	[puj]
eendje (het)	rățușcă (f)	[rə'ʦuʃkə]

216. Vogels

vogel (de)	pasăre (f)	['pasəre]
duif (de)	porumbel (m)	[porum'bel]
mus (de)	vrabie (f)	['vrabie]
koolmees (de)	pițigoi (m)	[pitsi'goj]
ekster (de)	coțofană (f)	[kotso'fanə]

raaf (de)	corb (m)	[korb]
kraai (de)	cioară (f)	[ʧio'arə]
kauw (de)	stancă (f)	['stankə]
roek (de)	cioară (f) de câmp	[ʧio'arə de 'kɨmp]

eend (de)	rață (f)	['raʦə]
gans (de)	gâscă (f)	['gɨskə]
fazant (de)	fazan (m)	[fa'zan]

arend (de)	acvilă (f)	['akvilə]
havik (de)	uliu (m)	['ulju]
valk (de)	șoim (m)	[ʃojm]
gier (de)	vultur (m)	['vultur]
condor (de)	condor (m)	[kon'dor]

zwaan (de)	lebădă (f)	['lebədə]
kraanvogel (de)	cocor (m)	[ko'kor]
ooievaar (de)	cocostârc (m)	[kokos'tɨrk]

papegaai (de)	papagal (m)	[papa'gal]
kolibrie (de)	pasărea (f) colibri	['pasərʲa ko'libri]
pauw (de)	păun (m)	[pə'un]

struisvogel (de)	struț (m)	[struʦ]
reiger (de)	stârc (m)	[stɨrk]
flamingo (de)	flamingo (m)	[fla'mingo]
pelikaan (de)	pelican (m)	[peli'kan]
nachtegaal (de)	privighetoare (f)	[privigeto'are]

zwaluw (de)	rândunică (f)	[rindu'nikə]
lijster (de)	mierlă (f)	['merlə]
zanglijster (de)	sturz-cântător (m)	[sturz kintə'tor]
merel (de)	mierlă (f) sură	['merlə 'surə]

gierzwaluw (de)	lăstun (m)	[ləs'tun]
leeuwerik (de)	ciocârlie (f)	[tʃiokir'lie]
kwartel (de)	prepeliță (f)	[prepe'litsə]

specht (de)	ciocănitoare (f)	[tʃiokənito'are]
koekoek (de)	cuc (m)	[kuk]
uil (de)	bufniță (f)	['bufnitsə]
oehoe (de)	buha mare (f)	['buhə 'mare]
auerhoen (het)	cocoş (m) de munte	[ko'koʃ de 'munte]
korhoen (het)	cocoş (m) sălbatic	[ko'koʃ səlba'tik]
patrijs (de)	potârniche (f)	[potir'nike]

spreeuw (de)	graur (m)	['graur]
kanarie (de)	canar (m)	[ka'nar]
hazelhoen (het)	găinuşă de alun (f)	[gəi'nuʃə de a'lun]
vink (de)	cinteză (f)	[tʃin'tezə]
goudvink (de)	botgros (m)	[bot'gros]

meeuw (de)	pescăruş (m)	[peskə'ruʃ]
albatros (de)	albatros (m)	[alba'tros]
pinguïn (de)	pinguin (m)	[pigu'in]

217. Vogels. Zingen en geluiden

fluiten, zingen (ww)	a cânta	[a kin'ta]
schreeuwen (dieren, vogels)	a striga	[a stri'ga]
kraaien (ov. een haan)	a cânta cucurigu	[a kin'ta kuku'rigu]
kukeleku	cucurigu (m)	[kuku'rigu]

klokken (hen)	a cotcodăci	[a kotkodə'tʃi]
krassen (kraai)	a croncăni	[a kronkə'ni]
kwaken (eend)	a măcăi	[a məkə'i]
piepen (kuiken)	a piui	[a pju'i]
tjilpen (bijv. een mus)	a ciripi	[a tʃiri'pi]

218. Vis. Zeedieren

brasem (de)	plătică (f)	[plə'tikə]
karper (de)	crap (m)	[krap]
baars (de)	biban (m)	[bi'ban]
meerval (de)	somn (m)	[somn]
snoek (de)	ştiucă (f)	['ʃtjukə]

zalm (de)	somon (m)	[so'mon]
steur (de)	nisetru (m)	[ni'setru]
haring (de)	scrumbie (f)	[skrum'bie]
atlantische zalm (de)	somon (m)	[so'mon]

makreel (de)	macrou (n)	[ma'krou]
platvis (de)	cambulă (f)	[kam'bulə]
snoekbaars (de)	şalău (m)	[ʃa'ləu]
kabeljauw (de)	batog (m)	[ba'tog]
tonijn (de)	ton (m)	[ton]
forel (de)	păstrăv (m)	[pəs'trəv]
paling (de)	ţipar (m)	[tsi'par]
sidderrog (de)	peşte-torpilă (m)	['peʃte tor'pilə]
murene (de)	murenă (f)	[mu'renə]
piranha (de)	piranha (f)	[pi'ranija]
haai (de)	rechin (m)	[re'kin]
dolfijn (de)	delfin (m)	[del'fin]
walvis (de)	balenă (f)	[ba'lenə]
krab (de)	crab (m)	[krab]
kwal (de)	meduză (f)	[me'duze]
octopus (de)	caracatiţă (f)	[kara'katitsə]
zeester (de)	stea de mare (f)	[stʲa de 'mare]
zee-egel (de)	arici de mare (m)	[a'ritʃi de 'mare]
zeepaardje (het)	căluţ (m) de mare (f)	[ka'luts de 'mare]
oester (de)	stridie (f)	['stridie]
garnaal (de)	crevetă (f)	[kre'vetə]
kreeft (de)	stacoj (m)	[sta'koʒ]
langoest (de)	langustă (f)	[lan'gustə]

219. Amfibieën. Reptielen

slang (de)	şarpe (m)	['ʃarpe]
giftig (slang)	veninos	[veni'nos]
adder (de)	viperă (f)	['viperə]
cobra (de)	cobră (f)	['kobrə]
python (de)	piton (m)	[pi'ton]
boa (de)	şarpe (m) boa	['ʃarpe bo'a]
ringslang (de)	şarpe (m) de casă	['ʃarpe de 'kasə]
ratelslang (de)	şarpe (m) cu clopoţei	['ʃarpe ku klopo'tsej]
anaconda (de)	anacondă (f)	[ana'kondə]
hagedis (de)	şopârlă (f)	[ʃo'pɨrlə]
leguaan (de)	iguană (f)	[igu'anə]
varaan (de)	şopârlă (f)	[ʃo'pɨrlə]
salamander (de)	salamandră (f)	[sala'mandrə]
kameleon (de)	cameleon (m)	[kamele'on]
schorpioen (de)	scorpion (m)	[skorpi'on]
schildpad (de)	broască (f) ţestoasă	[bro'askə tsesto'asə]
kikker (de)	broască (f)	[bro'askə]
pad (de)	broască (f) râioasă	[bro'askə rɨjo'asə]
krokodil (de)	crocodil (m)	[kroko'dil]

220. Insecten

insect (het)	insectă (f)	[in'sektə]
vlinder (de)	fluture (m)	['fluture]
mier (de)	furnică (f)	[fur'nikə]
vlieg (de)	muscă (f)	['muskə]
mug (de)	ţânţar (m)	[tsin'tsar]
kever (de)	gândac (m)	[gin'dak]

wesp (de)	viespe (f)	['vespe]
bij (de)	albină (f)	[al'binə]
hommel (de)	bondar (m)	[bon'dar]
horzel (de)	tăun (m)	[tə'un]

spin (de)	păianjen (m)	[pə'janʒen]
spinnenweb (het)	pânză (f) de păianjen	['pinzə de pə'janʒen]

libel (de)	libelulă (f)	[libe'lulə]
sprinkhaan (de)	greier (m)	['greer]
nachtvlinder (de)	fluture (m)	['fluture]

kakkerlak (de)	gândac (m)	[gin'dak]
teek (de)	căpuşă (f)	[kə'puʃə]
vlo (de)	purice (m)	['puritʃe]
kriebelmug (de)	musculiţă (f)	[musku'litsə]

treksprinkhaan (de)	lăcustă (f)	[lə'kustə]
slak (de)	melc (m)	[melk]
krekel (de)	greier (m)	['greer]
glimworm (de)	licurici (m)	[liku'ritʃi]
lieveheersbeestje (het)	buburuză (f)	[bubu'ruzə]
meikever (de)	cărăbuş (m)	[kərə'buʃ]

bloedzuiger (de)	lipitoare (f)	[lipito'are]
rups (de)	omidă (f)	[o'midə]
aardworm (de)	vierme (m)	['verme]
larve (de)	larvă (f)	['larvə]

221. Dieren. Lichaamsdelen

snavel (de)	cioc (n)	[tʃiok]
vleugels (mv.)	aripi (f pl)	[a'ripi]
poot (ov. een vogel)	labă (f)	['labə]
verenkleed (het)	penaj (n)	[pe'naʒ]
veer (de)	pană (f)	['panə]
kuifje (het)	moţ (n)	[mots]

kieuwen (mv.)	branhii (f pl)	[bran'hij]
kuit, dril (de)	icre (f pl)	['ikre]
larve (de)	larvă (f)	['larvə]
vin (de)	aripioară (f)	[ari'pjoarə]
schubben (mv.)	solzi (m pl)	[solzi]
slagtand (de)	dinte (m) canin	['dinte ka'nin]

poot (bijv. ~ van een kat)	labă (f)	['labə]
muil (de)	bot (n)	[bot]
bek (mond van dieren)	bot (n)	[bot]
staart (de)	coadă (f)	[ko'adə]
snorharen (mv.)	mustăţi (f pl)	[mus'tətsʲ]
hoef (de)	copită (f)	[ko'pitə]
hoorn (de)	corn (n)	[korn]
schild (schildpad, enz.)	carapace (f)	[kara'patʃe]
schelp (de)	schelet (n)	[ske'let]
eierschaal (de)	găoace (f)	[gəo'atʃe]
vacht (de)	blană (f)	['blanə]
huid (de)	piele (f)	['pjele]

222. Acties van de dieren

vliegen (ww)	a zbura	[a zbu'ra]
cirkelen (vogel)	a se roti	[a se ro'ti]
wegvliegen (ww)	a-şi lua zborul	[aʃ lu'a 'zborul]
klapwieken (ww)	a bate din aripi	[a 'bate din 'aripʲ]
pikken (vogels)	a ciuguli	[a tʃiugu'li]
broeden (de eend zit te ~)	a cloci	[a klo'tʃi]
uitbroeden (ww)	a ieşi din ou	[a e'ʃi din ow]
een nest bouwen	a face cuib	[a 'fatʃe kujb]
kruipen (ww)	a se târî	[a se tɨ'rɨ]
steken (bij)	a înţepa	[a intse'pa]
bijten (de hond, enz.)	a muşca	[a muʃ'ka]
snuffelen (ov. de dieren)	a mirosi	[a miro'si]
blaffen (ww)	a lătra	[a lə'tra]
sissen (slang)	a sâsâi	[a sisi'i]
doen schrikken (ww)	a speria	[a speri'ja]
aanvallen (ww)	a ataca	[a ata'ka]
knagen (ww)	a roade	[a ro'ade]
schrammen (ww)	a zgâria	[a zgiri'ja]
zich verbergen (ww)	a se ascunde	[a se as'kunde]
spelen (ww)	a juca	[a ʒu'ka]
jagen (ww)	a vâna	[a vi'na]
winterslapen	a hiberna	[a hiber'na]
uitsterven (dinosauriërs, enz.)	a dispărea	[a dispə'rʲa]

223. Dieren. Leefomgevingen

leefgebied (het)	mediu (n) ambiant	['medju am'bjant]
migratie (de)	migraţie (f)	[mi'gratsie]
berg (de)	munte (m)	['munte]

| rif (het) | recif (m) | [re'ʧif] |
| klip (de) | stâncă (f) | ['stɨnkə] |

bos (het)	pădure (f)	[pə'dure]
jungle (de)	junglă (f)	['ʒunglə]
savanne (de)	savană (f)	[sa'vanə]
toendra (de)	tundră (f)	['tundrə]

steppe (de)	stepă (f)	['stepə]
woestijn (de)	deşert (n)	[de'ʃert]
oase (de)	oază (f)	[o'azə]

zee (de)	mare (f)	['mare]
meer (het)	lac (n)	[lak]
oceaan (de)	ocean (n)	[otʃe'an]

moeras (het)	mlaştină (f)	['mlaʃtinə]
zoetwater- (abn)	de apă dulce	[de 'apə 'dulʧe]
vijver (de)	iaz (n)	[jaz]
rivier (de)	râu (n)	['rɨu]

berenhol (het)	bârlog (n)	[bɨr'log]
nest (het)	cuib (n)	[kujb]
boom holte (de)	scorbură (f)	['skorburə]
hol (het)	vizuină (f)	[vizu'inə]
mierenhoop (de)	furnicar (n)	[furni'kar]

224. Dierverzorging

| dierentuin (de) | grădină (f) zoologică | [grə'dinə zoo'lodʒikə] |
| natuurreservaat (het) | rezervaţie (f) naturală | [rezer'vaʦie natu'ralə] |

fokkerij (de)	pepinieră (f)	[pepi'njerə]
openluchtkooi (de)	volieră (f)	[voli'erə]
kooi (de)	cuşcă (f)	['kuʃkə]
hondenhok (het)	coteţ (n) de câine	[ko'teʦ de 'kɨnə]

duiventil (de)	porumbărie (f)	[porumbə'rie]
aquarium (het)	acvariu (n)	[ak'varju]
dolfinarium (het)	delfinariu (n)	[delfi'narju]

fokken (bijv. honden ~)	a creşte	[a 'kreʃte]
nakomelingen (mv.)	pui (m pl)	[puj]
temmen (tam maken)	a domestici	[a domesti'ʧi]
dresseren (ww)	a dresa	[a dre'sa]

| voeding (de) | hrană (f) | ['hranə] |
| voederen (ww) | a hrăni | [a hrə'ni] |

dierenwinkel (de)	magazin (n) zoo	[maga'zin 'zoo]
muilkorf (de)	botniţă (f)	['botniʦə]
halsband (de)	zgardă (f)	['zgardə]
naam (ov. een dier)	porecla (f)	[po'reklə]
stamboom (honden met ~)	genealogie (f)	[dʒenealo'dʒie]

225. Dieren. Diversen

meute (wolven)	haită (f)	['hajtə]
zwerm (vogels)	stol (n)	[stol]
school (vissen)	banc (n)	[bank]
kudde (wilde paarden)	herghelie (f)	[herge'lie]
mannetje (het)	mascul (m)	[mas'kul]
vrouwtje (het)	femelă (f)	[fe'melə]
hongerig (bn)	flămând	[fle'mɨnd]
wild (bn)	sălbatic	[səl'batik]
gevaarlijk (bn)	periculos	[periku'los]

226. Paarden

paard (het)	cal (m)	[kal]
ras (het)	rasă (f)	['rasə]
veulen (het)	mânz (m)	[mɨnz]
merrie (de)	iapă (f)	['japə]
mustang (de)	mustang (m)	[mus'tang]
pony (de)	ponei (m)	['ponej]
koudbloed (de)	cal (m) de tracţiune	[kal de traktsi'une]
manen (mv.)	coamă (f)	[ko'amə]
staart (de)	coadă (f)	[ko'adə]
hoef (de)	copită (f)	[ko'pitə]
hoefijzer (het)	potcoavă (f)	[potko'avə]
beslaan (ww)	a potcovi	[a potko'vi]
paardensmid (de)	fierar (m)	[fe'rar]
zadel (het)	şa (f)	[ʃa]
stijgbeugel (de)	scară (f)	['skarə]
breidel (de)	frâu (n)	['frɨu]
leidsels (mv.)	hăţuri (n pl)	[hətsur']
zweep (de)	bici (n)	[bitʃi]
ruiter (de)	călăreţ (m)	[kələ'rets]
zadelen (ww)	a înşeua	[a ɨnʃeu'a]
een paard bestijgen	a se aşeza în şa	[a se aʃe'za ɨn 'ʃa]
galop (de)	galop (n)	[ga'lop]
galopperen (ww)	a galopa	[a galo'pa]
draf (de)	trap (n)	[trap]
in draf (bw)	la trap	[la trap]
renpaard (het)	cal (m) de curse	[kal de 'kurse]
paardenrace (de)	cursă (f) de cai	['kursə de kaj]
paardenstal (de)	grajd (n)	[graʒd]
voederen (ww)	a hrăni	[a hrə'ni]

hooi (het)	fân (n)	[fin]
water geven (ww)	a adăpa	[a adə'pa]
wassen (paard ~)	a ţesăla	[a ţsesə'la]

grazen (gras eten)	a paşte	[a 'paʃte]
hinniken (ww)	a necheza	[a neke'za]
een trap geven	a zvârli cu copita	[a zvir'li ku ko'pita]

Flora

227. Bomen

boom (de)	copac (m)	[ko'pak]
loof- (abn)	foios	[fo'jos]
dennen- (abn)	conifer	[koni'fere]
groenblijvend (bn)	veşnic verde	['veʃnik 'verde]
appelboom (de)	măr (m)	[mər]
perenboom (de)	păr (m)	[pər]
zoete kers (de)	cireş (m)	[tʃi'reʃ]
zure kers (de)	vişin (m)	['viʃin]
pruimelaar (de)	prun (m)	[prun]
berk (de)	mesteacăn (m)	[mes'tʲaken]
eik (de)	stejar (m)	[ste'ʒar]
linde (de)	tei (m)	[tej]
esp (de)	plop tremurător (m)	['plop tremurə'tor]
esdoorn (de)	arţar (m)	[ar'tsar]
spar (de)	brad (m)	[brad]
den (de)	pin (m)	[pin]
lariks (de)	zadă (f)	['zade]
zilverspar (de)	brad (m) alb	['brad 'alb]
ceder (de)	cedru (m)	['tʃedru]
populier (de)	plop (m)	[plop]
lijsterbes (de)	sorb (m)	[sorb]
wilg (de)	salcie (f)	['saltʃie]
els (de)	arin (m)	[a'rin]
beuk (de)	fag (m)	[fag]
iep (de)	ulm (m)	[ulm]
es (de)	frasin (m)	['frasin]
kastanje (de)	castan (m)	[kas'tan]
magnolia (de)	magnolie (f)	[mag'nolie]
palm (de)	palmier (m)	[palmi'er]
cipres (de)	chiparos (m)	[kipa'ros]
mangrove (de)	manglier (m)	[mangli'jer]
baobab (apenbroodboom)	baobab (m)	[bao'bab]
eucalyptus (de)	eucalipt (m)	[euka'lipt]
mammoetboom (de)	secvoia (m)	[sek'voja]

228. Heesters

struik (de)	tufă (f)	['tufe]
heester (de)	arbust (m)	[ar'bust]

| wijnstok (de) | viță (f) de vie | ['vitsə de 'vie] |
| wijngaard (de) | vie (f) | ['vie] |

frambozenstruik (de)	zmeură (f)	['zmeurə]
rode bessenstruik (de)	coacăz (m) roşu	[ko'akəz 'roʃu]
kruisbessenstruik (de)	agriş (m)	[a'griʃ]

acacia (de)	salcâm (m)	[sal'kɨm]
zuurbes (de)	lemn (m) galben	['lemn 'galben]
jasmijn (de)	iasomie (f)	[jaso'mie]

jeneverbes (de)	ienupăr (m)	[je'nupər]
rozenstruik (de)	tufă (f) de trandafir	['tufə de tranda'fir]
hondsroos (de)	măceş (m)	[mə'tʃeʃ]

229. Champignons

paddenstoel (de)	ciupercă (f)	[tʃiu'perkə]
eetbare paddenstoel (de)	ciupercă (f) comestibilă	[tʃiu'perkə komes'tibilə]
giftige paddenstoel (de)	ciupercă (f) otrăvitoare	[tʃiu'perkə otrəvito'are]
hoed (de)	pălărie (f)	[pələ'rie]
steel (de)	picior (n)	[pi'tʃior]

eekhoorntjesbrood (het)	hrib (m)	[hrib]
rosse populierboleet (de)	pitărcuță (f)	[pitər'kutsə]
berkenboleet (de)	pitarcă (f)	[pi'tarkə]
cantharel (de)	gălbior (m)	[gəlbi'or]
russula (de)	vineţică (f)	[vine'tsikə]

morielje (de)	zbârciog (m)	[zbɨr'tʃiog]
vliegenzwam (de)	burete (m) pestriţ	[bu'rete pes'trits]
groene knolamaniet (de)	ciupercă (f) otrăvitoare	[tʃiu'perkə otrəvito'are]

230. Vruchten. Bessen

appel (de)	măr (n)	[mər]
peer (de)	pară (f)	['parə]
pruim (de)	prună (f)	['prunə]

aardbei (de)	căpşună (f)	[kəp'ʃunə]
zure kers (de)	vişină (f)	['viʃinə]
zoete kers (de)	cireaşă (f)	[tʃi'r'aʃə]
druif (de)	struguri (m pl)	['struguri]

framboos (de)	zmeură (f)	['zmeurə]
zwarte bes (de)	coacăză (f) neagră	[ko'akəzə 'n'agrə]
rode bes (de)	coacăză (f) roşie	[ko'akəzə 'roʃie]
kruisbes (de)	agrişă (f)	[a'griʃə]
veenbes (de)	răchiţele (f pl)	[rəki'tsele]

| sinaasappel (de) | portocală (f) | [porto'kalə] |
| mandarijn (de) | mandarină (f) | [manda'rinə] |

ananas (de)	ananas (m)	[ana'nas]
banaan (de)	banană (f)	[ba'nanə]
dadel (de)	curmală (f)	[kur'malə]

citroen (de)	lămâie (f)	[lə'mie]
abrikoos (de)	caisă (f)	[ka'isə]
perzik (de)	piersică (f)	['pjersikə]
kiwi (de)	kiwi (n)	['kivi]
grapefruit (de)	grepfrut (n)	['grepfrut]

bes (de)	boabă (f)	[bo'abə]
bessen (mv.)	fructe (n pl) de pădure	['frukte de pə'dure]
vossenbes (de)	merişor (m)	[meri'ʃor]
bosaardbei (de)	frag (m)	[frag]
blauwe bosbes (de)	afină (f)	[a'finə]

231. Bloemen. Planten

bloem (de)	floare (f)	[flo'are]
boeket (het)	buchet (n)	[bu'ket]

roos (de)	trandafir (m)	[tranda'fir]
tulp (de)	lalea (f)	[la'lʲa]
anjer (de)	garoafă (f)	[garo'afə]
gladiool (de)	gladiolă (f)	[gladi'olə]

korenbloem (de)	albăstrea (f)	[albəs'trʲa]
klokje (het)	clopoţel (m)	[klopo'ʦel]
paardenbloem (de)	păpădie (f)	[pəpə'die]
kamille (de)	romaniţă (f)	[roma'niʦə]

aloë (de)	aloe (f)	[a'loe]
cactus (de)	cactus (m)	['kaktus]
ficus (de)	ficus (m)	['fikus]

lelie (de)	crin (m)	[krin]
geranium (de)	muşcată (f)	[muʃ'katə]
hyacint (de)	zambilă (f)	[zam'bilə]

mimosa (de)	mimoză (f)	[mi'mozə]
narcis (de)	narcisă (f)	[nar'ʧisə]
Oost-Indische kers (de)	condurul-doamnei (m)	[kon'durul do'amnej]

orchidee (de)	orhidee (f)	[orhi'dee]
pioenroos (de)	bujor (m)	[bu'ʒor]
viooltje (het)	toporaş (m)	[topo'raʃ]

driekleurig viooltje (het)	pansele (f)	[pan'sele]
vergeet-mij-nietje (het)	nu-mă-uita (f)	[nu mə uj'ta]
madeliefje (het)	margaretă (f)	[marga'retə]

papaver (de)	mac (m)	[mak]
hennep (de)	cânepă (f)	['kinepə]
munt (de)	mentă (f)	['mentə]

| lelietje-van-dalen (het) | lăcrămioară (f) | [lǝkrǝmjo'arǝ] |
| sneeuwklokje (het) | ghiocel (m) | [gio'tʃel] |

brandnetel (de)	urzică (f)	[ur'zikǝ]
veldzuring (de)	măcriş (m)	[mǝ'kriʃ]
waterlelie (de)	nufăr (m)	['nufǝr]
varen (de)	ferigă (f)	['ferigǝ]
korstmos (het)	lichen (m)	[li'ken]

oranjerie (de)	seră (f)	['serǝ]
gazon (het)	gazon (n)	[ga'zon]
bloemperk (het)	strat (n) de flori	[strat de 'flori]

plant (de)	plantă (f)	['plantǝ]
gras (het)	iarbă (f)	['jarbǝ]
grasspriet (de)	fir (n) de iarbă	[fir de 'jarbǝ]

blad (het)	frunză (f)	['frunzǝ]
bloemblad (het)	petală (f)	[pe'talǝ]
stengel (de)	tulpină (f)	[tul'pinǝ]
knol (de)	tubercul (m)	[tu'berkul]

| scheut (de) | mugur (m) | ['mugur] |
| doorn (de) | ghimpe (m) | ['gimpe] |

bloeien (ww)	a înflori	[a ɨnflo'ri]
verwelken (ww)	a se ofili	[a se ofe'li]
geur (de)	miros (n)	[mi'ros]
snijden (bijv. bloemen ~)	a tăia	[a tǝ'ja]
plukken (bloemen ~)	a rupe	[a 'rupe]

232. Granen, graankorrels

graan (het)	grăunţe (n pl)	[grǝ'untse]
graangewassen (mv.)	cereale (f pl)	[tʃere'ale]
aar (de)	spic (n)	[spik]

tarwe (de)	grâu (n)	['grɨu]
rogge (de)	secară (f)	[se'karǝ]
haver (de)	ovăz (n)	[ovǝz]

| gierst (de) | mei (m) | [mej] |
| gerst (de) | orz (n) | [orz] |

maïs (de)	porumb (m)	[po'rumb]
rijst (de)	orez (n)	[o'rez]
boekweit (de)	hrişcă (f)	['hriʃkǝ]

| erwt (de) | mazăre (f) | ['mazǝre] |
| nierboon (de) | fasole (f) | [fa'sole] |

soja (de)	soia (f)	['soja]
linze (de)	linte (n)	['linte]
bonen (mv.)	boabe (f pl)	[bo'abe]

233. Groenten. Groene groenten

groenten (mv.)	legume (f pl)	[le'gume]
verse kruiden (mv.)	verdeață (f)	[ver'dʲatsə]
tomaat (de)	roşie (f)	['roʃie]
augurk (de)	castravete (m)	[kastra'vete]
wortel (de)	morcov (m)	['morkov]
aardappel (de)	cartof (m)	[kar'tof]
ui (de)	ceapă (f)	['tʃapə]
knoflook (de)	usturoi (m)	[ustu'roj]
kool (de)	varză (f)	['varzə]
bloemkool (de)	conopidă (f)	[kono'pidə]
spruitkool (de)	varză (f) de Bruxelles	['varzə de bruk'sel]
rode biet (de)	sfeclă (f)	['sfeklə]
aubergine (de)	vânătă (f)	['vɨnətə]
courgette (de)	dovlecel (m)	[dovle'tʃel]
pompoen (de)	dovleac (m)	[dov'lʲak]
knolraap (de)	nap (m)	[nap]
peterselie (de)	pătrunjel (m)	[pətrun'ʒel]
dille (de)	mărar (m)	[mə'rar]
sla (de)	salată (f)	[sa'latə]
selderij (de)	ţelină (f)	['tselinə]
asperge (de)	sparanghel (m)	[sparan'gel]
spinazie (de)	spanac (m)	[spa'nak]
erwt (de)	mazăre (f)	['mazəre]
bonen (mv.)	boabe (f pl)	[bo'abe]
maïs (de)	porumb (m)	[po'rumb]
nierboon (de)	fasole (f)	[fa'sole]
peper (de)	piper (m)	[pi'per]
radijs (de)	ridiche (f)	[ri'dike]
artisjok (de)	anghinare (f)	[angi'nare]

REGIONALE AARDRIJKSKUNDE

Landen. Nationaliteiten

234. West-Europa

Europa (het)	Europa (f)	[eu'ropa]
Europese Unie (de)	Uniunea (f) Europeană	[uni'un¡a euro'p¡ane]
Europeaan (de)	european (m)	[euro'p¡an]
Europees (bn)	european	[euro'p¡an]
Oostenrijk (het)	Austria (f)	[a'ustrija]
Oostenrijker (de)	austriac (m)	[austri'ak]
Oostenrijkse (de)	austriacă (f)	[austri'ake]
Oostenrijks (bn)	austriac	[austri'ak]
Groot-Brittannië (het)	Marea Britanie (f)	['mar¡a bri'tanie]
Engeland (het)	Anglia (f)	['anglija]
Engelsman (de)	englez (m)	[en'glez]
Engelse (de)	englezoaică (f)	[englezo'ajke]
Engels (bn)	englez	[en'glez]
België (het)	Belgia (f)	['beldʒia]
Belg (de)	belgian (m)	[beldʒi'an]
Belgische (de)	belgiană (f)	[beldʒi'ane]
Belgisch (bn)	belgian	[beldʒi'an]
Duitsland (het)	Germania (f)	[dʒer'manija]
Duitser (de)	neamț (m)	['n¡amts]
Duitse (de)	nemțoaică (f)	[nemtso'ajke]
Duits (bn)	nemțesc	[nem'tsesk]
Nederland (het)	Țările de Jos (f pl)	['tserile de ʒos]
Holland (het)	Olanda (f)	[o'landa]
Nederlander (de)	olandez (m)	[olan'dez]
Nederlandse (de)	olandeză (f)	[olan'deze]
Nederlands (bn)	olandez	[olan'dez]
Griekenland (het)	Grecia (f)	['gretʃia]
Griek (de)	grec (m)	[grek]
Griekse (de)	grecoaică (f)	[greko'ajke]
Grieks (bn)	grecesc	[gre'tʃesk]
Denemarken (het)	Danemarca (f)	[dane'marka]
Deen (de)	danez (m)	[da'nez]
Deense (de)	daneză (f)	[da'neze]
Deens (bn)	danez	[da'nez]
Ierland (het)	Irlanda (f)	[ir'landa]
Ier (de)	irlandez (m)	[irlan'dez]

| Ierse (de) | irlandeză (f) | [irlan'dezə] |
| Iers (bn) | irlandez | [irlan'dez] |

IJsland (het)	Islanda (f)	[is'landa]
IJslander (de)	islandez (m)	[islan'dez]
IJslandse (de)	islandeză (f)	[islan'dezə]
IJslands (bn)	islandez	[islan'dez]

Spanje (het)	Spania (f)	['spania]
Spanjaard (de)	spaniol (m)	[spa'njol]
Spaanse (de)	spanioloaică (f)	[spanjolo'ajkə]
Spaans (bn)	spaniol	[spa'njol]

Italië (het)	Italia (f)	[i'talia]
Italiaan (de)	italian (m)	[itali'an]
Italiaanse (de)	italiancă (f)	[itali'ankə]
Italiaans (bn)	italian	[itali'an]

Cyprus (het)	Cipru (n)	['ʧipru]
Cyprioot (de)	cipriot (m)	[ʧipri'ot]
Cypriotische (de)	cipriotă (f)	[ʧipri'otə]
Cypriotisch (bn)	cipriot	[ʧipri'ot]

Malta (het)	Malta (f)	['malta]
Maltees (de)	maltez (m)	[mal'tez]
Maltese (de)	malteză (f)	[mal'tezə]
Maltees (bn)	maltez	[mal'tez]

Noorwegen (het)	Norvegia (f)	[nor'vedʒia]
Noor (de)	norvegian (m)	[norvedʒi'an]
Noorse (de)	norvegiancă (f)	[norvedʒi'ankə]
Noors (bn)	norvegian	[norvedʒi'an]

Portugal (het)	Portugalia (f)	[portu'galia]
Portugees (de)	portughez (m)	[portu'gez]
Portugese (de)	portugheză (f)	[portu'gezə]
Portugees (bn)	portughez	[portu'gez]

Finland (het)	Finlanda (f)	[fin'landa]
Fin (de)	finlandez (m)	[finlan'dez]
Finse (de)	finlandeză (f)	[finlan'dezə]
Fins (bn)	finlandez	[finlan'dez]

Frankrijk (het)	Franța (f)	['franʦa]
Fransman (de)	francez (m)	[fran'ʧez]
Française (de)	franțuzoaică (f)	[franʦuzo'ajkə]
Frans (bn)	francez	[fran'ʧez]

Zweden (het)	Suedia (f)	[su'edia]
Zweed (de)	suedez (m)	[sue'dez]
Zweedse (de)	suedeză (f)	[sue'dezə]
Zweeds (bn)	suedez	[sue'dez]

Zwitserland (het)	Elveția (f)	[el'veʦia]
Zwitser (de)	elvețian (m)	[elveʦi'an]
Zwitserse (de)	elvețiancă (f)	[elveʦi'ankə]

Zwitsers (bn)	elveţian	[elvetsi'an]
Schotland (het)	Scoţia (f)	['skotsia]
Schot (de)	scoţian (m)	[skotsi'an]
Schotse (de)	scoţiancă (f)	[skotsi'ankə]
Schots (bn)	scoţian	[skotsi'an]

Vaticaanstad (de)	Vatican (m)	[vati'kan]
Liechtenstein (het)	Liechtenstein (m)	[lihten'ʃtajn]
Luxemburg (het)	Luxemburg (m)	[luksem'burg]
Monaco (het)	Monaco (m)	[mo'nako]

235. Centraal- en Oost-Europa

Albanië (het)	Albania (f)	[al'banija]
Albanees (de)	albanez (m)	[alba'nez]
Albanese (de)	albaneză (f)	[alba'nezə]
Albanees (bn)	albanez	[alba'nez]

Bulgarije (het)	Bulgaria (f)	[bul'garia]
Bulgaar (de)	bulgar (m)	[bul'gar]
Bulgaarse (de)	bulgăroaică (f)	[bulgəro'ajkə]
Bulgaars (bn)	bulgăresc	[bulgə'resk]

Hongarije (het)	Ungaria (f)	[un'garia]
Hongaar (de)	ungur (m)	['ungur]
Hongaarse (de)	unguroaică (f)	[unguro'ajkə]
Hongaars (bn)	unguresc	[ungu'resk]

Letland (het)	Letonia (f)	[le'tonia]
Let (de)	leton (m)	[le'ton]
Letse (de)	letonă (f)	[le'tonə]
Lets (bn)	leton	[le'ton]

Litouwen (het)	Lituania (f)	[litu'ania]
Litouwer (de)	lituanian (m)	[lituani'an]
Litouwse (de)	lituaniană (f)	[lituani'anə]
Litouws (bn)	lituanian	[lituani'an]

Polen (het)	Polonia (f)	[po'lonia]
Pool (de)	polonez (m)	[polo'nez]
Poolse (de)	poloneză (f)	[polo'nezə]
Pools (bn)	polonez	[polo'nez]

Roemenië (het)	România (f)	[rominia]
Roemeen (de)	român (m)	[ro'min]
Roemeense (de)	româncă (f)	[ro'minkə]
Roemeens (bn)	român	[ro'min]

Servië (het)	Serbia (f)	['serbija]
Serviër (de)	sârb (m)	[sirb]
Servische (de)	serbă (f)	['serbə]
Servisch (bn)	sârb	[sirb]
Slowakije (het)	Slovacia (f)	[slo'vatʃia]
Slowaak (de)	slovac (m)	[slo'vak]

| Slowaakse (de) | slovacă (f) | [slo'vakə] |
| Slowaakse (bn) | slovac | [slo'vak] |

Kroatië (het)	Croaţia (f)	[kro'atsia]
Kroaat (de)	croat (m)	[kro'at]
Kroatische (de)	croată (f)	[kro'atə]
Kroatisch (bn)	croat	[kro'at]

Tsjechië (het)	Cehia (f)	['tʃehija]
Tsjech (de)	ceh (m)	[tʃeh]
Tsjechische (de)	cehă (f)	['tʃehə]
Tsjechisch (bn)	ceh	[tʃeh]

Estland (het)	Estonia (f)	[es'tonia]
Est (de)	estonian (m)	[estoni'an]
Estse (de)	estoniană (f)	[estoni'anə]
Ests (bn)	estonian	[estoni'an]

Bosnië en Herzegovina (het)	Bosnia şi Herţegovina (f)	['bosnia ʃi hertsego'vina]
Macedonië (het)	Macedonia (f)	[matʃe'donia]
Slovenië (het)	Slovenia (f)	[slo'venia]
Montenegro (het)	Muntenegru (m)	[munte'negru]

236. Voormalige USSR landen

Azerbeidzjan (het)	Azerbaidjan (m)	[azerbaj'dʒan]
Azerbeidzjaan (de)	azerbaidjan (m)	[azerbaj'dʒan]
Azerbeidjaanse (de)	azerbaidjană (f)	[azerbaj'dʒanə]
Azerbeidjaans (bn)	azerbaidjan	[azerbaj'dʒan]

Armenië (het)	Armenia (f)	[ar'menia]
Armeen (de)	armean (m)	[ar'mian]
Armeense (de)	armeancă (f)	[ar'miankə]
Armeens (bn)	armenesc	[arme'nesk]

Wit-Rusland (het)	Belarus (f)	[bela'rus]
Wit-Rus (de)	bielorus (m)	[belo'rus]
Wit-Russische (de)	bielorusă (f)	[belo'rusə]
Wit-Russisch (bn)	bielorus	[belo'rus]

Georgië (het)	Georgia (f)	['dʒordʒia]
Georgiër (de)	gruzin (m)	[gru'zin]
Georgische (de)	georgiană (f)	[dʒordʒi'anə]
Georgisch (bn)	gruzin	[gru'zin]

Kazakstan (het)	Kazahstan (n)	[kazah'stan]
Kazak (de)	kazah (m)	[ka'zah]
Kazakse (de)	kazahă (f)	[ka'zahə]
Kazakse (bn)	kazah	[ka'zah]

Kirgizië (het)	Kîrgîzstan (m)	[kirgiz'stan]
Kirgiziër (de)	kirghiz (m)	[kir'giz]
Kirgizische (de)	kirghiză (f)	[kir'gize]
Kirgizische (bn)	kirghiz	[kir'giz]

Moldavië (het)	Moldova (f)	[mol'dova]
Moldaviër (de)	moldovean (m)	[moldo'vʲan]
Moldavische (de)	moldoveancă (f)	[moldo'vʲankə]
Moldavisch (bn)	moldovenesc	[moldove'nesk]

Rusland (het)	Rusia (f)	['rusia]
Rus (de)	rus (m)	[rus]
Russin (de)	rusoaică (f)	[ruso'ajkə]
Russisch (bn)	rusesc	[ru'sesk]

Tadzjikistan (het)	Tadjikistan (m)	[tadʒiki'stan]
Tadzjiek (de)	tadjic (m)	[ta'dʒik]
Tadzjiekse (de)	tadjică (f)	[ta'dʒikə]
Tadzjieks (bn)	tadjic	[ta'dʒik]

Turkmenistan (het)	Turkmenistan (n)	[turkmeni'stan]
Turkmeen (de)	turkmen (m)	[turk'men]
Turkmeense (de)	turkmenă (f)	[turk'menə]
Turkmeens (bn)	turkmen	[turk'men]

Oezbekistan (het)	Uzbekistan (n)	[uzbeki'stan]
Oezbeek (de)	uzbec (m)	[uz'bek]
Oezbeekse (de)	uzbecă (f)	[uz'bekə]
Oezbeeks (bn)	uzbec	[uz'bek]

Oekraïne (het)	Ucraina (f)	[ukra'ina]
Oekraïner (de)	ucrainean (m)	[ukrai'nʲan]
Oekraïense (de)	ucraineancă (f)	[ukrai'nʲankə]
Oekraïens (bn)	ucrainean	[ukrai'nʲan]

237. Azië

| Azië (het) | Asia (f) | ['asia] |
| Aziatisch (bn) | asiatic | [asi'atik] |

Vietnam (het)	Vietnam (n)	[viet'nam]
Vietnamees (de)	vietnamez (m)	[vetna'mez]
Vietnamese (de)	vietnameză (f)	[vetna'mezə]
Vietnamees (bn)	vietnamez	[vetna'mezə]

India (het)	India (f)	['india]
Indiër (de)	indian (m)	[indi'an]
Indische (de)	indiancă (f)	[indi'ankə]
Indisch (bn)	indian	[indi'an]

Israël (het)	Israel (n)	[isra'el]
Israëliër (de)	israelian (m)	[israeli'an]
Israëlische (de)	israeliană (f)	[israeli'anə]
Israëlisch (bn)	israelit	[israe'lit]

Jood (etniciteit)	evreu (m)	[e'vreu]
Jodin (de)	evreică (f)	[e'vrejkə]
Joods (bn)	evreiesc	[evre'esk]
China (het)	China (f)	['kina]

Chinees (de)	chinez (m)	[ki'nez]
Chinese (de)	chineză (f)	[ki'neze]
Chinees (bn)	chinezesc	[kine'zesk]
Koreaan (de)	coreean (m)	[kore'an]
Koreaanse (de)	coreeancă (f)	[kore'anke]
Koreaans (bn)	coreean	[kore'an]
Libanon (het)	Liban (n)	[li'ban]
Libanees (de)	libanez (m)	[liba'nez]
Libanese (de)	libaneză (f)	[liba'neze]
Libanees (bn)	libanez	[liba'nez]
Mongolië (het)	Mongolia (f)	[mon'golia]
Mongool (de)	mongol (m)	[mon'gol]
Mongoolse (de)	mongolă (f)	[mon'gole]
Mongools (bn)	mongol	[mon'gol]
Maleisië (het)	Malaezia (f)	[mala'ezia]
Maleisiër (de)	malaezian (f)	[malaezi'an]
Maleisische (de)	malaeziană (f)	[malaezi'ane]
Maleisisch (bn)	malaez	[mala'ez]
Pakistan (het)	Pakistan (n)	[paki'stan]
Pakistaan (de)	pakistanez (m)	[pakista'nez]
Pakistaanse (de)	pakistaneză (f)	[pakista'neze]
Pakistaans (bn)	pakistanez	[pakista'nez]
Saoedi-Arabië (het)	Arabia (f) Saudită	[a'rabia sau'dite]
Arabier (de)	arab (m)	[a'rab]
Arabische (de)	arăboaică (f)	[arebo'ajke]
Arabisch (bn)	arab	[a'rab]
Thailand (het)	Thailanda (f)	[taj'landa]
Thai (de)	thailandez (m)	[tajlan'dez]
Thaise (de)	thailandeză (f)	[tajlan'deze]
Thai (bn)	thailandez	[tajlan'dez]
Taiwan (het)	Taiwan (m)	[taj'van]
Taiwanees (de)	taiwanez (m)	[tajva'nez]
Taiwanese (de)	taiwaneză (f)	[tajva'neze]
Taiwanees (bn)	taiwanez	[tajva'nez]
Turkije (het)	Turcia (f)	['turtʃia]
Turk (de)	turc (m)	[turk]
Turkse (de)	turcoaică (f)	[turko'ajke]
Turks (bn)	turcesc	[tur'tʃesk]
Japan (het)	Japonia (f)	[ʒa'ponia]
Japanner (de)	japonez (m)	[ʒapo'nez]
Japanse (de)	japoneză (f)	[ʒapo'neze]
Japans (bn)	japonez	[ʒapo'nez]
Afghanistan (het)	Afganistan (n)	[afganis'tan]
Bangladesh (het)	Bangladeş (m)	[bangla'deʃ]
Indonesië (het)	Indonezia (f)	[indo'nezia]

Jordanië (het)	Iordania (f)	[jor'dania]
Irak (het)	Irak (n)	[i'rak]
Iran (het)	Iran (n)	[i'ran]
Cambodja (het)	Cambodgia (f)	[kam'bodʒia]
Koeweit (het)	Kuweit (n)	[kuve'it]

Laos (het)	Laos (n)	['laos]
Myanmar (het)	Myanmar (m)	[mjan'mar]
Nepal (het)	Nepal (n)	[ne'pal]
Verenigde Arabische Emiraten	Emiratele (n pl) Arabe Unite	[emi'ratele a'rabe u'nite]

Syrië (het)	Siria (f)	['sirija]
Palestijnse autonomie (de)	Palestina (f)	[pales'tina]
Zuid-Korea (het)	Coreea (f) de Sud	[ko'rea de 'sud]
Noord-Korea (het)	Coreea (f) de Nord	[ko'rea de 'nord]

238. Noord-Amerika

Verenigde Staten van Amerika	Statele (n pl) Unite ale Americii	['statele u'nite 'ale a'meritʃij]
Amerikaan (de)	american (m)	[ameri'kan]
Amerikaanse (de)	americancă (f)	[ameri'kankə]
Amerikaans (bn)	american	[ameri'kan]

Canada (het)	Canada (f)	[ka'nada]
Canadees (de)	canadian (m)	[kanadi'an]
Canadese (de)	canadiancă (f)	[kanadi'ankə]
Canadees (bn)	canadian	[kanadi'an]

Mexico (het)	Mexic (n)	['meksik]
Mexicaan (de)	mexican (m)	[meksi'kan]
Mexicaanse (de)	mexicancă (f)	[meksi'kankə]
Mexicaans (bn)	mexican	[meksi'kan]

239. Midden- en Zuid-Amerika

Argentinië (het)	Argentina (f)	[arʒen'tina]
Argentijn (de)	argentinian (m)	[arʒentini'an]
Argentijnse (de)	argentiniană (f)	[ardʒentini'anə]
Argentijns (bn)	argentinian	[arʒentini'an]

Brazilië (het)	Brazilia (f)	[bra'zilia]
Braziliaan (de)	brazilian (m)	[brazili'an]
Braziliaanse (de)	braziliancă (f)	[brazili'ankə]
Braziliaans (bn)	brazilian	[brazili'an]

Colombia (het)	Columbia (f)	[ko'lumbia]
Colombiaan (de)	columbian (m)	[kolumbi'an]
Colombiaanse (de)	columbiană (f)	[kolumbi'anə]
Colombiaans (bn)	columbian	[kolumbi'an]
Cuba (het)	Cuba (f)	['kuba]

Cubaan (de)	cubanez (m)	[kuba'nez]
Cubaanse (de)	cubaneză (f)	[kuba'nezə]
Cubaans (bn)	cubanez	[kuba'nez]

Chili (het)	Chile (n)	['tʃile]
Chileen (de)	chilian (m)	[tʃili'an]
Chileense (de)	chiliană (f)	[tʃili'anə]
Chileens (bn)	chilian	[tʃili'an]

Bolivia (het)	Bolivia (f)	[bo'livia]
Venezuela (het)	Venezuela (f)	[venezu'ela]
Paraguay (het)	Paraguay (n)	[paragu'aj]
Peru (het)	Peru (n)	['peru]
Suriname (het)	Surinam (n)	[suri'nam]
Uruguay (het)	Uruguay (n)	[urugu'aj]
Ecuador (het)	Ecuador (m)	[ekua'dor]

Bahama's (mv.)	Insulele (f pl) Bahamas	['insulele ba'hamas]
Haïti (het)	Haiti (n)	[ha'iti]
Dominicaanse Republiek (de)	Republica (f) Dominicană	[re'publika domini'kanə]
Panama (het)	Panama (f)	[pana'ma]
Jamaica (het)	Jamaica (f)	[ʒa'majka]

240. Afrika

Egypte (het)	Egipt (n)	[e'dʒipt]
Egyptenaar (de)	egiptean (m)	[edʒip'tʲan]
Egyptische (de)	egipteancă (f)	[edʒip'tʲankə]
Egyptisch (bn)	egiptean	[edʒip'tʲan]

Marokko (het)	Maroc (n)	[ma'rok]
Marokkaan (de)	marocan (m)	[maro'kan]
Marokkaanse (de)	marocană (f)	[maro'kanə]
Marokkaans (bn)	marocan	[maro'kan]

Tunesië (het)	Tunisia (f)	[tu'nisia]
Tunesiër (de)	tunisian (m)	[tunisi'an]
Tunesische (de)	tunisiancă (f)	[tunisi'ankə]
Tunesisch (bn)	tunisian	[tunisi'an]

Ghana (het)	Ghana (f)	['gana]
Zanzibar (het)	Zanzibar (n)	[zanzi'bar]
Kenia (het)	Kenia (f)	['kenia]
Libië (het)	Libia (f)	['libia]
Madagaskar (het)	Madagascar (n)	[madagas'kar]

Namibië (het)	Namibia (f)	[na'mibia]
Senegal (het)	Senegal (n)	[sene'gal]
Tanzania (het)	Tanzania (f)	[tan'zania]
Zuid-Afrika (het)	Africa de Sud (f)	['afrika de sud]

Afrikaan (de)	african (m)	[afri'kan]
Afrikaanse (de)	africană (f)	[afri'kanə]
Afrikaans (bn)	african	[afri'kan]

241. Australië. Oceanië

Australië (het)	Australia (f)	[au'stralia]
Australiër (de)	australian (m)	[australi'an]
Australische (de)	australiană (f)	[australi'anə]
Australisch (bn)	australian	[australi'an]
Nieuw-Zeeland (het)	Noua Zeelandă (f)	['nowa zee'landə]
Nieuw-Zeelander (de)	neozeelandez (m)	[neozeelan'dez]
Nieuw-Zeelandse (de)	neozeelandeză (f)	[neozeelan'dezə]
Nieuw-Zeelands (bn)	neozeelandez	[neozeelan'dez]
Tasmanië (het)	Tasmania (f)	[tas'mania]
Frans-Polynesië	Polinezia (f)	[poli'nezia]

242. Steden

Amsterdam	Amsterdam (n)	['amsterdam]
Ankara	Ankara (f)	[an'kara]
Athene	Atena (f)	[a'tena]
Bagdad	Bagdad (n)	[bag'dad]
Bangkok	Bangkok (m)	[ba'nkok]
Barcelona	Barcelona (f)	[barse'lona]
Beiroet	Beirut (n)	[bej'rut]
Berlijn	Berlin (n)	[ber'lin]
Boedapest	Budapesta (f)	[buda'pesta]
Boekarest	Bucureşti (n)	[buku'reʃtʲ]
Bombay, Mumbai	Bombay (n)	[bom'bej]
Bonn	Bonn (n)	[bon]
Bordeaux	Bordeaux (n)	[bor'do]
Bratislava	Bratislava (f)	[bratislava]
Brussel	Bruxelles (n)	[bruk'sel]
Caïro	Cairo (n)	[ka'iro]
Calcutta	Calcutta (f)	[kal'kuta]
Chicago	Chicago (n)	[tʃi'kago]
Dar Es Salaam	Dar es Salaam (n)	[dar es sala'am]
Delhi	Delhi, New Delhi (m)	['deli], [nju 'deli]
Den Haag	Haga (f)	['haga]
Dubai	Dubai (n)	[du'baj]
Dublin	Dublin (n)	[dub'lin]
Düsseldorf	Düsseldorf (m)	[djusel'dorf]
Florence	Florenţa (f)	[flo'rentsa]
Frankfort	Frankfurt (m)	['frankfurt]
Genève	Geneva (f)	[dʒe'neva]
Hamburg	Hamburg (n)	['hamburg]
Hanoi	Hanoi (n)	[ha'noj]
Havana	Havana (f)	[ha'vana]
Helsinki	Helsinki (n)	['helsinki]

Hiroshima	Hiroşima (f)	[hiro'ʃima]
Hongkong	Hong-Kong (n)	['hong 'kong]
Istanbul	Istanbul (n)	[istan'bul]
Jeruzalem	Ierusalim (n)	[jerusa'lim]
Kiev	Kiev (n)	[ki'ev]

Kopenhagen	Copenhaga (f)	[kopen'haga]
Kuala Lumpur	Kuala Lumpur (m)	[ku'ala lum'pur]
Lissabon	Lisabona (f)	[lisa'bona]
Londen	Londra (f)	['londra]
Los Angeles	Los Angeles (n)	['los 'andʒeles]

Lyon	Lyon (m)	[li'on]
Madrid	Madrid (n)	[ma'drid]
Marseille	Marsilia (f)	[mar'silia]
Mexico-Stad	Mexico City (n)	['meksiko 'siti]
Miami	Miami (n)	[ma'jami]

Montreal	Montreal (m)	[monre'al]
Moskou	Moscova (f)	['moskova]
München	Munchen (m)	['mʲunhen]
Nairobi	Nairobi (n)	[naj'robi]
Napels	Napoli (m)	['napoli]

New York	New York (n)	[nju 'jork]
Nice	Nisa (f)	['nisa]
Oslo	Oslo (n)	['oslo]
Ottawa	Ottawa (f)	[ot'tava]
Parijs	Paris (n)	[pa'ris]

Peking	Beijing (n)	[bej'ʒing]
Praag	Praga (f)	['praga]
Rio de Janeiro	Rio de Janeiro (n)	['rio de ʒa'nejro]
Rome	Roma (f)	['roma]
Seoel	Seul (n)	[se'ul]
Singapore	Singapore (n)	[singa'pore]

Sint-Petersburg	Sankt Petersburg (n)	['sankt peters'burg]
Sjanghai	Shanghai (m)	[ʃan'haj]
Stockholm	Stockholm (m)	['stokholm]
Sydney	Sydney (m)	['sidnej]
Taipei	Taipei (m)	[taj'pej]
Tokio	Tokio (n)	['tokio]

Toronto	Toronto (n)	[to'ronto]
Venetië	Veneţia (f)	[ve'netsia]
Warschau	Varşovia (f)	[var'ʃovia]
Washington	Washington (n)	['waʃington]
Wenen	Viena (f)	[vi'ena]

243. Politiek. Overheid. Deel 1

| politiek (de) | politică (f) | [po'litikə] |
| politiek (bn) | politic | [po'litik] |

politicus (de)	politician (m)	[politiʧi'an]
staat (land)	stat (n)	[stat]
burger (de)	cetăţean (m)	[ʧetə'tsʲan]
staatsburgerschap (het)	cetăţenie (f)	[ʧetətse'nie]

nationaal wapen (het)	stemă (f) naţională	['stemə natsio'nalə]
volkslied (het)	imn (n) de stat	[imn de stat]

regering (de)	guvern (n)	[gu'vern]
staatshoofd (het)	conducătorul (m) ţării	[kondukə'torul tserij]
parlement (het)	parlament (n)	[parla'ment]
partij (de)	partid (n)	[par'tid]

kapitalisme (het)	capitalism (n)	[kapita'lism]
kapitalistisch (bn)	capitalist	[kapita'list]

socialisme (het)	socialism (n)	[soʧia'lizm]
socialistisch (bn)	socialist	[soʧia'list]

communisme (het)	comunism (n)	[komu'nizm]
communistisch (bn)	comunist	[komu'nist]
communist (de)	comunist (m)	[komu'nist]

democratie (de)	democraţie (f)	[demokra'tsie]
democraat (de)	democrat (m)	[demo'krat]
democratisch (bn)	democrat	[demo'krat]
democratische partij (de)	partid (n) democrat	[par'tid demo'krat]

liberaal (de)	liberal (m)	[libe'ral]
liberaal (bn)	liberal	[libe'ral]

conservator (de)	conservator (m)	[konserva'tor]
conservatief (bn)	conservator	[konserva'tor]

republiek (de)	republică (f)	[re'publikə]
republikein (de)	republican (m)	[republi'kan]
Republikeinse Partij (de)	partid (n) republican	[par'tid republi'kan]

verkiezing (de)	alegeri (f pl)	[a'ledʒerʲ]
kiezen (ww)	a alege	[a a'ledʒe]
kiezer (de)	alegător (m)	[alegə'tor]
verkiezingscampagne (de)	campanie (f) electorală	[kam'panie elekto'ralə]

stemming (de)	votare (f)	[vo'tare]
stemmen (ww)	a vota	[a vo'ta]
stemrecht (het)	drept (n) de vot	[drept de vot]

kandidaat (de)	candidat (m)	[kandi'dat]
zich kandideren	a candida	[a kandi'da]
campagne (de)	campanie (f)	[kam'panie]

oppositie- (abn)	de opoziţie	[de opo'zitsie]
oppositie (de)	opoziţie (f)	[opo'zitsie]

bezoek (het)	vizită (f)	['vizitə]
officieel bezoek (het)	vizită (f) oficială	['vizite ofiʧi'ale]

internationaal (bn)	internațional	[internatsio'nal]
onderhandelingen (mv.)	tratative (n pl)	[trata'tive]
onderhandelen (ww)	a purta tratative	[a pur'ta trata'tive]

244. Politiek. Overheid. Deel 2

maatschappij (de)	societate (f)	[sotʃie'tate]
grondwet (de)	constituție (f)	[konsti'tutsie]
macht (politieke ~)	autoritate (f)	[autori'tate]
corruptie (de)	corupție (f)	[ko'ruptsie]

wet (de)	lege (f)	['ledʒe]
wettelijk (bn)	legal	[le'gal]

rechtvaardigheid (de)	dreptate (f)	[drep'tate]
rechtvaardig (bn)	echitabil	[eki'tabil]

comité (het)	comitet (n)	[komi'tet]
wetsvoorstel (het)	proiect (n) de lege	[pro'ekt de 'ledʒe]
begroting (de)	buget (n)	[bu'dʒet]
beleid (het)	politică (f)	[po'litikə]
hervorming (de)	reformă (f)	[re'formə]
radicaal (bn)	radical	[radi'kal]

macht (vermogen)	putere (f)	[pu'tere]
machtig (bn)	puternic	[pu'ternik]
aanhanger (de)	adept (m)	[a'dept]
invloed (de)	influență (f)	[influ'entsə]

regime (het)	regim (n)	[re'dʒim]
conflict (het)	conflict (n)	[kon'flikt]
samenzwering (de)	conspirație (f)	[konspi'ratsie]
provocatie (de)	provocare (f)	[provo'kare]

omverwerpen (ww)	a răsturna	[a rəstur'na]
omverwerping (de)	răsturnare (f)	[rəstur'nare]
revolutie (de)	revoluție (f)	[revo'lutsie]

staatsgreep (de)	lovitură (f) de stat	[lovi'tura də stat]
militaire coup (de)	lovitură (f) de stat militară	[lovi'tura də stat mili'tarə]

crisis (de)	criză (f)	['krizə]
economische recessie (de)	scădere (f) economică	[skə'dere eko'nomikə]
betoger (de)	manifestant (m)	[manifes'tant]
betoging (de)	manifestație (f)	[manifes'tatsie]
krijgswet (de)	stare (f) de război	['stare de rəz'boj]
militaire basis (de)	bază (f) militară	['bazə mili'tarə]

stabiliteit (de)	stabilitate (f)	[stabili'tate]
stabiel (bn)	stabil	[sta'bil]

uitbuiting (de)	exploatare (f)	[ekploa'tare]
uitbuiten (ww)	a exploata	[a eksploa'ta]
racisme (het)	rasism (n)	[ra'sism]

racist (de)	rasist (m)	[ra'sist]
fascisme (het)	fascism (n)	[fas'ʧism]
fascist (de)	fascist (m)	[fas'ʧist]

245. Landen. Diversen

vreemdeling (de)	cetățean (m) străin	[ʧete'ʦian stre'in]
buitenlands (bn)	străin	[stre'in]
in het buitenland (bw)	peste hotare	['peste ho'tare]

emigrant (de)	emigrant (m)	[emi'grant]
emigratie (de)	emigrare (f)	[emi'grare]
emigreren (ww)	a emigra	[a emi'gra]

Westen (het)	Vest (n)	[vest]
Oosten (het)	Est (n)	[est]
Verre Oosten (het)	Extremul Orient (n)	[eks'tremul o'rjent]
beschaving (de)	civilizație (f)	[ʧivili'zaʦie]
mensheid (de)	umanitate (f)	[umani'tate]
wereld (de)	lume (f)	['lume]
vrede (de)	pace (f)	['paʧe]
wereld- (abn)	mondial	[mon'djal]

vaderland (het)	patrie (f)	['patrie]
volk (het)	popor (n)	[po'por]
bevolking (de)	populație (f)	[popu'laʦie]
mensen (mv.)	oameni (m pl)	[o'ameni]
natie (de)	națiune (f)	[naʦi'une]
generatie (de)	generație (f)	[dʒene'raʦie]
gebied (bijv. bezette ~en)	teritoriu (n)	[teri'torju]
regio, streek (de)	regiune (f)	[redʒi'une]
deelstaat (de)	stat (n)	[stat]

traditie (de)	tradiție (f)	[tra'diʦie]
gewoonte (de)	obicei (n)	[obi'ʧej]
ecologie (de)	ecologie (f)	[ekolo'dʒie]

Indiaan (de)	indian (m)	[indi'an]
zigeuner (de)	țigan (m)	[ʦi'gan]
zigeunerin (de)	țigancă (f)	[ʦi'gankə]
zigeuner- (abn)	țigănesc	[ʦigə'nesk]

rijk (het)	imperiu (n)	[im'perju]
kolonie (de)	colonie (f)	[kolo'nie]
slavernij (de)	sclavie (f)	[skla'vie]
invasie (de)	invazie (f)	[in'vazie]
hongersnood (de)	foamete (f)	[fo'amete]

246. Grote religieuze groepen. Bekentenissen

| religie (de) | religie (f) | [re'lidʒie] |
| religieus (bn) | religios | [relidʒi'os] |

geloof (het)	credință (f)	[kre'dintsə]
geloven (ww)	a crede	[a 'krede]
gelovige (de)	credincios (m)	[kredin'tʃios]
atheïsme (het)	ateism (n)	[ate'izm]
atheïst (de)	ateu (m)	[a'teu]
christendom (het)	creştinism (n)	[kreʃti'nism]
christen (de)	creştin (m)	[kreʃ'tin]
christelijk (bn)	creştin	[kreʃ'tin]
katholicisme (het)	Catolicism (n)	[katoli'tʃism]
katholiek (de)	catolic (m)	[ka'tolik]
katholiek (bn)	catolic	[ka'tolik]
protestantisme (het)	Protestantism (n)	[protestan'tizm]
Protestante Kerk (de)	Biserica (f) Protestantă	[bi'serika protes'tantə]
protestant (de)	protestant (m)	[protes'tant]
orthodoxie (de)	Ortodoxie (f)	[ortodok'sie]
Orthodoxe Kerk (de)	Biserica (f) Ortodoxă	[bi'serika orto'doksə]
orthodox	ortodox (m)	[orto'doks]
presbyterianisme (het)	calvinism (n)	[kalvi'nism]
Presbyteriaanse Kerk (de)	Biserica (f) Calvinistă	[bi'serika kalvi'nistə]
presbyteriaan (de)	calvinist (m)	[kalvi'nist]
lutheranisme (het)	Biserica (f) Luterană	[bi'serika lute'ranə]
lutheraan (de)	luteran (m)	[lute'ran]
baptisme (het)	Baptism (n)	[bap'tism]
baptist (de)	baptist (m)	[bap'tist]
Anglicaanse Kerk (de)	Biserica (f) Anglicană	[bi'serika angli'kanə]
anglicaan (de)	anglican (m)	[angli'kan]
mormonisme (het)	Mormonism (n)	[mormo'nism]
mormoon (de)	mormon (m)	[mor'mon]
Jodendom (het)	Iudaism (n)	[juda'izm]
jood (aanhanger van het Jodendom)	iudeu (m)	[ju'deu]
boeddhisme (het)	Budism (n)	[bu'dizm]
boeddhist (de)	budist (m)	[bu'dist]
hindoeïsme (het)	Hinduism (n)	[hindu'izm]
hindoe (de)	hindus (m)	[hin'dus]
islam (de)	Islamism (n)	[isla'mizm]
islamiet (de)	musulman (m)	[musul'man]
islamitisch (bn)	musulman	[musul'man]
sjiisme (het)	Şiism (n)	[ʃi'ism]
sjiiet (de)	şiit (m)	[ʃi'it]
soennisme (het)	Sunnism (n)	[su'nism]
soenniet (de)	sunnit (m)	[su'nit]

247. Religies. Priesters

priester (de)	**preot** (m)	['preot]
paus (de)	**Papa Romei** (m)	['papa 'romej]
monnik (de)	**călugăr** (m)	[kə'lugər]
non (de)	**călugăriţă** (f)	[kə'lugəritsə]
pastoor (de)	**pastor** (m)	['pastor]
abt (de)	**abate** (m)	[a'bate]
vicaris (de)	**vicar** (m)	[vi'kar]
bisschop (de)	**episcop** (m)	[e'piskop]
kardinaal (de)	**cardinal** (m)	[kardi'nal]
predikant (de)	**propovăduitor** (m)	[propovədui'tor]
preek (de)	**predică** (f)	['predikə]
kerkgangers (mv.)	**enoriaşi** (m pl)	[enori'aʃ]
gelovige (de)	**credincios** (m)	[kredin'ʧios]
atheïst (de)	**ateu** (m)	[a'teu]

248. Geloof. Christendom. Islam

Adam	**Adam** (m)	[a'dam]
Eva	**Eva** (f)	['eva]
God (de)	**Dumnezeu** (m)	[dumne'zeu]
Heer (de)	**Domnul** (m)	['domnulʲ]
Almachtige (de)	**Atotputernic** (m)	[atotpu'ternik]
zonde (de)	**păcat** (n)	[pə'kat]
zondigen (ww)	**a păcătui**	[a pəkətu'i]
zondaar (de)	**păcătos** (m)	[pəkə'tos]
zondares (de)	**păcătoasă** (f)	[pəkəto'asə]
hel (de)	**iad** (n)	[jad]
paradijs (het)	**rai** (f)	[raj]
Jezus	**Isus** (m)	[i'sus]
Jezus Christus	**Isus Hristos** (m)	[i'sus hris'tos]
Heilige Geest (de)	**Sfântul Duh** (m)	['sfintul 'duh]
Verlosser (de)	**Salvator** (m)	[salva'tor]
Maagd Maria (de)	**Maica Domnului** (f)	['majka 'domnuluj]
duivel (de)	**Diavol** (m)	['djavol]
duivels (bn)	**diavolesc**	[djavo'lesk]
Satan	**Satana** (f)	[sa'tana]
satanisch (bn)	**satanic**	[sa'tanik]
engel (de)	**înger** (m)	['indʒer]
beschermengel (de)	**înger** (m) **păzitor**	['indʒer pəzi'tor]
engelachtig (bn)	**îngeresc**	[indʒe'resk]

apostel (de)	apostol (m)	[a'postol]
aartsengel (de)	arhanghel (m)	[ar'hangel]
antichrist (de)	antihrist (m)	[anti'hrist]

Kerk (de)	Biserică (f)	[bi'serikə]
bijbel (de)	Biblie (f)	['biblie]
bijbels (bn)	biblic	['biblik]

Oude Testament (het)	Vechiul Testament (n)	['vekjul testa'ment]
Nieuwe Testament (het)	Noul testament (n)	['noul testa'ment]
evangelie (het)	Evanghelie (f)	[eva'ngelie]
Heilige Schrift (de)	Sfânta Scriptură (f)	['sfinta skrip'turə]
Hemel, Hemelrijk (de)	Împărăția Cerului (f)	[impərə'tsia 'tʃeruluj]

gebod (het)	poruncă (f)	[po'runkə]
profeet (de)	profet (m)	[pro'fet]
profetie (de)	profeție (f)	[profe'tsie]

Allah	Allah (m)	[al'lah]
Mohammed	Mohamed (m)	[moha'med]
Koran (de)	Coran (n)	[ko'ran]

moskee (de)	moschee (f)	[mos'kee]
moellah (de)	hoge (m)	['hodʒe]
gebed (het)	rugăciune (f)	[rugə'tʃiune]
bidden (ww)	a se ruga	[a se ru'ga]

pelgrimstocht (de)	pelerinaj (n)	[peleri'naʒ]
pelgrim (de)	pelerin (m)	[pele'rin]
Mekka	Mecca (f)	['meka]

kerk (de)	biserică (f)	[bi'serikə]
tempel (de)	templu (n)	['templu]
kathedraal (de)	catedrală (f)	[kate'dralə]
gotisch (bn)	gotic	['gotik]
synagoge (de)	sinagogă (f)	[sina'gogə]
moskee (de)	moschee (f)	[mos'kee]

kapel (de)	capelă (f)	[ka'pelə]
abdij (de)	abație (f)	[a'batsie]
nonnenklooster (het)	mănăstire (f) de călugărițe	[mənəs'tire de kə'lugəritse]
mannenklooster (het)	mănăstire (f) de călugări	[mənəs'tire de kə'lugər']

klok (de)	clopot (n)	['klopot]
klokkentoren (de)	clopotniță (f)	[klo'potnitsə]
luiden (klokken)	a bate	[a 'bate]

kruis (het)	cruce (f)	['krutʃe]
koepel (de)	boltă (f)	['boltə]
icoon (de)	icoană (f)	[iko'anə]

ziel (de)	suflet (n)	['suflet]
lot, noodlot (het)	soartă (f)	[so'artə]
kwaad (het)	rău (n)	[rəu]
goed (het)	bine (n)	['bine]
vampier (de)	vampir (m)	[vam'pir]

heks (de)	vrăjitoare (f)	[vrəʒito'are]
demoon (de)	demon (m)	['demon]
geest (de)	spirit (n)	['spirit]

| verzoeningsleer (de) | ispăşire (f) | [ispə'ʃire] |
| vrijkopen (ww) | a ispăşi | [a ispə'ʃi] |

mis (de)	slujbă (f)	['sluʒbə]
de mis opdragen	a sluji	[a slu'ʒi]
biecht (de)	spovedanie (f)	[spove'danie]
biechten (ww)	a se spovedi	[a se spove'di]

heilige (de)	sfânt (m)	[sfint]
heilig (bn)	sfânt	[sfint]
wijwater (het)	apă (f) sfinţită	['apə sfin'tsitə]

ritueel (het)	ritual (n)	[ritu'al]
ritueel (bn)	de rit	[de rit]
offerande (de)	jertfă (f)	['ʒertfə]

bijgeloof (het)	superstiţie (f)	[supers'titsie]
bijgelovig (bn)	superstiţios	[superstitsi'os]
hiernamaals (het)	viaţa (f) de după moarte	['vjatsa de 'dupə mo'arte]
eeuwige leven (het)	viaţă (f) veşnică	['vjatsə 'veʃnikə]

DIVERSEN

249. Diverse nuttige woorden

achtergrond (de)	fundal (n)	[fun'dal]
balans (de)	balanță (f)	[ba'lantsə]
basis (de)	bază (f)	['bazə]
begin (het)	început (n)	[înt͡ʃe'put]
beurt (wie is aan de ~?)	rând (n)	[rînd]

categorie (de)	categorie (f)	[katego'rie]
comfortabel (~ bed, enz.)	confortabil	[konfor'tabil]
compensatie (de)	compensație (f)	[kompen'satsie]
deel (gedeelte)	parte (f)	['parte]

deeltje (het)	bucată (f)	[bu'katə]
ding (object, voorwerp)	obiect (n)	[o'bjekt]
dringend (bn, urgent)	urgent	[ur'dʒent]
dringend (bw, met spoed)	urgent	[ur'dʒent]
effect (het)	efect (n)	[e'fekt]

eigenschap (kwaliteit)	însușire (f)	[însu'ʃire]
einde (het)	sfârşit (n)	[sfîr'ʃit]
element (het)	element (n)	[ele'ment]
feit (het)	fapt (n)	[fapt]
fout (de)	greşeală (f)	[gre'ʃalə]

geheim (het)	taină (f)	['tajnə]
graad (mate)	grad (n)	[grad]
groei (ontwikkeling)	creştere (f)	['kreʃtere]
hindernis (de)	barieră (f)	[ba'rjerə]
hinderpaal (de)	obstacol (n)	[ob'stakol]

hulp (de)	ajutor (n)	[aʒu'tor]
ideaal (het)	ideal (n)	[ide'al]
inspanning (de)	efort (n)	[e'fort]
keuze (een grote ~)	alegere (f)	[a'ledʒere]
labyrint (het)	labirint (n)	[labi'rint]

manier (de)	mod (n)	[mod]
moment (het)	moment (n)	[mo'mənt]
nut (bruikbaarheid)	folos (n)	[fo'los]
onderscheid (het)	deosebire (f)	[deose'bire]

ontwikkeling (de)	dezvoltare (f)	[dezvol'tare]
oplossing (de)	soluție (f)	[so'lutsie]
origineel (het)	original (n)	[oridʒi'nal]
pauze (de)	pauză (f)	['pauzə]
positie (de)	poziție (f)	[po'zitsie]
principe (het)	principiu (n)	[prin't͡ʃipju]

probleem (het)	problemă (f)	[pro'blemə]
proces (het)	proces (n)	[pro'tʃes]
reactie (de)	reacţie (f)	[re'aktsie]

reden (om ~ van)	cauză (f)	['kauzə]
risico (het)	risc (n)	[risk]
samenvallen (het)	coincidenţă (f)	[kointʃi'dentsə]
serie (de)	serie (f)	['serie]

situatie (de)	situaţie (f)	[situ'atsie]
soort (bijv. ~ sport)	aspect (n)	[as'pekt]
standaard (bn)	standardizat	[standardi'zat]
standaard (de)	standard (n)	[stan'dard]
stijl (de)	stil (n)	[stil]

stop (korte onderbreking)	pauză (f)	['pauzə]
systeem (het)	sistem (n)	[sis'tem]
tabel (bijv. ~ van Mendelejev)	tabel (n)	[ta'bel]
tempo (langzaam ~)	ritm (n)	[ritm]
term (medische ~en)	termen (n)	['termen]

type (soort)	tip (n)	[tip]
variant (de)	variantă (f)	[vari'antə]
veelvuldig (bn)	des	[des]
vergelijking (de)	comparaţie (f)	[kompa'ratsie]
voorbeeld (het goede ~)	exemplu (n)	[e'gzemplu]

voortgang (de)	progres (n)	[pro'gres]
voorwerp (ding)	obiect (n)	[o'bjekt]
vorm (uiterlijke ~)	formă (f)	['formə]
waarheid (de)	adevăr (n)	[ade'vər]
zone (de)	zonă (f)	['zonə]

250. Beperkende bijwoorden. Bijvoeglijke naamwoorden. Deel 1

accuraat (uurwerk, enz.)	ordonat	[ordo'nat]
achter- (abn)	posterior	[posteri'or]
additioneel (bn)	suplimentar	[suplimen'tar]
anders (bn)	diferit	[dife'rit]

arm (bijv. ~e landen)	sărac	[sə'rak]
begrijpelijk (bn)	clar	[klar]
belangrijk (bn)	important	[impor'tant]
belangrijkst (bn)	cel mai important	[tʃel maj impor'tant]

beleefd (bn)	politicos	[politi'kos]
beperkt (bn)	limitat	[limi'tat]
betekenisvol (bn)	considerabil	[konside'rabil]
bijziend (bn)	miop	[mi'op]
binnen- (abn)	interior	[interi'or]

bitter (bn)	amar	[a'mar]
blind (bn)	orb	[orb]
breed (een ~e straat)	larg	[larg]

breekbaar (porselein, glas)	fragil	[fra'dʒil]
buiten- (abn)	exterior	[eksteri'or]

buitenlands (bn)	străin	[strə'in]
burgerlijk (bn)	civil	[tʃi'vil]
centraal (bn)	central	[tʃen'tral]
dankbaar (bn)	recunoscător	[rekunoskə'tor]
dicht (~e mist)	des	[des]

dicht (bijv. ~e mist)	des	[des]
dicht (in de ruimte)	vecin	[ve'tʃin]
dicht (bn)	apropiat	[apropi'jat]
dichtstbijzijnd (bn)	cel mai apropiat	['tʃel 'maj apropi'at]

diepvries (~product)	congelat	[kondʒe'lat]
dik (bijv. muur)	gras	[gras]
dof (~ licht)	şters	[ʃters]
dom (dwaas)	prost	[prost]

donker (bijv. ~e kamer)	întunecat	[ɨntune'kat]
dood (bn)	mort	[mort]
doorzichtig (bn)	transparent	[transpa'rent]
droevig (~ blik)	trist	[trist]
droog (bn)	uscat	[us'kat]

dun (persoon)	slab	[slab]
duur (bn)	scump	[skump]
eender (bn)	asemenea	[a'semenʲa]
eenvoudig (bn)	simplu	['simplu]
eenvoudig (bn)	simplu	['simplu]

eeuwenoude (~ beschaving)	antic	['antik]
enorm (bn)	uriaş	[uri'aʃ]
geboorte- (stad, land)	natal	[na'tal]
gebruind (bn)	bronzat	[bron'zat]

gelijkend (bn)	asemănător	[asemənə'tor]
gelukkig (bn)	fericit	[feri'tʃit]
gesloten (bn)	închis	[ɨn'kis]
getaand (bn)	negricios	[negri'tʃios]

gevaarlijk (bn)	periculos	[periku'los]
gewoon (bn)	obişnuit	[obiʃnu'it]
gezamenlijk (~ besluit)	comun	[ko'mun]
glad (~ oppervlak)	neted	['neted]
glad (~ oppervlak)	neted	['neted]

goed (bn)	bun	[bun]
goedkoop (bn)	ieftin	['jeftin]
gratis (bn)	gratis	['gratis]
groot (bn)	mare	['mare]

hard (niet zacht)	tare	['tare]
heel (volledig)	întreg	[ɨn'treg]
heet (bn)	fierbinte	[fier'binte]
hongerig (bn)	flămând	[flə'mɨnd]

227

hoofd- (abn)	principal	[printʃi'pal]
hoogste (bn)	cel mai înalt	[tʃel maj i'nalt]
huidig (courant)	prezent	[pre'zent]
jong (bn)	tânăr	['tinər]

juist, correct (bn)	corect	[ko'rekt]
kalm (bn)	liniştit	[liniʃ'tit]
kinder- (abn)	pentru copii	['pentru ko'pij]
klein (bn)	mic	[mik]
koel (~ weer)	răcoros	[rəko'ros]

kort (kortstondig)	de scurtă durată	[de 'skurtə du'ratə]
kort (niet lang)	scurt	[skurt]
koud (~ water, weer)	rece	['retʃe]
kunstmatig (bn)	artificial	[artifitʃi'al]

laatst (bn)	ultimul	['ultimul]
lang (een ~ verhaal)	lung	[lung]
langdurig (bn)	îndelungat	[indelu'ngat]
lastig (~ probleem)	complex	[kom'pleks]

leeg (glas, kamer)	gol	[gol]
lekker (bn)	gustos	[gus'tos]
licht (kleur)	de nuanţă deschisă	[de nu'antsə des'kisə]
licht (niet veel weegt)	uşor	[u'ʃor]

linker (bn)	stâng	[sting]
luid (bijv. ~e stem)	cu voce tare	[ku 'votʃe 'tare]
mager (bn)	slab	[slab]
mat (bijv. ~ verf)	mat	[mat]
moe (bn)	obosit	[obo'sit]

moeilijk (~ besluit)	greu	['greu]
mogelijk (bn)	posibil	[po'sibil]
mooi (bn)	frumos	[fru'mos]
mysterieus (bn)	enigmatic	[enig'matik]

naburig (bn)	vecin	[ve'tʃin]
nalatig (bn)	neglijent	[negli'ʒent]
nat (~te kleding)	ud	[ud]
nerveus (bn)	nervos	[ner'vos]
niet groot (bn)	nu prea mare	['nu prʲa 'mare]

niet moeilijk (bn)	uşor	[u'ʃor]
nieuw (bn)	nou	['nou]
nodig (bn)	necesar	[netʃe'sar]
normaal (bn)	normal	[nor'mal]

251. Beperkende bijwoorden. Bijvoeglijke naamwoorden. Deel 2

onbegrijpelijk (bn)	neclar	[ne'klar]
onbelangrijk (bn)	neînsemnat	[neinsem'nat]
onbeweeglijk (bn)	imobil	[imo'bil]
onbewolkt (bn)	fără nori	['fərə 'norʲ]

ondergronds (geheim)	ilegal	[ile'gal]
ondiep (bn)	mărunt	[mə'runt]
onduidelijk (bn)	neclar	[ne'klar]
onervaren (bn)	lipsit de experienţă	[lip'sit de ekspe'rjentsə]
onmogelijk (bn)	imposibil	[impo'sibil]
onontbeerlijk (bn)	necesar	[netʃe'sar]
onophoudelijk (bn)	neîntrerupt	[neintre'rupt]
ontkennend (bn)	negativ	[nega'tiv]
open (bn)	deschis	[des'kis]
openbaar (bn)	social	[sotʃi'al]
origineel (ongewoon)	original	[oridʒi'nal]
oud (~ huis)	bătrân	[bə'trin]
overdreven (bn)	excesiv	[ekstʃe'siv]
passend (bn)	folositor	[folosi'tor]
permanent (bn)	stabil	[sta'bil]
persoonlijk (bn)	personal	[perso'nal]
plat (bijv. ~ scherm)	neted	['neted]
prachtig (~ paleis, enz.)	minunat	[minu'nat]
precies (bn)	exact	[e'gzakt]
prettig (bn)	plăcut	[plə'kut]
privé (bn)	personal	[perso'nal]
punctueel (bn)	punctual	[punktu'al]
rauw (niet gekookt)	crud	[krud]
recht (weg, straat)	drept	[drept]
rechter (bn)	drept	[drept]
rijp (fruit)	copt	[kopt]
riskant (bn)	riscant	[ris'kant]
ruim (een ~ huis)	spaţios	[spatsi'os]
rustig (bn)	liniştit	[liniʃ'tit]
scherp (bijv. ~ mes)	ascuţit	[asku'tsit]
schoon (niet vies)	curat	[ku'rat]
slecht (bn)	rău	['rəu]
slim (verstandig)	deştept	[deʃ'tept]
smal (~le weg)	îngust	[in'gust]
snel (vlug)	rapid	[ra'pid]
somber (bn)	întunecat	[intune'kat]
speciaal (bn)	special	[spetʃi'al]
sterk (bn)	puternic	[pu'ternik]
stevig (bn)	durabil	[du'rabil]
straatarm (bn)	sărac	[sə'rak]
teder (liefderijk)	gingaş	['dʒingaʃ]
tegenovergesteld (bn)	opus	[o'pus]
tevreden (bn)	mulţumit	[multsu'mit]
tevreden (klant, enz.)	satisfăcut	[satisfə'kut]
treurig (bn)	trist	[trist]
tweedehands (bn)	la mâna a doua	[la 'mina a 'dowa]
uitstekend (bn)	excelent	[ekstʃe'lent]
uitstekend (bn)	superb	[su'perb]

229

uniek (bn)	unic	['unik]
veilig (niet gevaarlijk)	neprimejdios	[neprimeʒdi'os]
ver (in de ruimte)	îndepărtat	[ɨndepər'tat]
verenigbaar (bn)	compatibil	[kompa'tibil]
vermoeiend (bn)	obositor	[obosi'tor]
verplicht (bn)	obligatoriu	[obliga'torju]
vers (~ brood)	proaspăt	[pro'aspət]
verschillende (bn)	distinct	[dis'tinkt]
verst (meest afgelegen)	îndepărtat	[ɨndeper'tat]
vettig (voedsel)	gras	[gras]
vijandig (bn)	duşmănos	[duʃme'nos]
vloeibaar (bn)	lichid	[li'kid]
vochtig (bn)	umed	['umed]
vol (helemaal gevuld)	plin	[plin]
volgend (~ jaar)	următor	[urme'tor]
vorig (bn)	trecut	[tre'kut]
voornaamste (bn)	fundamental	[fundamen'tal]
vorig (~ jaar)	trecut	[tre'kut]
vriendelijk (aardig)	simpatic	[sim'patik]
vriendelijk (goedhartig)	bun	[bun]
vrij (bn)	liber	['liber]
vrolijk (bn)	vesel	['vesel]
vruchtbaar (~ land)	roditor	[rodi'tor]
vuil (niet schoon)	murdar	[mur'dar]
waarschijnlijk (bn)	probabil	[pro'babil]
warm (bn)	cald	[kald]
wettelijk (bn)	legal	[le'gal]
zacht (bijv. ~ kussen)	moale	[mo'ale]
zacht (bn)	încet	[ɨn'tʃet]
zeldzaam (bn)	rar	[rar]
ziek (bn)	bolnav	[bol'nav]
zoet (~ water)	nesărat	[nese'rat]
zoet (bn)	dulce	['dultʃe]
zonnig (~e dag)	însorit	[ɨnso'rit]
zorgzaam (bn)	grijuliu	[griʒu'lju]
zout (de soep is ~)	sărat	[se'rat]
zuur (smaak)	acru	['akru]
zwaar (~ voorwerp)	greu	['greu]

DE 500 BELANGRIJKSTE WERKWOORDEN

252. Werkwoorden A-C

aaien (bijv. een konijn ~)	a mângâia	[a mɨngɨ'ja]
aanbevelen (ww)	a recomanda	[a rekoman'da]
aandringen (ww)	a insista	[a insis'ta]
aankomen (ov. de treinen)	a sosi	[a so'si]
aanleggen (bijv. bij de pier)	a acosta	[a akos'ta]
aanraken (met de hand)	a se referi	[a se refe'ri]
aansteken (kampvuur, enz.)	a aprinde	[a a'prinde]
aanstellen (in functie plaatsen)	a numi	[a nu'mi]
aanvallen (mil.)	a ataca	[a ata'ka]
aanvoelen (gevaar ~)	a simți	[a sim'tsʲ]
aanvoeren (leiden)	a conduce	[a kon'dutʃe]
aanwijzen (de weg ~)	a arăta	[a arə'ta]
aanzetten (computer, enz.)	a conecta	[a konek'ta]
ademen (ww)	a respira	[a respi'ra]
adverteren (ww)	a face reclamă	[a 'fatʃe re'klamə]
adviseren (ww)	a sfătui	[a sfətu'i]
afdalen (on.ww.)	a coborî	[a kobo'rɨ]
afgunstig zijn (ww)	a invidia	[a invidi'a]
afhakken (ww)	a tăia	[a tə'ja]
afhangen van ...	a depinde de ...	[a de'pinde de]
afluisteren (ww)	a trage cu urechea	[a 'tradʒe ku u'rekʲa]
afnemen (verwijderen)	a scoate	[a sko'ate]
afrukken (ww)	a smulge	[a 'smuldʒe]
afslaan (naar rechts ~)	a întoarce	[a ɨnto'artʃe]
afsnijden (ww)	a tăia	[a tə'ja]
afzeggen (ww)	a anula	[a anu'la]
amputeren (ww)	a amputa	[a ampu'ta]
amuseren (ww)	a distra	[a dis'tra]
antwoorden (ww)	a răspunde	[a rəs'punde]
applaudisseren (ww)	a aplauda	[a aplau'da]
aspireren (iets willen worden)	a aspira	[a aspi'ra]
assisteren (ww)	a asista	[a asis'ta]
bang zijn (ww)	a se teme	[a se 'teme]
barsten (plafond, enz.)	a crăpa	[a krə'pa]
bedienen (in restaurant)	a servi	[a ser'vi]
bedreigen (bijv. met een pistool)	a amenința	[a amenin'tsa]

bedriegen (ww)	a minți	[a min'tsi]
beduiden (betekenen)	a însemna	[a insem'na]
bedwingen (ww)	a reține	[a re'tsine]
beëindigen (ww)	a termina	[a termi'na]
begeleiden (vergezellen)	a acompania	[a akompani'ja]
begieten (water geven)	a uda	[a u'da]
beginnen (ww)	a începe	[a in'tʃepe]
begrijpen (ww)	a înțelege	[a intse'ledʒe]
behandelen (patiënt, ziekte)	a trata	[a tra'ta]
beheren (managen)	a conduce	[a kon'dutʃe]
beïnvloeden (ww)	a influența	[a influen'tsa]
bekennen (misdadiger)	a mărturisi	[a merturi'si]
beledigen	a jigni	[a ʒig'ni]
(met scheldwoorden)		
beledigen (ww)	a jigni	[a ʒig'ni]
beloven (ww)	a promite	[a pro'mite]
beperken (de uitgaven ~)	a limita	[a limi'ta]
bereiken (doel ~, enz.)	a reuși	[a reu'ʃi]
bereiken	a atinge	[a a'tindʒe]
(plaats van bestemming ~)		
beschermen	a apăra	[a apə'ra]
(bijv. de natuur ~)		
beschuldigen (ww)	a învinui	[a invinu'i]
beslissen (~ iets te doen)	a hotărî	[a hotə'ri]
besmet worden (met …)	a se contamina	[a se kontami'na]
besmetten	a molipsi	[a molip'si]
(ziekte overbrengen)		
bespreken (spreken over)	a discuta	[a disku'ta]
bestaan (een ~ voeren)	a exista	[a ekzis'ta]
bestellen (eten ~)	a comanda	[a koman'da]
bestraffen (een stout kind ~)	a pedepsi	[a pedep'si]
betalen (ww)	a plăti	[a plə'ti]
betekenen (beduiden)	a avea sens	[a a'vʲa sens]
betreuren (ww)	a regreta	[a regre'ta]
bevallen (prettig vinden)	a plăcea	[a plə'tʃa]
bevelen (mil.)	a ordona	[a ordo'na]
bevredigen (ww)	a satisface	[a satis'fatʃe]
bevrijden (stad, enz.)	a elibera	[a elibe'ra]
bewaren (oude brieven, enz.)	a păstra	[a pəs'tra]
bewaren (vrede, leven)	a păstra	[a pəs'tra]
bewijzen (ww)	a dovedi	[a dove'di]
bewonderen (ww)	a fi încântat	[a fi inkin'tat]
bezitten (ww)	a poseda	[a pose'da]
bezorgd zijn (ww)	a se neliniști	[a se neliniʃ'ti]
bezorgd zijn (ww)	a se neliniști	[a se neliniʃ'ti]
bidden (praten met God)	a se ruga	[a se ru'ga]
bijvoegen (ww)	a adăuga	[a adəu'ga]

binden (ww)	a lega	[a le'ga]
binnengaan (een kamer ~)	a intra	[a in'tra]
blazen (ww)	a sufla	[a su'fla]
blozen (zich schamen)	a se înroşi	[a se ɨnro'ʃi]
blussen (brand ~)	a stinge	[a 'stindʒe]
boos maken (ww)	a supăra	[a supe'ra]
boos zijn (ww)	a se supăra	[a se supe'ra]
breken	a se rupe	[a se 'rupe]
(on.ww., van een touw)		
breken (speelgoed, enz.)	a rupe	[a 'rupe]
brengen (iets ergens ~)	a aduce	[a a'dutʃe]
charmeren (ww)	a fermeca	[a ferme'ka]
citeren (ww)	a cita	[a tʃi'ta]
compenseren (ww)	a compensa	[a kompen'sa]
compliceren (ww)	a complica	[a kompli'ka]
componeren (muziek ~)	a crea	[a 'krʲa]
compromitteren (ww)	a compromite	[a kompro'mite]
concurreren (ww)	a concura	[a konku'ra]
controleren (ww)	a controla	[a kontro'la]
coöpereren (samenwerken)	a colabora	[a kolabo'ra]
coördineren (ww)	a coordona	[a koordo'na]
corrigeren (fouten ~)	a corecta	[a korek'ta]
creëren (ww)	a crea	[a 'krʲa]

253. Werkwoorden D-K

danken (ww)	a mulţumi	[a mulʦu'mi]
de was doen	a spăla	[a spe'la]
de weg wijzen	a îndrepta spre ...	[a ɨndrep'ta spre]
deelnemen (ww)	a participa	[a partitʃi'pa]
delen (wisk.)	a împărţi	[a ɨmpər'ʦi]
denken (ww)	a se gândi	[a se gɨn'di]
doden (ww)	a omorî	[a omo'rɨ]
doen (ww)	a face	[a 'fatʃe]
dresseren (ww)	a dresa	[a dre'sa]
drinken (ww)	a bea	[a bʲa]
drogen (klederen, haar)	a usca	[a uska]
dromen (in de slaap)	a visa	[a vi'sa]
dromen (over vakantie ~)	a visa	[a vi'sa]
duiken (ww)	a se cufunda	[a se kufun'da]
durven (ww)	a îndrăzni	[a ɨndrəz'ni]
duwen (ww)	a împinge	[a ɨm'pindʒe]
een auto besturen	a conduce maşina	[a kon'dutʃe ma'ʃina]
een bad geven	a face baie	[a 'fatʃe 'bae]
een bad nemen	a se spăla	[a se spe'la]
een conclusie trekken	a trage o concluzie	[a 'tradʒe o kon'kluzie]

foto's maken	a fotografia	[a fotografi'ja]
eisen (met klem vragen)	a cere	[a 'tʃere]
erkennen (schuld)	a recunoaşte	[a rekuno'aʃte]
erven (ww)	a moşteni	[a moʃte'ni]
eten (ww)	a mânca	[a min'ka]
excuseren (vergeven)	a scuza	[a sku'za]
existeren (bestaan)	a exista	[a ekzis'ta]
feliciteren (ww)	a felicita	[a felitʃi'ta]
gaan (te voet)	a merge	[a 'merdʒe]
gaan slapen	a se culca	[a se kul'ka]
gaan zitten (ww)	a se aşeza	[a se aʃe'za]
gaan zwemmen	a se scălda	[a se skəl'da]
garanderen (garantie geven)	a garanta	[a garan'ta]
gebruiken (bijv. een potlood ~)	a se folosi	[a se folo'si]
gebruiken (woord, uitdrukking)	a folosi	[a folo'si]
geconserveerd zijn (ww)	a se păstra	[a se pəs'tra]
gedateerd zijn (ww)	a data	[a da'ta]
gehoorzamen (ww)	a se supune	[a se su'pune]
gelijken (op elkaar lijken)	a semăna cu	[a seme'na ku]
geloven (vinden)	a crede	[a 'krede]
genoeg zijn (ww)	a ajunge	[a a'ʒundʒe]
gieten (in een beker ~)	a turna	[a tur'na]
glimlachen (ww)	a zâmbi	[a zim'bi]
glimmen (glanzen)	a străluci	[a strəlu'tʃi]
gluren (ww)	a urmări pe furiş	[a urme'ri pe fu'riʃ]
goed raden (ww)	a ghici	[a gi'tʃi]
gooien (een steen, enz.)	a arunca	[a arun'ka]
grappen maken (ww)	a glumi	[a glu'mi]
graven (tunnel, enz.)	a săpa	[a sə'pa]
haasten (iemand ~)	a grăbi	[a grə'bi]
hebben (ww)	a avea	[a a'vʲa]
helpen (hulp geven)	a ajuta	[a aʒu'ta]
herhalen (opnieuw zeggen)	a repeta	[a repe'ta]
herinneren (ww)	a ţine minte	[a 'tsine 'minte]
herinneren aan ... (afspraak, opdracht)	a aminti	[a amin'ti]
herkennen (identificeren)	a recunoaşte	[a rekuno'aʃte]
herstellen (repareren)	a repara	[a repa'ra]
het haar kammen	a se pieptăna	[a se pepte'na]
hopen (ww)	a spera	[a spe'ra]
horen (waarnemen met het oor)	a auzi	[a au'zi]
houden van (muziek, enz.)	a plăcea	[a plə'tʃa]
huilen (wenen)	a plânge	[a 'plindʒe]
huiveren (ww)	a tresări	[a tresə'ri]
huren (een boot ~)	a închiria	[a inkiri'ja]

huren (huis, kamer)	a închiria	[a ınkiri'ja]
huren (personeel)	a angaja	[a anga'ʒa]
imiteren (ww)	a imita	[a imi'ta]

importeren (ww)	a importa	[a impor'ta]
inenten (vaccineren)	a vaccina	[a vaktʃi'na]
informeren (informatie geven)	a informa	[a infor'ma]
informeren naar ... (navraag doen)	a afla	[a af'la]
inlassen (invoegen)	a pune	[a 'pune]

inpakken (in papier)	a împacheta	[a impake'ta]
inspireren (ww)	a stimula	[a stimu'la]
instemmen (akkoord gaan)	a fi de acord	[a fi de a'kord]
interesseren (ww)	a interesa	[a intere'sa]

irriteren (ww)	a irita	[a iri'ta]
isoleren (ww)	a izola	[a izo'la]
jagen (ww)	a vâna	[a vi'na]
kalmeren (kalm maken)	a linişti	[a liniʃ'ti]

kennen (kennis hebben van iemand)	a cunoaşte	[a kuno'aʃte]
kennismaken (met ...)	a face cunoştinţă	[a 'fatʃe kunoʃ'tintsə]
kiezen (ww)	a alege	[a a'ledʒe]
kijken (ww)	a privi	[a pri'vi]

klaarmaken (een plan ~)	a pregăti	[a pregə'ti]
klaarmaken (het eten ~)	a găti	[a gə'ti]
klagen (ww)	a se plânge	[a se 'plindʒe]
kloppen (aan een deur)	a bate	[a 'bate]

kopen (ww)	a cumpăra	[a kumpə'ra]
kopieën maken	a multiplica	[a multipli'ka]
kosten (ww)	a costa	[a kos'ta]
kunnen (ww)	a putea	[a pu'ta]
kweken (planten ~)	a cultiva	[a kulti'va]

254. Werkwoorden L-R

lachen (ww)	a râde	[a 'ride]
laden (geweer, kanon)	a încărca	[a ınkər'ka]
laden (vrachtwagen)	a încărca	[a ınkər'ka]
laten vallen (ww)	a scăpa	[a skə'pa]

lenen (geld ~)	a împrumuta	[a imprumu'ta]
leren (lesgeven)	a învăţa pe cineva	[a invə'tsa pe tʃine'va]
leven (bijv. in Frankrijk ~)	a trăi	[a trə'i]
lezen (een boek ~)	a citi	[a tʃi'ti]

lid worden (ww)	a adera	[a ade'ra]
liefhebben (ww)	a iubi	[a ju'bi]
liegen (ww)	a minţi	[a min'tsi]
liggen (op de tafel ~)	a sta	[a sta]

liggen (persoon)	a sta culcat	[a sta kul'kat]
lijden (pijn voelen)	a suferi	[a sufe'ri]
losbinden (ww)	a dezlega	[a dezle'ga]
luisteren (ww)	a asculta	[a askul'ta]

lunchen (ww)	a lua prânzul	[a lu'a 'prinzul]
markeren (op de kaart, enz.)	a semnala	[a semna'la]
melden (nieuws ~)	a anunţa	[a anun'tsa]
memoriseren (ww)	a memora	[a memo'ra]

mengen (ww)	a amesteca	[a ameste'ka]
mikken op (ww)	a ţinti	[a tsin'ti]
minachten (ww)	a dispreţui	[a dispretsu'i]
moeten (ww)	a fi dator	[a fi da'tor]

morsen (koffie, enz.)	a vărsa	[a vər'sa]
naderen (dichterbij komen)	a se apropia	[a se apropi'a]
neerlaten (ww)	a lăsa în jos	[a lə'sa 'in 'ʒos]
nemen (ww)	a lua	[a lu'a]

nodig zijn (ww)	a fi nevoie	[a fi ne'voje]
noemen (ww)	a numi	[a nu'mi]
noteren (opschrijven)	a însemna	[a insem'na]
omhelzen (ww)	a îmbrăţişa	[a imbretsi'ʃa]

omkeren (steen, voorwerp)	a întoarce	[a into'artʃe]
onderhandelen (ww)	a purta tratative	[a pur'ta trata'tive]
ondernemen (ww)	a întreprinde	[a intre'prinde]
onderschatten (ww)	a subaprecia	[a subapretʃi'a]

onderscheiden (een ereteken geven)	a decora	[a deko'ra]
onderstrepen (ww)	a sublinia	[a sublini'a]
ondertekenen (ww)	a semna	[a sem'na]
onderwijzen (ww)	a da instrucţiuni	[a da instruktsi'unj]

onderzoeken (alle feiten, enz.)	a analiza	[a anali'za]
bezorgd maken	a nelinişti	[a neliniʃ'ti]
onmisbaar zijn (ww)	a fi necesar	[a fi netʃe'sar]
ontbijten (ww)	a lua micul dejun	[a lu'a 'mikul de'ʒun]

ontdekken (bijv. nieuw land)	a descoperi	[a deskope'ri]
ontkennen (ww)	a nega	[a ne'ga]
ontlopen (gevaar, taak)	a evita	[a evi'ta]
ontnemen (ww)	a priva	[a pri'va]

ontwerpen (machine, enz.)	a proiecta	[a proek'ta]
oorlog voeren (ww)	a lupta	[a lup'ta]
op orde brengen	a pune în ordine	[a 'pune in 'ordine]
opbergen (in de kast, enz.)	a ascunde	[a as'kunde]
opduiken (ov. een duikboot)	a ieşi la suprafaţă	[a e'ʃi la supra'fatsə]

openen (ww)	a deschide	[a des'kide]
ophangen (bijv. gordijnen ~)	a atârna	[a atir'na]
ophouden (ww)	a pune capăt	[a 'pune 'kapət]

oplossen (een probleem ~)	a rezolva	[a rezol'va]
opmerken (zien)	a observa	[a obser'va]

opmerken (zien)	a vedea	[a ve'd‹a]
opscheppen (ww)	a se lăuda	[a se ləu'da]
opschrijven (op een lijst)	a înscrie	[a ɨn'skrie]
opschrijven (ww)	a nota	[a no'ta]

opstaan (uit je bed)	a se ridica	[a se ridi'ka]
opstarten (project, enz.)	a porni	[a por'ni]
opstijgen (vliegtuig)	a decola	[a deko'la]
optreden (resoluut ~)	a acţiona	[a aktsio'na]

organiseren (concert, feest)	a organiza	[a organi'za]
overdoen (ww)	a reface	[a re'fatʃe]
overheersen (dominant zijn)	a predomina	[a predomi'na]
overschatten (ww)	a reevalua	[a reevalu'a]

overtuigd worden (ww)	a se convinge	[a se kon'vindʒe]
overtuigen (ww)	a convinge	[a kon'vindʒe]
passen (jurk, broek)	a plăcea	[a plə'tʃa]
passeren (~ mooie dorpjes, enz.)	a trece	[a 'tretʃe]

peinzen (lang nadenken)	a cădea pe gânduri	[a kə'd‹a pe 'gɨndur‹]
penetreren (ww)	a pătrunde	[a pə'trunde]
plaatsen (ww)	a pune	[a 'pune]
plaatsen (zetten)	a instala	[a insta'la]

plannen (ww)	a planifica	[a planifi'ka]
plezier hebben (ww)	a se veseli	[a se vese'li]
plukken (bloemen ~)	a rupe	[a 'rupe]
prefereren (verkiezen)	a prefera	[a prefe'ra]

proberen (trachten)	a se strădui	[a se strədu'i]
proberen (trachten)	a încerca	[a ɨntʃer'ka]
protesteren (ww)	a protesta	[a protes'ta]
provoceren (uitdagen)	a provoca	[a provo'ka]

raadplegen (dokter, enz.)	a se consulta cu ...	[a se konsul'ta 'ku]
rapporteren (ww)	a raporta	[a rapor'ta]
redden (ww)	a salva	[a sal'va]
regelen (conflict)	a aranja	[a aran'ʒa]

reinigen (schoonmaken)	a curăţa	[a kurə'tsa]
rekenen op ...	a conta pe ...	[a kon'ta pe]
rennen (ww)	a alerga	[a aler'ga]
reserveren (een hotelkamer ~)	a rezerva	[a rezer'va]
rijden (per auto, enz.)	a merge	[a 'merdʒe]
rillen (ov. de kou)	a tremura	[a tremu'ra]
riskeren (ww)	a risca	[a ris'ka]
roepen (met je stem)	a chema	[a ke'ma]
roepen (om hulp)	a chema	[a ke'ma]
ruiken (bepaalde geur verspreiden)	a mirosi	[a miro'si]

ruiken (rozen)	a mirosi	[a miro'si]
rusten (verpozen)	a se odihni	[a se odih'ni]

255. Verbs S-V

samenstellen, maken (een lijst ~)	a alcătui	[a alkətu'i]
schieten (ww)	a trage	[a 'tradʒə]
schoonmaken (bijv. schoenen ~)	a curăța	[a kurə'tsa]
schoonmaken (ww)	a face ordine	[a 'fatʃe 'ordine]

schrammen (ww)	a zgâria	[a zgɨri'ja]
schreeuwen (ww)	a striga	[a stri'ga]
schrijven (ww)	a scrie	[a 'skrie]
schudden (ww)	a scutura	[a skutu'ra]

selecteren (ww)	a lua înapoi	[a lu'a ina'poj]
simplificeren (ww)	a simplifica	[a simplifi'ka]
slaan (een hond ~)	a bate	[a 'bate]
sluiten (ww)	a închide	[a i'nkide]

smeken (bijv. om hulp ~)	a ruga	[a ru'ga]
souperen (ww)	a cina	[a tʃi'na]
spelen (bijv. filmacteur)	a juca	[a ʒu'ka]
spelen (kinderen, enz.)	a juca	[a ʒu'ka]

spreken met ...	a vorbi cu ...	[a vor'bi ku]
spuwen (ww)	a scuipa	[a skuj'pa]
stelen (ww)	a fura	[a fu'ra]
stemmen (verkiezing)	a vota	[a vo'ta]
steunen (een goed doel, enz.)	a susține	[a sus'tsine]

stoppen (pauzeren)	a se opri	[a se o'pri]
storen (lastigvallen)	a deranja	[a deran'ʒa]
strijden (tegen een vijand)	a lupta	[a lup'ta]
strijden (ww)	a se lupta	[a se lup'ta]

strijken (met een strijkbout)	a călca	[a kəl'ka]
studeren (bijv. wiskunde ~)	a studia	[a studi'a]
sturen (zenden)	a trimite	[a tri'mite]
tellen (bijv. geld ~)	a calcula	[a kalku'la]

terugkeren (ww)	a se întoarce	[a se into'artʃe]
terugsturen (ww)	a expedia destinatarului	[a ekspedi'ja destina'taruluj]
toebehoren aan ...	a aparține	[a apar'tsine]
toegeven (zwichten)	a ceda	[a tʃe'da]

toenemen (on. ww)	a se mări	[a se mə'ri]
toespreken (zich tot iemand richten)	a se adresa	[a se adre'sa]
toestaan (goedkeuren)	a permite	[a per'mite]
toestaan (ww)	a permite	[a per'mite]

toewijden (boek, enz.)	a dedica	[a dedi'ka]
tonen (uitstallen, laten zien)	a arăta	[a arə'ta]
trainen (ww)	a antrena	[a antre'na]
transformeren (ww)	a transforma	[a transfor'ma]

trekken (touw)	a trage	[a 'tradʒə]
trouwen (ww)	a se căsători	[a se kəsəto'ri]
tussenbeide komen (ww)	a interveni	[a interve'ni]
twijfelen (onzeker zijn)	a se îndoi	[a se îndo'i]

uitdelen (pamfletten ~)	a distribui	[a distribu'i]
uitdoen (licht)	a stinge	[a 'stindʒe]
uitdrukken (opinie, gevoel)	a exprima	[a ekspri'ma]
uitgaan (om te dineren, enz.)	a ieşi	[a e'ʃi]
uitlachen (bespotten)	a-şi bate joc	[aʃ 'bate ʒok]

uitnodigen (ww)	a invita	[a invi'ta]
uitrusten (ww)	a utila	[a uti'la]
uitsluiten (wegsturen)	a exclude	[a eks'klude]
uitspreken (ww)	a pronunţa	[a pronun'tsa]

uittorenen (boven ...)	a se înălţa	[a se înəl'tsa]
uitvaren tegen (ww)	a certa	[a tʃer'ta]
uitvinden (machine, enz.)	a inventa	[a inven'ta]
uitwissen (ww)	a şterge	[a 'ʃterdʒe]

vangen (ww)	a prinde	[a 'prinde]
vastbinden aan ...	a lega	[a le'ga]
vechten (ww)	a se bate	[a se 'bate]
veranderen (bijv. mening ~)	a schimba	[a skim'ba]

verbaasd zijn (ww)	a se mira	[a se mi'ra]
verbazen (verwonderen)	a mira	[a mi'ra]
verbergen (ww)	a ascunde	[a as'kunde]
verbieden (ww)	a interzice	[a inter'zitʃe]

verblinden (andere chauffeurs)	a orbi	[a or'bi]
verbouwereerd zijn (ww)	a fi nedumerit	[a fi nedume'rit]
verbranden (bijv. papieren ~)	a arde	[a 'arde]
verdedigen (je land ~)	a apăra	[a apə'ra]

verdenken (ww)	a suspecta	[a suspek'ta]
verdienen (een complimentje, enz.)	a merita	[a meri'ta]
verdragen (tandpijn, enz.)	a răbda	[a rəb'da]
verdrinken (in het water omkomen)	a se îneca	[a se îne'ka]

verdubbelen (ww)	a dubla	[a dub'la]
verdwijnen (ww)	a dispărea	[a dispe'rʲa]
verenigen (ww)	a uni	[a u'ni]
vergelijken (ww)	a compara	[a kompa'ra]
vergeten (achterlaten)	a lăsa	[a lə'sa]
vergeten (ww)	a uita	[a uj'ta]
vergeven (ww)	a ierta	[a er'ta]

vergroten (groter maken)	a mări	[a mə'ri]
verklaren (uitleggen)	a explica	[a ekspli'ka]

verklaren (volhouden)	a susține	[a sus'tsine]
verklikken (ww)	a denunța	[a denun'tsa]
verkopen (per stuk ~)	a vinde	[a 'vinde]
verlaten (echtgenoot, enz.)	a părăsi	[a pərə'si]
verlichten (gebouw, straat)	a lumina	[a lumi'na]

verlichten (gemakkelijker maken)	a uşura	[a uʃu'ra]
verliefd worden (ww)	a se îndrăgosti	[a se indrəgos'ti]
verliezen (bagage, enz.)	a pierde	[a 'pjerde]
vermelden (praten over)	a aminti	[a amin'ti]

vermenigvuldigen (wisk.)	a înmulți	[a inmul'tsi]
verminderen (ww)	a micşora	[a mikʃo'ra]
vermoeid raken (ww)	a obosi	[a obo'si]
vermoeien (ww)	a obosi	[a obo'si]

256. Verbs V-Z

vernietigen (documenten, enz.)	a distruge	[a dis'trudʒe]
veronderstellen (ww)	a presupune	[a presu'pune]
verontwaardigd zijn (ww)	a se indigna	[a se indig'na]
veroordelen (in een rechtszaak)	a condamna	[a kondam'na]

veroorzaken ... (oorzaak zijn van ...)	a cauza ...	[a kau'za]
verplaatsen (ww)	a mişca	[a miʃ'ka]
verpletteren (een insect, enz.)	a strivi	[a stri'vi]
verplichten (ww)	a forța	[a for'tsa]
verschijnen (bijv. boek)	a apărea	[a apə'rʲa]

verschijnen (in zicht komen)	a apărea	[a apə'rʲa]
verschillen (~ van iets anders)	a se deosebi de ...	[a se deose'bi de]
versieren (decoreren)	a decora	[a deko'ra]
verspreiden (pamfletten, enz.)	a răspândi	[a rəspin'di]

verspreiden (reuk, enz.)	a împrăştia	[a imprəʃti'a]
versterken (positie ~)	a consolida	[a konsoli'da]
verstommen (ww)	a tăcea	[a tə'tʃa]
vertalen (ww)	a traduce	[a tra'dutʃe]

vertellen (verhaal ~)	a povesti	[a poves'ti]
vertrekken (bijv. naar Mexico ~)	a pleca	[a ple'ka]
vertrouwen (ww)	a avea încredere	[a a'vʲa in'kredere]
vervolgen (ww)	a continua	[a kontinu'a]

verwachten (ww)	a aştepta	[a aʃtep'ta]
verwarmen (ww)	a încălzi	[a inkəl'zi]
verwarren (met elkaar ~)	a încurca	[a inkur'ka]
verwelkomen (ww)	a saluta	[a salu'ta]
verwezenlijken (ww)	a realiza	[a reali'za]

verwijderen (een obstakel)	a înlătura	[a inlətu'ra]
verwijderen (een vlek ~)	a scoate	[a sko'ate]
verwijten (ww)	a reproşa	[a repro'ʃa]
verwisselen (ww)	a schimba	[a skim'ba]
verzoeken (ww)	a cere	[a 'tʃere]

verzuimen (school, enz.)	a lipsi	[a lip'si]
vies worden (ww)	a se murdări	[a se murdə'ri]
vinden (denken)	a crede	[a 'krede]
vinden (ww)	a găsi	[a gə'si]

vissen (ww)	a pescui	[a pesku'i]
vleien (ww)	a flata	[a fla'ta]
vliegen (vogel, vliegtuig)	a zbura	[a zbu'ra]
voederen (een dier voer geven)	a hrăni	[a hrə'ni]

volgen (ww)	a urma	[a ur'ma]
voorstellen (introduceren)	a reprezenta	[a reprezen'ta]
voorstellen (Mag ik jullie ~)	a face cunoştinţă	[a 'fatʃe kunoʃ'tintsə]
voorstellen (ww)	a propune	[a pro'pune]

voorzien (verwachten)	a prevedea	[a preve'dʲa]
vorderen (vooruitgaan)	a progresa	[a progre'sa]
vormen (samenstellen)	a forma	[a for'ma]
vullen (glas, fles)	a umple	[a 'umple]

waarnemen (ww)	a observa	[a obser'va]
waarschuwen (ww)	a preveni	[a preve'ni]
wachten (ww)	a aştepta	[a aʃtep'ta]
wassen (ww)	a spăla	[a spə'la]

weerspreken (ww)	a contrazice	[a kontra'zitʃe]
wegdraaien (ww)	a se întoarce	[a se into'artʃe]
wegdragen (ww)	a duce cu sine	[a 'dutʃe ku 'sine]
wegen (gewicht hebben)	a cântări	[a kintə'ri]

wegjagen (ww)	a goni	[a go'ni]
weglaten (woord, zin)	a omite	[a o'mite]
wegvaren (uit de haven vertrekken)	a demara	[a dema'ra]
weigeren (iemand ~)	a refuza	[a refu'za]

wekken (ww)	a deştepta	[a deʃtep'ta]
wensen (ww)	a dori	[a do'ri]
werken (ww)	a lucra	[a lu'kra]
weten (ww)	a şti	[a ʃti]
willen (verlangen)	a vrea	[a vrʲa]
wisselen (omruilen, iets ~)	a face schimb	[a 'fatʃe 'skimb]
worden (bijv. oud ~)	a deveni	[a deve'ni]

| worstelen (sport) | a lupta | [a lup'ta] |
| wreken (ww) | a răzbuna | [a rəzbu'na] |

zaaien (zaad strooien)	a semăna	[a semə'na]
zeggen (ww)	a spune	[a 'spune]
zich baseerd op	a se baza pe	[a se ba'za pe]
zich bevrijden van ...	a scăpa	[a ske'pa]
(afhelpen)		

zich concentreren (ww)	a se concentra	[a se kontʃen'tra]
zich ergeren (ww)	a se irita	[a se iri'ta]
zich gedragen (ww)	a se comporta	[a se kompor'ta]
zich haasten (ww)	a se grăbi	[a se grə'bi]
zich herinneren (ww)	a-şi aminti	['aʃ amin'ti]

zich herstellen (ww)	a se vindeca	[a se vinde'ka]
zich indenken (ww)	a-şi imagina	[aʃ imadʒi'na]
zich interesseren voor ...	a se interesa	[a se intere'sa]
zich scheren (ww)	a se bărbieri	[a se bərbie'ri]

zich trainen (ww)	a se antrena	[a se antre'na]
zich verdedigen (ww)	a se apăra	[a se apə'ra]
zich vergissen (ww)	a greşi	[a gre'ʃi]
zich verontschuldigen	a cere scuze	[a 'tʃere 'skuze]

| zich vervelen (ww) | a se plictisi | [a se plikti'si] |
| zijn (ww) | a fi | [a fi] |

zinspelen (ww)	a face aluzie	[a 'fatʃe a'luzie]
zitten (ww)	a şedea	[a ʃe'dʲa]
zoeken (ww)	a căuta	[a kəu'ta]
zondigen (ww)	a păcătui	[a pəkətu'i]

zuchten (ww)	a ofta	[a ofˈta]
zwaaien (met de hand)	a flutura	[a flutu'ra]
zwemmen (ww)	a înota	[a ino'ta]
zwijgen (ww)	a tăcea	[a tə'tʃa]